学校の風景
そして授業の風景
ー子どもと教師の学び合いー

前田 治【著】

大学教育出版

はじめに —病室にて—

　それは突然のことだった。2015年10月2日、その日は、いつもと違って時間に余裕ができた。肥田教頭先生に「数日前にフェアウェイウッドを購入したので、今日は練習に行ってくる」と言って、珍しく18時少し前に、学校を後にした。

　車の中で、3月に海外体験学習事業の団長として行ったオーストラリアのことを思い出しながら、後日来校するマセドンレジス市（姉妹都市）をどのように迎えようかと考えていたことを覚えている。

　ゴルフ場に着いた。学校から5分程度の距離である。100球打てばいいかなと思いながらトランクを開け、バッグを引っ張り出した。そこまでは覚えている。

　西知多総合病院のベッドにいることが、少しずつ分かってきた。手は動かない、足は動かない、声も出ない。機械に繋がれている。しかし、まだ夢の途中のようで、意識ははっきりしない。

　長い夢を見た。父と母、隣に自分。病室に寝かされている自分を高いとこから見ている。父と母が話しかけてくる。「何をやっているんだ！」と…。

　「今日はいつ？」「自分はどうしたのか？」「何があったのか」…声にはできないが、相手の声はかすかに分かる。

　そして、今日が11月下旬だということを知った。約2か月、意識がなかったことになる。

　意識は徐々に鮮明になっていったのだろう。倒れたことが分かってきた…。心肺停止・呼吸停止・AED4回、気管切開、人工透析、MRIにCT。最先端の治療が施されたとのこと。自分の身に起きるとは思っていなかった言葉が並んだ。

　最初は、口を閉ざしていた家族もポツリポツリと状況を語り始めた。発見が後1〜2分遅かったら命がなかったこと、救急車がすぐ来たこと等々。

　その間、医師・看護師、家族や親せき、肥田教頭や竹内教務主任、本校職員を始めとした学校関係者、テニスの友人等々、数多くの方々に心配と迷惑をかけたことを思うと胸が痛んだ。小島登さんにはとりわけお世話になった。

　さて、現実が見えてくると絶望も襲ってくる。復帰の目途がたたない。しか

し、心の中で「自分はこんなはずではない、元通りにする」と信じて疑わなかっ
た。後日聞いたことだが、気がついて間もなく、息子の友人、猪俣君に「杖がほ
しい」と文字盤（声が出ないので）に目で合図したそうだ。そして購入してきて
もらったが、点滴、しかも胃へ直接栄養をいれている段階だったので歩くことは
とても無理だった。

　12月初め、西知多リハビリテーション病院へ移った。まだ、立てずめまいも
ある中、介護タクシーによる移動である。その際、初めて季節が冬になっている
ことに気付いた。

　また、初めて水を飲んだ。入院中、水をごくごく飲むことが夢だったので、嬉
しかった。やはり水は生命の源である。

　実際に車椅子で動けるようになったのは、年が明けた2月頃である。実はそれ
からの方が苦しかった。言葉は出るようになったものの、元通りに生活できない
もどかしさと、学校に復帰できるのだろうかという不安の日々だった。

　しかし、人は目標をもち強く願えば、その願いは、必ずかなうと思い込むこと
にした。車椅子でいいから卒業式に出たいという願いである。

　リハビリは1日30〜40分が3回位置付けられていた。そんな中、卒業式に
出たいという願いは、さらなるトレーニングを後押ししてくれた。

　幸い個室だったので、室内で試みても家族や看護師にはあまり気付かれずにす
んだ（実は、後遺症の心配もあり運動制限があった）。

　その結果、普通は車椅子から歩行器、松葉杖、一本杖、独歩という段階を経る
のだが、松葉杖、一本杖の段階を飛ばすことができた。しかし、頭のふらつきは
治らず、真っ直ぐに歩くことが困難であった。

　2016年3月3日、卒業式前日、小島悠揮先生に家まで迎えにきてもらい、約
150日ぶりに加木屋中学校の門をくぐった。

　正面玄関に向かう階段を一歩一歩登ると、玄関から職員室前の廊下にて、全職
員が迎えてくれた。

　校長室には「お帰りなさい」の横断幕と飾り（まるで幼稚園の遊戯室のような）、
さらに3年生の生徒一人ひとりからのメッセージがあった。職員室には、職員か
らのメッセージもあった。嬉しかった。準備をしてくださった皆さんに感謝であ

る。

卒業式当日は「みんなに迷惑をかけないか」珍しく緊張した。家族に待機してもらった。後で知ったのだが、西知多総合病院・リハビリテーション病院の看護師さんにも待機していただいていた。

卒業式が吹奏楽のファンファーレと共に始まった。吹奏楽・BGM・ピアノ演奏には、自分の好きな曲（中島みゆき「糸」など）が選曲されていた。

生徒の呼名に対する返事、生徒の涙、加藤朝夫教育長・梅木正仁PTA会長のお帰りなさいの祝辞、ソフトテニス部の柴山君の答辞、1・2年生の「大切なもの」3年生の「旅立ちの日に」の歌声、そして校歌、涙があふれた。

この感動は、一生忘れることができないものとなった。すべての人に感謝である。

さて、これまでの話が長くなって申し訳なかったが、私は、2016年4月に、学校に復帰した。

復帰には前教育長で恩師でもある深谷孟延先生からの「何があっても続けて、終わりを迎えろ」の言葉に後押しもしていただいた。

医師から社会復帰は無理と言われていたので、このことは本当に嬉しかった。

こうして、教員生活38年目最後の年が始まった。

生存確率0.04%、後遺症が残らない確立0.01%と医師に言われた生命。なぜ生かされたかと考えながら、これまでを振り返ってみた。はたして教育に携わる者として何か貢献できたであろうか、自分自身に問う。特に見当たらなかった。

ただ、これまでに教師向けに出してきた通信がある。通算約360号。それくらいしか、教員として生きてきた証は残せないと思う。そこで、その中から、今回、数をしぼって本書にまとめた。

学校の風景では、教育雑感に近いが、根底に子どもと教師の関わりや子ども理解を意識してまとめた。

授業の風景では、できる限り各教科・領域を網羅するように選び、授業記録を中心に授業改善の視点を意識してまとめた。

以下、拙い実践内容であるが一読いただきご批判をしていただければ幸いと考えている。

筆者

学校の風景そして授業の風景
―子どもと教師の学び合い―

目　次

はじめに ― 病室にて ― …………………………………………………… *i*

第1部　学校の風景 ― 教師として大切なもの ―

小学校の風景 ………………………………………………………………… *3*

　1．オシム監督に学ぶ　*4*

　2．話し合い活動におけるレベル　*4*

　3．悩みを聞いてください　*5*

　4．短く、分かりやすく（朝の打ち合わせ）　*6*

　5．「45文字」　*7*

　6．正直に映し出したレポートを　*8*

　7．少し見る目を変えて　*10*

　8．ある子を通して授業を観る　*11*

　9．見えていた課題？　見えてきた課題？　*12*

　10．コーヒーを持参して（自主研修会）　*14*

　11．協議会　*15*

　　　授業者の反省は最後に　*16*

　　　意図的指名？　*16*

　　　授業のヤマ場で、じっくり協議　*16*

　　　「ざまぁみろ」と「ちょっと言い過ぎた」　*17*

　　　後半の議論　*17*

　　　協議に耐えうる授業　*18*

　　　参観の視点としての参考に　*18*

　12．学校訪問が来ると思い出す　*19*

　　　すべりこみアウト（資料）　*20*

　13．ありのままの研究紀要　*21*

　14．職員室にて　*23*

　15．校長室にて資料を読み合う　*24*

　16．「考え、話し合う」授業に結び付ける環境　*25*

　17．教育観が反映される掲示　*26*

目　次　*vii*

18. 空き教室を見るとよく分かる　*27*

19. 鈴虫の音色　*28*

20. 本物と出会う「世界陸上」　*29*

21. 感動の正体は何？　*30*

22. 学級のドラマを、そこに生きている子どもの姿で　*31*

　　A男に思う　*31*

　　クラスの実態　*32*

23. 表情が映し出す　*33*

24. 子どもは何をつかんで帰ったのだろう　*35*

25. この子を色眼鏡で見てしまって　*38*

26. 一緒に汗を流して　*39*

27. ともだち　*40*

28. ペンギンがいたよ　*42*

29. ペンギンがいたよ2　*43*

30. 「7−5＝3」？　*44*

31. どんぐり　*45*

32. 1年生の絵　*46*

33. 両手を合わせて「ごめんなさい」　*47*

34. じゃあね、先生あそんでくる　*48*

35. 先生、あててよ　*49*

　　わからな〜い　*49*

　　ひざこぞう　*50*

　　5×6＝11？　*50*

　　うなずきと笑顔　*50*

　　先生あててよ　*51*

36. 遅れてごめん　*52*

37. 膝の中で　*52*

38. 校長室の清掃　*53*

39. 予想からのズレ　*54*

40. 金庫の中にお母さんの服？　*56*

41. S君への手紙　*57*

　　4年担任K先生による卓也君の記録　*58*

　　5年担任T先生による卓也君の記録　*58*

　　6年、再び担任K先生による卓也君の記録　*59*

　　S君への手紙　*59*

中学校の風景 ………………………………………………………… *61*

　1. 生徒の心に火を　*62*

　2. 教師十戒　*63*

　3. 自主研修スタート　*63*

　　生徒も一人の人間　*65*

　4. スピード・熱意と誠意・そして粘り　*65*

　5. 先生、来ました！　*67*

　6. いってらっしゃい・お帰りなさい　*69*

　7. 家庭訪問の極意　*70*

　　家庭訪問10箇条　*71*

　　本年度の「重点努力目標」前文より　*71*

　8. 心を磨く部活動　*72*

　　部活動でこんなことに悩んでいます　*72*

　　経験の浅い教師に　*73*

　9. 変わる部活動　*74*

　10. 野球部の皆さんへ　*75*

　　空を見ると落ち着く　*76*

　　勝負は夏　*76*

　11. 俺たち変わるんだ　*76*

　12. 厳しい冬の深い雪の下には　*77*

　　生徒に　*79*

　13. 金環食　*79*

　14. パック牛乳のスマートな飲み方　*81*

　15. 黙々清掃で心を磨く　*81*

目　次　*ix*

16. プラス α の掃除　*82*

17. 生徒の存在　*83*

18. 命の使い方　*84*

19. 今、存在する　*84*

20. 志をもって　*85*

21. 決断を迫られたら　*85*

22. 自立　*86*

23. 生徒Aのこと　*86*

第2部　授業の風景 ― 授業で勝負できる教師を増やしたい ―

小学校の授業風景 ……………………………………………………………… *91*

1. たんぽぽのちえ（2年国語）　*92*

　すごい　さいのうだ　*92*

　他の教科とのつながり　*92*

2. 米作りのさかんな地域（5年社会）　*93*

　お米品種ランキング（情報センター）　*94*

　何日も何日も調べる：つかむ段階　*94*

　農家の人になり切って：追求する段階　*95*

　アイガモ農法：授業のヤマ場　*96*

　授業をさらに深めるには　*97*

3. 信長・秀吉・家康（6年社会）　*98*

　授業をします　*98*

　三武将の生き方を探る　*98*

　三武将の生き方を今後に生かす　*100*

4. 織田信長（4年社会）　*101*

　調べたことを短冊に　*102*

　信長は本当に偉いの？　*103*

　書き写したことをひたすら読むのは？　*103*

　ねらいは何？　*104*

難しかった *104*

5．黒船（6年社会）　*105*
　米俵は何に使ったのかな　*108*
　のた〜っとした顔してる　*109*

6．ああ野麦峠（6年社会）　*110*
　ほぉ〜っと、うなずく　*110*
　論点を生む　*114*
　ああ野麦峠　*114*

7．基本的人権その1（6年社会）　*115*

8．基本的人権その2（6年社会）　*119*

9．ベテラン絢美先生の算数（1年）　*123*
　集中力を高める方法を求めて　*123*
　S君の思考方法を大切にしながらの支援　*124*
　さりげなく、しつけを　*125*
　しっかり伝え・しっかり聴く　*125*
　さまざまな工夫　*126*
　1の位が関係する　*126*
　大きさを比べる　*127*

10．初任研研修卒業の授業（5年算数）　*132*
　何が入っているのかな　*132*
　サイコロキャラメル　*133*
　いよいよ授業のヤマ場へ　*135*
　いい授業が学級経営の基本　*136*

11．ミジンコ（4年理科）　*137*
　ミジンコも一生懸命生きている　*137*

12．折れた表紙（6年道徳）　*139*
　A君のこと　*139*

13．つりばしゆらそう（2年道徳）　*141*
　教師の予想と子どもの反応のズレ　*141*
　予想通りの発言（基本発問）　*142*

目　次　*xi*

「楽しいから死んでもいい」（中心発問）　*143*

複雑に道徳的価値がからむ（把握の発問）　*143*

14. くつ（2年道徳）　*150*

子どもの発言に寄り添う　*151*

こういう子どもが増えていないか　*151*

考え始める子ども達　*152*

15. 美しい母の顔（5年道徳）　*157*

初任者のために　*157*

学級の雰囲気は教師がつくる　*158*

どっぷり内容につかる　*160*

16. 雨のバス停留所で（4年道徳）　*161*

音を聞かせる　*162*

役割演技は難しい　*162*

授業記録から見えてくる　*166*

次につなげる　*167*

17. リフティング百回（3年道徳）　*168*

子どもがお客さんになってしまって　*169*

話し合いたいところに線を　*174*

なるほど、ここね　*175*

子どもはよく聞いていた　*175*

焦点化する　*176*

ねらいへどう向かう　*177*

私がお客さんでした　*177*

18. 初めての道徳（5年）　*177*

事前の自主研修　*178*

予想を超える発言　*179*

周りの人との関わりで考える　*181*

19. 道徳の授業で大切なこと（1）　*187*

ねらいは達成された？　*187*

適切な資料だったかな？　*188*

導入が長すぎないか　*188*

20.　道徳の授業で大切なこと（2）　*189*

　　多様な価値観が出てくる中心発問　*189*

　　もう1人の自分との対話「価値の自覚」　*189*

　　終末が難しい　*189*

中学校の授業風景 ……………………………………………… *191*

1.　漢字の学習（2年国語）　*192*

　　生徒の様子は授業を映す鏡　*196*

2.　シカの「落ち穂拾い」（1年国語）　*196*

　　温かいクラスにするために　*196*

　　関心・意欲を引きだす　*201*

　　ねらいは達成された？　*201*

　　例示が分かりにくい　*201*

　　気になった生徒N　*202*

3.　字のない葉書（2年国語）　*202*

　　教師はよくしゃべる　*208*

　　授業の流れの分断　*208*

　　感想の発表のさせ方　*208*

4.　新聞記事を使って（3年社会）　*209*

5.　どうして動物園のサルは人類にならないのか（1年社会）　*211*

　　発問が素晴らしい　*215*

　　温かい雰囲気　*215*

6.　白銀比（3年数学）　*216*

7.　一次関数（2年数学）　*219*

　　さらに分かりやすく　*223*

　　考えさせる場面　*223*

8.　かたくちいわし（2年理科）　*224*

9.　リンゴが落ちる（特別支援・理科）　*227*

10.　Mr. 小島、最近いいぞ（3年英語）　*232*

目　次　*xiii*

11. 初任者研修（1年と英語）　*234*
　　テンポを大切に　*234*
　　ほめることの大切さ　*235*

12. ペンギンは AIKO よりかわいい（2年英語）　*236*
　　2年生の先生、顔写真で登場　*236*
　　分かりやすい今日の授業のポイント　*237*
　　気になる生徒A　*237*

13. トゥ・イドゥ・ドゥ（1年英語）　*238*
　　音に気をつけて　*242*
　　相談タイム5秒　*242*
　　生徒の良いところを見つけて　*242*
　　もっとよい授業をしたい　*243*

14. 帰れソレント（3年音楽）　*244*
　　話し合いのある音楽の授業　*244*

15. ジャポンにひらめきを得たジャポニズム（1年美術）　*246*
　　自然な応対　*249*
　　さらに調べたくなる　*250*

16. 柔道一直線って知ってる？（2年体育）　*251*

17. 銀河鉄道999（2年体育）　*253*
　　いいところを　*254*
　　改善点ですが　*255*

18. 運動やスポーツの必要性、そして楽しさとは（1年保健）　*255*
　　後はさっぱりと　*257*
　　生徒の発言は面白い　*258*

19. 着衣泳（3年体育）　*259*
　　浮いて待て　*259*

20. 笑いのある授業（2年保健）　*261*
　　捜索願いを出せ　*261*
　　重光、リベンジする？　*262*
　　普通じゃない走りもできるんだな　*263*

21. より安全に配線をつなごう（2年技術）*264*

　　安易なグループでの話し合い　*267*

22. アジの三枚おろし（1年家庭）　*268*

23. 道徳の授業における調査結果　*270*

24. 思いやるとは（3年道徳）　*274*

25. ドラえもんの最終回（2年道徳）　*277*

　　思いをもって授業に臨む　*277*

　　終末で分かる授業者のねらい　*278*

　　迷いの部分に人間性が映し出される　*282*

　　〇〇とは少し違うけど　*282*

26. 風に立つライオン（2年道徳）　*284*

　　無気力な生徒Aに向けて　*286*

27. シカさんの手紙（1年道徳）　*293*

　　授業の中心に据えた生徒A　*293*

　　そんな生徒Aにぶつける資料　*293*

　　生徒Aの授業の様子　*300*

　　保護者からの手紙　*300*

28. ジョイス（2年道徳）　*301*

　　授業の中心に据えた生徒B　*302*

　　人っていいな　*309*

　　もう一歩　*309*

　　自分との関わりで捉える　*309*

29. ハチドリのひとしずく（1年道徳）　*310*

　　生徒の思考の流れを大切に　*316*

　　東山動物園から多摩動物園へ　*317*

30. ウサギとカメ（特別支援道徳）　*318*

　　特別支援の道徳は難しい　*325*

　　生徒の記述より　*326*

　　授業改善のポイント　*327*

31. 授業での生徒Mのこと「ウサギとカメ」（2年道徳）　*328*

目　次　*xv*

　　猛スピードで走るカメ　*331*

　　童謡「もしもしカメよカメさんよ」　*331*

　　生徒Mが変われるチャンスに　*332*

　　問い直したい　*333*

　　教師の発言　*333*

　　価値の自覚　*333*

32.「人を助けることは、大切だと分かった」　*334*

おわりに — 2つの成人式：教師は微力 — ………………………………… *337*

謝　　辞 ………………………………………………………………………… *341*

第1部

学校の風景 ― 教師として大切にすること ―

教師が子どもと心を通わせ、かかわる中、子どもが成長していく姿を見ることは大変うれしい。

　そうなるために、学校はどうあるべきか、教師はどうあるべきか常に問われる。そのような中、日常の学校の風景の中に、教師のかかわりや子どもの心が見え隠れし、学校として、また教師として何を大切にしたらよいかのヒントがあると思っている。

　昨今の学校は、経験の浅い教師の占める割合が多い。そこで、経験の浅い教師に向けて、教師の教育的活動や子どもの何気ない様子等感じたことを取り上げ、職員向け通信として発信をしてきた。

[写生大会]

　以下に掲載したのはその抜粋である。ぜひ、「教師の在り方、使命感、教育的愛情、子どもについてのより深い理解」等について少し立ち止まって考えるための一助にしてほしいと思う。

小学校の風景

1. オシム監督に学ぶ

人間の記憶って不思議なものですね。世界中の何十億人もの人々を夢中にさせたFIFAワールドカップ「ドイツ大会（2006年）」…今年の6月に開催されたのに、もう遠い昔のことのように感じるのは自分だけでしょうか。

さて、「ジーコ」ジャパンに代わって、2010年の南アフリカ大会に向けて「オシム」ジャパンが誕生しました。そのイビチャ・オシム監督（旧サラエボ出身）が、就任時に日本が目指すサッカーとして付けた標語が、「考えて、走るサッカー」です。行動は言葉によって促されます。言葉の力です。短い言葉ですが、オシム監督は、日本サッカーが、これから4年間やるべきことを明快に、分かりやすく表現しています。

では、宮池小学校（以後M小と記述）は、子どものためにどんな授業を目指せばよいのでしょうか。そこで、授業改善の合言葉は、オシム監督の「考えて、走るサッカー」をヒントに、**「考え、話し合う授業」**です。学校訪問の公開授業に限らず、日常の授業でも、子どもが考え、子どもが話し合う場面を位置づけてほしいと思います。

2. 話し合い活動におけるレベル

では、小学校の話し合いでは、どのレベルを目指せばよいでしょうか。そこで、簡単に子どもの発言の質を分類してみました（自分流の分類なので、もっとよい分類があるかもしれません）。

レベル4・5は中学生・高校生以上。小学校6年生では、レベル3が実現できればいいのではないでしょうか。

各学年で、どの程度まで話し合いができるとよいか一度考えてみてください。

> レベル1　教師の問いに対して、一問一答。感想では、「良かった・悪かった」単発な意見に終わる。資料をそのまま棒読みするなど、事実のみをそのま

小学校の風景　5

ま発言する。

レベル2　レベル1の段階に少し、「〜と思う」という個人の考えを入れて発言する。（個人的に「こう思う」というレベル）

レベル3　意見の中に、「なぜそう考える」のかという根拠を含めて発言する。友達の意見を受けて、自分の考えが述べることができるとレベル4に近い。

レベル4　自分なりの分析・解釈を入れて発言（〜と考える）する（この場合、主体性の強い解釈のほうが、話し合いに対立が生まれやすい）。

レベル5　自分なりの分析・解釈があって、「こういう部分に応用できるのではないか」と、それを一般化して発言する。

（分類：愛知県総合教育センター研究指導主事　筆者）

さあ、「考え、話し合う授業」を目指しましょう。

3. 悩みを聞いてください

朝美先生（仮名）は、最近、あることが頭から離れない。それは、道徳の授業のこと。「私は、道徳の基本が分かっていない」と、自信がない。

　　朝美Ｔ：何から取り組んだらいいのでしょうか
　　前　田：やはり学級の実態からでしょう。朝美先生が、今、困っている子は
　　朝美Ｔ：実は、私、まだ子どもがあまり見えていなくて

と、朝美先生はあくまで謙虚です。

　　前　田：もし、気になる子がいたら、その子に向けて道徳の授業をやってみたら
　　朝美Ｔ：はぁ、がんばってみます

翌日の清掃の時間、朝美先生は学級のある男の子と女の子を二人呼んで何かを話している。その雰囲気からどうやら指導中である。

　　前　田：どうしたの？
　　朝美Ｔ：掃除中にＡのモップをＢが踏んでいった。それに対してＡが「どけ」と言った。Ｂは、わざとではないし、Ａの言い方もきつかったので、謝る

6　第1部　学校の風景 ― 教師として大切にすること ―

　　　　　　　　必要もないと、通り過ぎた。そこで、Aが先生に言いつけにきた。一言
　　　　　　　「ごめんね」と謝ればすむことなんですけどね…

　ここに、道徳の授業で何をやったらいいのかのヒントがあります。

　素直に謝れないB、言い方がきついA。どちらに焦点をあててもいいのです
が、先生が、この子をどうしたいのか（教師の願い）…そのために資料をどう選
択し、どのように発問するかになります。

　ただし、資料選択・授業展開するときに、留意しなければならないことがあり
ます。それは、生徒指導的な説教じみたものにならないことです。

　朝美先生に、何か「よい資料は」と聞かれ、事件があった佐世保市が取り組ん
だ道徳の資料を渡しました。皆さんも参考にしてください。

　佐世保にあるその学校の研究の「キーワード」は、悲しい事件の後だからこ
そ、笑顔一杯の学校にしようと、「笑顔」です。

4.　短く、分かりやすく（朝の打ち合わせ）

　教師にとって、子どもの前で話すことはもちろん、同じように大人（保護者や
職員）に向けて話すことも重要です。教師はある側面、話す職業であると言って
よいでしょう。

　M小で、全職員向けに話すのは「職員会」か「朝の打ち合わせ」です。実は、
この全職員向けに話す中に、授業における大切な要素が含まれています。

　週に2回しかないM小の朝の打ち合わせは、必然的に内容が多くなります。
そこで、朝の打ち合わせのキーワードは「短く、分かりやすく」です。

　このことを授業に置き換えてみました。まず「短く」です。子ども達の活動の
時間を多く確保するには、教師の説明は当然、必要最小限、「短く」となります。

　考えさせる授業展開ではどうでしょうか。教師が「しゃべりすぎない」が鉄則
です。これも「短く」です。

　では、「分かりやすく」は、どうでしょう。一例をあげます。1年生に伝える
のと6年生に伝えるのでは、選ぶ言葉が違います。学年に応じた「分かりやすさ」

は、授業で大切なことです。

さて、初任者にとって、全職員向けに話す機会は多くありません。そこで、恵子先生（仮名）にも、聞き手に「短く・分かりやすく」伝えることを身につけてほしいと願い、「初任研で印象に残ったこと」を朝の打ち合わせで、報告してもらっています。

第1回目の報告は4月14日、金曜日でした。恵子先生の報告の後に、R先生が、「恵子先生の爽やかな、心洗われるお話の後で」と、付け加えられて、ある事件の報告がありました。第2回目は、その約1か月後の5月26日、金曜日、そのときの報告は、先回に比べて分かりやすく、見違える内容でした。

この成長は、本人の努力によるところが大きいと思います。それに加え、親のようなT先生・S先生、お姉さん・お兄さんとしてのH先生・K先生というように、5年生の家族のような関わりが大きいと思います。

以下に26日の恵子先生の報告を載せました。

　　　センターで行われた初任研の報告をします。教職経験20年目の方による講義で、3つのことを学びました。一つは、「子どもをよく観るために、カルテを作り、記録をとる」。二つ目は、「よく、保護者に困ったことは報告するが、よい行いを報告することが大切である」。三つ目は、「学級通信で学校の様子を伝える」です。是非やってみたいと思っています。

5.「45文字」

「短く・分かりやすく」というと、新幹線の車内で流れる文字ニュースがあります。さて、その文字数はどれくらいでしょう。

調べてみました。まずJR東海に尋ねましたが、「新聞社から送られてくるデータをそのまま流している。だから文字数は分からない」という回答でした。

次に、新聞社に問い合わせしました。中日新聞社メディア局の方から、「短く、要点を伝えることがコツ、一番苦労するのが、伝えたいことを短くする作業。文字数は45文字前後。それ以上だと、なかなか人間の頭に入っていかない」という話でした。授業の参考にしてください。

6. 正直に映し出したレポートを

　三島彰子先生（仮名）の学級の子ども達は、先生のことをアッコ先生と呼んでいます。アッコ先生は、今年、5年経験者研修の対象です。その一つに、愛知県総合教育センターへ提出するレポートがあります。テーマは「学級経営」。

　先日、アッコ先生から「センターの指示の意味がよく分からないんですが…」と、質問がありました。なるほど、分かりにくい指示でした。昨年までセンターに勤務していたので責任を感じつつ、そのまとめ方について話し合いました。

　　前　田：どんな実践を柱にしようと思っているの？
　　アッコ：どれを書いたらいいのか…

　　※アッコ先生は、学級を経営するにあたり、いろいろな手立てをうっているので、
　　　書く実践は豊富にある。どうも、まとめるにあたり、焦点が絞りきれないよう
　　　だ

　　前　田：その中で、これだけは書こうという実践は何？
　　アッコ：学級通信
　　前　田：そうだよね。そこに先生の学級経営の姿勢が集約されているよね

　　※アッコ先生の学級通信は、6月1日現在で、すでに第17号である。

　　アッコ：でも、その課題に「今、学級で抱えている問題」という項目もあって、
　　　　　　そこをどうしたらよいか
　　前　田：先生の思いがなかなか伝わらない子はいない？
　　アッコ：います。Aさん
　　前　田：では、学級通信を出して、心に訴えているのに、それが、なかなか届か
　　　　　　ないというまとめ方ではどう？
　　アッコ：考えてみます

　以上が、そのときの主な会話です。私の若い頃、乏しい実践を作文し、ふくらませたレポートを書いたことがあります。今、思うと無駄なことをしました。

センターでは、数多くレポートを見る機会がありましたが、「これは実践ではなく、教師の作文だな」というのは、すぐ分かります。せっかくまとめるなら、自分を飾らず、悩みをぶつけた内容がいいと思います。

高学年の子どもに、「今の自分を見つめてみなさい」と言うことがあります。今の自分を正直に映し出すことが必要なのは、むしろ教師かもしれません。

数日後、アッコ先生のレポートが完成されてきました。「学級の実態把握・抱えている問題・具体的な方策と工夫」が、まとめあげられていました。

その内容からして、アッコ先生にとっての5年研は、子どものためになり、先生自身の力量向上につながることでしょう。

では、アッコ先生のレポートの一部を紹介します。

重視している学級通信

私にとって学級づくりの中で最も重要視しているのが学級通信である。子どもをよりよく育むためには、教師だけのがんばりでは難しい。子どもは学校と家庭が協力しあってこそ、よりよく成長する。

そのために、<u>連携は欠かせない</u>。その手立ての一つとして、通信をできる限り発行している。通信では、学習・生活など、具体的な学校の様子を知らせている。それを基に、家庭でも、子どもに声かけができ、よいコミュニケーションのきっかけとなることを願っている。

学級通信には、子ども達の作文や日記、カットなども掲載している。子ども達は、自分の作品が誉められ、他の子に見てもらうことを望んでいる。掲載された子は、少々恥ずかしそうにしながらも、うれしそうである。なかでも、作文などの良い作品は、誌面で誉めるようにしている。それによって、他の子にもその良い書き方が波及する。

このように、学級通信は、学習の場ともなっている。

さらに、学校生活の中のよりよい行動も取り上げている。「困っている友だちに優しくする子」「誰にでも大きな声であいさつをする子」「出しっぱなしの掃除道具を黙って片づけようとする子」…。

こうしたよりよい行動を、学級通信の中で具体的に紹介していくことによって、子ども達は学校で誉められ、家庭でも誉められる。<u>子ども達は誉められることによってますます伸びる</u>。

このように、子どもを誉める場としても、学級通信は重要な役割をもつ。

…（中略）…以上のように、自分の思いをもとに、いろいろな活動をしてい

るものの、Aに対しては、なかなか思うようにいかないことが多い。今後どのように関わっていけば、Aは伸びていくことができるのだろうか。…（後略）…

A について …やりたくないことに対しては一切取り組まない。やるべきことをさせようとすると、頭を壁に打ち付けるなど自傷行為をする。

そんな中、Aなりに頑張ったことを一つ一つ誉めることによって、むらはあるものの、取り組もうとする姿勢をみせるようになってきた。

また、4月当初、友だちとのトラブルでは、すぐにカッとなり、謝ることができなかったが、謝ることができたときに、おもいっきり誉めることを繰り返すうちに、素直に謝る場面も増えてきている。

アッコ先生の学級通信を新任の恵子先生が見せてもらっていました。いいことだと思います。

恵子先生、読んだ感想はいかがでしたか？先輩が、何を学級通信で伝えているのか参考にしてください。

学級通信は、子どもをよく観ていないとなかなか記事がみつかりません。学級通信を書くことは、内容にもよりますが、「子どもをより深く観て、捉える」きっかけとなります。

7. 少し見る目を変えて

突然ですが野球の話です。私は中日ドラゴンズファン。セントラルリーグとパシフィックリーグの交流戦では、派手なパフォーマンスで有名な新庄選手がいる日本ハムとも対戦します。私は、言動の軽い新庄選手が今ひとつ好きになれません。

しかし、先日、テレビ中継の解説者から、彼のイメージからは、想像できない話が聞けました。一つは入団して以来15年間、同じグローブを修理に修理を重ね使用していること。

もう一つは、今年限りで引退する新庄選手に、中日の山本昌投手が、挨拶に行ったとき、練習をやめ、深々と頭を下げるなど、その応対が実に丁寧であった

という話です。今までに自分が描いていたイメージと違う新庄選手です。

　この話を聞いて彼を見る目が少し変わりました。しかし、これまでの一面的な捉え方も仕方がないと思っています。私たちは、マスコミに意図的に作り出される新庄選手の一方的な情報しか得られないからです。

　さて、私たち教師は、毎日、子どもを見ています。そこからその子について数多くの情報を得ています。教師は、子どもをより深く理解するために、この情報を整理・統合し、一面的ではなく、多面的に捉える努力が必要です。

　そこで、さまざまな活動の中で、思いがけない普段とは違った言動を目にしたとき（その子のイメージを覆すことがあったとき）に、メモすることを勧めます。それを基に少し見る目を変えると、より深く理解することに役立つのではないでしょうか。

8. ある子を通して授業を観る

　授業を観ることは、なかなか難しいことだと思います。事後の協議会で、発言する先生の意見を聞いて、「なるほど、あの先生は鋭いな。自分は、気付かなかったな」と思ったことが何度もあります。

　どうしたら、より深く授業を観ることができるのでしょう？　悩んだ末、たどりついたのは次のような方法です。紹介します。

　授業は、漠然と観てしまうと、全体的な印象しか残りません。そこで、ある子どもを通して、授業を観ます。そして、自分がその子の立場になりきって授業を受けます。すると、「今の説明、少し、早いよな」「今の指示は分かっていないな」「意見が言いたそうだな」「何も学んでいないな」というのが見えてきます。

9. 見えていた課題？ 見えてきた課題？

　日本はワールドカップ（2006 年ドイツ大会）1 次予選敗退でした。まだ、準々決勝の最中なのに、次期監督候補のオシムの話題でもちきりです。つい 1 週間前までピッチで監督をしていたジーコ（個人的に好きなのですが）は、もう過去の人です。寂しいですが、これが勝負の世界の厳しさですね。

　ジーコは「最後の会見」で、日本サッカーの課題を明確に述べました。会見内容から、察するにジーコには、課題が見えていたのでしょう。

　ジーコが、課題を肌で感じつつ 4 年間、その課題から逃げることなく向き合い、どのように解決したらいいのか、努力を重ねてきた姿が浮かび上がってきます。しかも、誰にも弱音を吐かずにです。

　さて、授業を公開した皆さん、またそれを参観した皆さんは、授業における課題は見えていたのか、それとも見えてきたのか、どちらでしょうか？　いずれにしても、せっかく実践したこの授業を今後に生かしてほしいと思います。

　以下にジーコの「最後の会見（抜粋）」を載せました。

　　今大会で感じたのは、体格差だった。フィジカルの強い相手とやるときに、90 分間通して相手の攻撃に耐えられるようにならなければ…。ただし、これは個人個人の問題というより、若い時から鍛える必要がある問題だ。そういう環境になかった代表は精いっぱいやったが、その体格差の壁を越えることができなかった。世界と対等に戦うためには、そういう部分もこれから考えていかなければならない。

　　また、日本選手は、筋肉の損傷・骨折から復帰する日数があまりにもかかり過ぎる。これは筋肉の質の問題ではない。

　　例えば、今回の W 杯でも試合後、多くの日本選手はアイシングをしながらバスに乗り込んでいたが、他のチームでは見られない。彼らはどういう治療をしているのか、けがに対する予防やケアをどうしているのか。食文化の違いもあるが、もう少しそういった面を突き詰めて、世界の最先端の国と交流することが必要になってくると思う。

　　190 センチ以上の上背を持った攻撃陣がいる欧州の相手は、分が悪くなってくると中盤を省略する形でロングボールを放り込んでくる。

しかし、その相手と勝ち点３を奪い合う真剣勝負をやったときに、90分間持ちこたえることができない。オーストラリア戦後に宮本が、「１試合とは思えないほど疲れた」と言っていた。

というのも、相手がロングボールを入れてきたときに体を当てたり、相手のバランスを崩すためにジャンプが必要になるが、それを異常な回数繰り返したためにふくらはぎに負担がかかり、尋常ではない疲れとなったようだ。

世界のサッカーは、体格差勝負の戦術を取ってくる。こういった面に対する予防や、ジャンプに必要な筋力を鍛えることが必要だ。

私も何十年とブラジル代表を見てきたが、海外に出て長くプレーしているロナウジーニョやカカらも華奢だったが、それぞれのクラブで鍛えて見違えるようになった。

彼らも元々は日本人と同じような体格だったわけだから、鍛え方次第で日本人も確実に進歩すると思う。これは短い期間しか集まることのできない代表ではできないので、各クラブで研究してもらえればと思う。

こうしたことを言うのは、フィジカルで敗れたという言い訳ではない。パワープレーだけで勝負が決まってしまうこの状況は、これからも続いていく。

私はこの状況を快く思ってはいないが、４年間にわたり日本の選手たちと仕事をしていく中で、選手と監督以上の友情関係を築いたサッカー界のかわいい後輩たちが、身に付けた技術を生かせずに体格だけで負けてしまい、勝ち切れないという結果が続くことのないように、心から祈っている。

少し長い内容ですが、「体格・筋力」等を授業に置き換えて、読んでみました。

　…教師間に授業力の差がないか。
　…授業力の壁を越えることができない。
　…授業は真剣勝負、45分間持ちこたえることができない授業はないか。
　…授業勝負の戦術、授業を鍛える。授業を鍛えて見違えるようになる。鍛え方次第で授業力は確実に進歩する。
　…各学校で授業について研究する。
　…授業力で勝ち切れないという結果が続くことがないように

「日本のサッカーの課題」から「Ｍ小の授業における課題」が見えてくるかもしれません。

10. コーヒーを持参して（自主研修会）

　今朝、国旗掲揚塔にあるこいのぼりを見つけました。一年生の皆さんが作成したこいのぼりです。五月の風に吹かれて気持ちよさそうです。連休中は、いい天気が続きました。皆さん、リフレッシュできましたか。

　さて、先日4月30日に、宮里先生に呼びかけをお願いし、自主研修会を開いてもらいました。

　自主研修会は、ざっくばらんな会です。お茶持参です。途中退席もありです。今回、英之先生から差し入れもありました。

　時には、強制的に学ばなければならない内容もありますが、基本的に強制からは何かが生まれにくいと考えています。自主であるから、本人の問題意識も高いのでしょう。

　参加者は、宮里先生・山口先生・福富先生・藤井先生・鷹羽先生、そして英之先生です。今回は、宮里先生から、「道徳の授業の基本的なところを確認してください」とのこと。

　そこで、「道徳の授業とは」という内容にしました。これは以前、自分が現職で行ったものです。よって、新しく来た福富先生に、以前からいる先生が、その内容を伝えるというスタイルで行いました。

　進めていく中で、「なるほど、伝えた先生は、このことを、このように捉えて（解釈）いたのか」など、新しい発見がありました。

　今日の主な内容は、「全ての学習指導要領の巻末に、道徳の道徳的価値（以後内容項目と記述）が提示してある理由（図画工作を例に）」「道徳のねらいと、道徳性」「ベースとなる学習過程」などです。

　そして、最後に、石橋先生の授業記録から、どのような子どもの姿の何が見えてくるか、について、意見交流を行いました。

　家庭訪問後で、疲れているにもかかわ

[コーヒー持参で校長室にて]

らず、参加した先生方の熱意を感じた自主研修会でした。次の機会を楽しみにして
います。

11. 協　議　会

　道徳資料「お別れ会」（学研：みんなの道徳6年）を扱った公開授業の研究協議会が開かれました。

　主題は広い心。資料の内容です。

　　　父が急に遊園地へ行こうと言いだしたため、転校する大の仲良し絵里子のお別
　　れ会に出席することになっていた直美は困ってしまう。プレゼントも用意してあっ
　　た。母は「まだ絵里子さんは一週間いるんでしょ」と遊園地を勧めたが、直美は
　　お別れ会を選んだ。

　　　そんな絵里子を置いて家族は、遊園地に出かけて行った。しかし、部屋で待っ
　　ていると、幸子さんと育代さんの都合が悪いので明後日にのばしていいか電話が
　　かかってきた。元気なく、いいよと答えた直美。

　　　翌日、幸子と育代に出会った時に、直美は「急に都合が悪いなんて、勝手だね」
　　と伝える。

　　　育代は「急に親戚の人が来ることになって」…でも絵里子さんには昨晩知らせ
　　たとのこと。

　　　幸子も「ごめんね、急な留守番で…朝早く絵里子さんに電話したら、絵里子さ
　　んの家も急に運送屋さんに荷物を出すことになって…」とのこと。そんな二人に
　　対して、「私だって都合があったけど、約束は約束と思って」直美は不満を口にし
　　た。教室に入ると絵里子がにこにこしながら挨拶した。「どうして早く教えてくれ
　　なかったの、8時までに知らせてくれたら遊園地に行けたのに」と直美。それを聞
　　いた絵里子は、「そうだったの、ごめんなさい」と小声で謝ると、泣きそうな顔を
　　して自分の席に戻っていった。

という話です。

授業者の反省は最後に…

協議会の司会者は大変です。まず意見を短時間に頭の中で整理・分類し、協議する内容を焦点化しなければなりません。授業でいえば「ねらい」の明確化です。次に「ねらい」に向けて、みんなから意見を引き出します。これは発問です。

発言がないときは、誰を指名するかも考えます。このように司会は、授業と一緒です。

6月29日の協議会は、普段と違ったところがありました。

どの協議会もおおよそ「授業者の反省」から始まります。しかし、今回は最後にしてもらいました。最初にあると、参観者は、「授業者が反省しているので」と、そのことを指摘しにくい雰囲気になります。そうすると表面をなぞるだけで議論のない協議会に終わるからです。

意図的指名？

司会の山岡先生は、まず感想をお聞きしますと数名の先生を指名しました。

発言を要約すると、A先生は「実態に合わせた資料修正・資料の二分割提示」、B先生は、「意見をつなぎ、本音を引き出すこと」、C先生は、「意見交流による心の葛藤」、D先生は、「子どもの反応と発問」、E先生は、「発言の促し方と深め方」となります。いずれも、協議が深まる予感がする発言でした。

さて、山岡先生、これは意図的指名だったのでしょうか。

授業のヤマ場で、じっくり協議

発言を受け、司会の山岡先生はどのように進行させたのでしょう。

協議の視点はいくつか考えられえましたが、すぐに授業のヤマ場である「中心発問」の議論へと進みました。道徳の場合、中心発問の議論をすれば、その周辺は関連してくるからです。

授業でも、導入に時間をかけすぎると、授業のヤマ場が薄くなります。これで

は学びが不十分です。F先生が「書かなくてよいと指示し、話し合いの時間を多くとったことがよかった」と発言しました。その通りです。

協議も一緒です。授業のヤマ場でじっくり議論する。授業も協議もいずれも、ある箇所を捨て去りヤマ場に時間をかけることが重要です。

「ざまぁみろ」と「ちょっと言い過ぎた」

中心発問「直美はその夜自分の部屋で考え込んでしまいました。どんなことを考えていたのでしょう」です。それに対して子どもから絵里子が泣きそうな顔になったことに対して、「ざまぁみろ」という本音と思われる発言がありました。よくこの発言がでてきたなと思います。

一方、この発言と対極にある「ちょっと言い過ぎた」という発言もありました。

今回の授業は、子どもが捉えた主人公直美の気持ち、「ざまぁみろ」と「ちょっと言い過ぎた」の対立軸をどう深めるかがポイントだったと思います。

協議では、このことから資料解釈にも議論が及びました。

例えば、「直美は悪いのか、悪くないのか」など、主人公をどう捉えるかです。資料解釈は十人十色です。本来、この資料解釈を自主研修等でやると道徳の授業が一層深まります。さらに、B先生が「耳を傾けていた様子が見て取れた」と言ったように、対立軸での抽出児童の見取りも関連してきます。

後半の議論

協議会の後半では、「これから主人公と友人はどうなるの」と発問したことについて議論が及びました。

M先生は「この発問により、より深い意見がでてきた」、N先生は「これからどうなるのかを考えさせるのではなく、気持ちを出させ、自分はどうだと、心情に迫って終わればよいのではないか」と発言がありました。さて、皆さんはどう思いましたか。

また、J先生の発言から、6年生が、今日に向けて主任を中心に協力して取り組んできたことも分かりました。

K先生は、自分のクラスでもこの授業を実施し、比較をしています。いいことだと思います。

協議に耐えうる授業

T先生も指摘されましたが、A研究指導主事からは、「主人公が何に考え込んでしまったのか」を考えさせるべきという話がありました。もし、このように発問したら、子ども達からどんな反応が返ってくるのか、ぜひ、一度予想してみてください。

さて、授業には、協議に耐えうる授業と、そうでないものがあります。

今回は耐えうる、つまり協議が成立する授業でした。授業者のO先生ありがとうございました。

また、今回は抽出児が設定されていました。これによって、その児童を通して授業を観ることになり議論が絞りやすくなります。例えば「今の発問を抽出児は、どのように受け止めていたのだろう」です。学校訪問の授業でも、抽出児を設定するとよいと思います。

参観の視点としての参考に

また、授業者のO先生から参観の視点が示されていました。（下記参照）。これも、協議を成功させた理由だと思います。

この授業を計画するにあたって、悩んだことです。ご指導下さい。

① この授業は、話し合いがうまくできるかがポイントでした。子どもの本音をひきだしつつも、内容項目「広い心」の価値の追求につながる話し合いができたでしょうか。
② 授業者は、話し合いをリードできていたでしょうか。
③ 「価値の自覚」の段階で心のノートを活用しました。有効だったでしょうか。また、余韻は残ったでしょうか。
④ 直美の無念さに共感させるために、資料を半分に分けて提示しました。有効だったでしょうか。

⑤　話し合いを活発化させるために、もとの資料から、登場人物の心の動きの描写をすべてカットし、打ち直したものを使用しました。有効だったでしょうか。

⑥　抽出児童Ａの発言からは、相手の立場を思いやることへの気づきが感じ取れたでしょうか。抽出児童Ｂの発言からは、内心の変化を感じ取られる表情や様子が見えたでしょうか。道徳の授業の場合、抽出児に対してどういった具体的手だてをとればよいのでしようか。

12.　学校訪問が来ると思い出す

学校訪問の時期になると、必ず思い出すことがあります。平洲中１年目の特設のことです。授業は中学１年生の「道徳」。資料は「すべりこみアウト」。「責任ある行動」について考えさせる内容です。当時、学校は落ち着きを取り戻しつつあるときでしたが、バルカン半島の火薬庫のような状態が続いていました。そのような時はスタートが肝心。１年生でボタンをかけ間違えると卒業まで大変になります。学年全体で、基本的な生活習慣作りに力を入れていました。そこでこの内容項目を選びました。

そんなある日、道徳の研修グループ「はなのき」によって資料と指導案の検討が行われました。自分が参加できなかったのが残念でしたが、その検討結果を安井正己先生が、教えてくれました。

①　この指導案は、生徒指導担当がたてたものではないか？　資料が不適切
②　価値の押し付けがある。これでは道徳ではない
③　発問が誘導的

この結果を聞き、何か自分の今までの教育を見透かされたような気になりました。昨年まで勤務していた横須賀中では、生徒指導主事（最後の３年間）だったのでそのカラーが出ていたのでしょう。

さて、その指摘をしてもらったのが、当時文科省調査官、現在関西学院大学大学院横山利弘教授と今年になって知ったのですが、当時、自分は、「どこが生徒指導的なのか？」「どこが押し付けなのか」分かりませんでした。

そして、それが分からないまま学校訪問の当日９月29日を迎えます。後にそ

の資料を掲載します。読んでみてください（…さて、皆さんがこのねらい「責任ある行動」で道徳を行うとしたらどのような資料を選びますか？）。

なお、これには後日談があります。未解決のまま学校訪問の日を迎えました。しかし、なんと台風が来て、学校訪問は実施されたのですが、授業は中止となったのでした。ほっとしたような、残念なような複雑な気持だったことを覚えています。

すべりこみアウト（資料）

〈作者不明〉

　　私は中学生の頃のある事件を思い出すと、今でもはっと思わず時計を見てしまうほどである。

　　その日は私にとって大切な日であった。私が所属していた野球部は、順調に勝ち進み、決勝に進出することになった。

　　そして、その日が決勝戦。エースである私の調子はよく、なんとなく負ける気がしなかった。前日の夜は、いよいよ決勝戦だという興奮でなかなか寝つかれなかった。

　　試合当日、私は目を覚まし、枕元にあった時計を見て、私は心臓がとまるほど驚いた。時計の針が、すでに7時半を回っていたのである。

　　試合会場へ移動するチームのマイクロバスは、7時45分に出ることになっていた。私の家から集合場所まで15分はかかる。そこで目覚まし時計を6時30分にセットしたはずであった。時計を見ると、すでにベルを止めるボタンは押されてあった。

　　「なんてこった」

　　「なぜ起こしてくれなかったんだ」ちょうど部屋をのぞいた母に激しい言葉を投げつけた。

　　「ゆうべ何も言わなかったじゃないの」

と、母は訳が分からないまま、ただならぬ様子におろおろしながらそう答えた。父はすでに勤めに出かけており、車で送ってもらうこともできなかった。

　　私は急いで用意をすると、朝食も食べずに自転車に飛び乗った。必死にペダルをこぐのだが、スピードがなかなか上がらないような気がした。あせっている私の足を引っ張るかのように信号は赤ばかりである。

　　「くそう」思わずハンドルをたたいた。腕時計はすでに7時15分を回っていた。

　　この時、私はあせっていたけれど、心のどこかに安心する気持もあった。やっと集合場所の公園が見えてきた。私は自転車をこぎながら、監督に遅れた訳をど

う話そうか考えていた。

「げんこつぐらいは、覚悟するか」私は心でそうつぶやいた。

しかし、公園に着いたとき、チームメートの姿はなかった。私は信じられない気持ちでまわりを見回した。

「そんな…」思わずそうつぶやいた。

私はいちもくさんに今来た道を引き返した。その時の私の顔は、おそらく真っ青であったと思う。必死でペダルを踏みながら、次第に腹立たしい気持になってきた。

「どうして待っていてくれないんだ。たった5分や10分のことじゃないか」「試合に負けたって知らないぞ」何度もそう言い捨てた。

家に帰り着くと、タクシーを呼んでもらい、会場にかけつけた。試合は1回裏の相手チームの攻撃。2・3塁のピンチであったが、まだ点は取られていない。私は、ほっとしながら足早に監督に近づいた。

「遅れてすいません。実は時計が…」

「もういい、スタンドで応援してろ」監督は私の方を見向きもせずにどなった。

「しかし、試合が…ぼくが投げないと…」

私がそこまでいったとき、監督は厳しい顔をこちらに向け、

「うるさい、おまえにエースの資格なんかない、チームのみんなに心配をかけただけでその資格はない」

私は涙をこらえてスタンドに向かった。足が鉛のように重かった。結局、チームは5対2で敗れた。しばらくして閉会式を終えて引き上げてくる仲間の姿が見えた。

13. ありのままの研究紀要

今までに現職教育のまとめや研究紀要を多く読んできました。しかし「これ、本当だろうか？」と首を傾げたくなる内容が多かった気がします。

例えば、実践の成果として書かれていることが、言葉をかえて今後の課題に登場するのです。どちらが本当なのでしょうか。

こういうのを読むと「こんなにうまくいくなら、学校はもっとよくなっているはず」と、思ってしまいます。やはり、実践記録等は、「ここまではできたけど、これはできなかった」というような正直な内容がいいです。その方が読み手の参考にもなるし、共感を呼ぶのではないでしょうか。

22 第1部 学校の風景 ― 教師として大切にすること ―

そのような視点で、18年度の現職教育実践記録「礎（いしずえ）」を読んでみました。誰がどの部分を担当したのか分からないので残念ですが、実に面白かったです。

先生方が1年間、道徳にどのように苦悩しながら取り組んできたかが、伝わってきます。冊子の中から抜粋してみました。（→ からは筆者のコメント）

- ・「子ども達の心に訴えられるような資料を発掘することの難しさを感じた」「資料選びの時間をとることがなかなか難しい」
- → M先生が「やはり、資料」と題して、書いてみえますが、道徳は資料が命ですね。道徳だけやっていればいいのなら、時間はたっぷりありますよね。そういうわけにはいかないし…学年主任らしいT先生の悩みです。

- ・「道徳の授業に抵抗を感じるのはなぜだろう」（中略）「まだ抵抗があるのは、自分の思う授業ができないからだと思う」
- → これに続けて「まずはやらなきゃ始まらない」とあります。そうですね、とにかく18年度は1歩踏み出したということでしょう。Y先生の今年に期待です。

- ・「改めて児童との接し方を反省」
- → K先生、この後、どのように接し方を変えましたか。続きが知りたいです。

- ・「授業のねらいや教師の願いを敏感に感じ取り、それに沿った発言をする子も少なくない」
- → N先生、その通りですよね。先生らしい文ですね。6年生の課題にも「少しずつ本音が出るようになってきたとはいえ、まだまだ、一般的なきれいごとに終始しやすい」とあります。大きな課題の指摘ですよね。

以上の他に、大野先生（仮名）の文は、最後が「年間、35時間実施を目指してがんばらにゃいかんな～」と、締めくくってある文があります。このような決意表明している実践報告は、他にはないでしょう。

また、3年生の実践の中には、「人の心には弱さがあることを優しく語りかけ…」、その続きに「ふだんと違う担任の態度を見て、『思っていることを言ってもいいみたいだな』と思ったらしく…」というのもあります。これは誰の感想でしょうか？ 普段は、どんな様子なのか思わず想像してしまいます。

さらに、「これまでに、これほど多くの資料を真剣に読んだことはなかった」「成績をつけなくていいので、つい他の時間に代えてしまって」「恥ずかしい話だが、これまで、道徳の指導要領を開いたことがなかった」と、正直に暴露しているのもありました。

このような研究紀要「礎(いしずえ)」は他にありません。先生達の思いが伝わってきました。

さて、18年度で、「礎」にピリオドがうたれました。

そこで、今後はそれぞれの先生が自分だけの「礎」を綴っていってほしいと願っています。

最後に「最近、道徳の授業を毎週一回ではないにしてもきちんと行っていくといいことがあるんだなということに気付きました」「道徳の授業は、難しく、分からないことばかりだけれど、ちょっとだけ、道徳の授業もおもしろいのかな、と感じることができた」等々、このような思いをもってもらえた今年度の現職教育。来年度も、力を合わせていきましょう。

14. 職員室にて

帰りがけに見かけた職員室の一コマです。おそらく今度、藤井先生が学校訪問でやる道徳の授業の検討なのでしょう。

藤井先生が「明るい心」のある箇所を指し示し、何か説明しているようです。それに対して染矢先生と滝澤先生が、耳を傾けています。

きっと、このあと、意見交換（議論）が行われたことでしょう。横に座ってその議論を聴いていたかったのですが…。残念、会に出かける時間になってしまいました。

自分は、学校訪問に限らず、また、道徳に限らずこのような議論が職員室のい

［私はこう思うんだけど…］

たるところで行われるといいなと思っています。

　学校は子どものためにあります。子どもにとって、もっともっと楽しい授業になっていくといいなと思います。

　この光景を見て、そういえば、昨年、ある先生が、滝澤先生を子どもに見立てて発問をし、子どもがどのように反応するかシュミレーションをしていたことがあったことを思い出しました。

15.　校長室にて資料を読み合う

　達見先生に頼んで自主研集を行ってもらいました。山口先生が月曜日に行う道徳についてです。資料は「手品師」、その解釈です。

　参加者は、達見先生・孝子先生・永野先生・中村先生・藤井先生・山口先生・宮里先生に私の8人です。

　資料の内容は、

　　　あるところに、腕はいいのですがあまり売れない手品師がいました。その日のパンを買うのもやっとでしたが、大劇場のステージに立てる日を夢見て、腕を磨いていました。

　　　ある日、手品師はしょんぼりと道にしゃがみこんでいる小さな男の子に出会いました。男の子はお父さんが死んだ後、お母さんが働きに出て、ずっと帰ってこないというのです。

　　　そこで手品師は「元気をだすんだよ」と、手品を見せます。すっかり元気になった男の子に、手品師は明日も手品を見せることを約束します。

　　　その日の夜、手品師は友人から電話があり、大劇場に出演のチャンスがあるから今晩すぐに出発して欲しいと言われます。

　　　手品師は、大劇場のステージに立つ自分の姿と男の子との約束の両方を思い浮かべ、迷います。

　　　迷った結果、手品師は「明日は大切な約束があるから」と友人の誘いをきっぱりと断ります。

　　　そして、翌日、手品師はたった一人のお客様である男の子の前で、次々と素晴らしい手品を演じてみせます。

という話です。

「理想の実現」と「誠実」「思いやり」など、いろいろな内容項目を含んだ資料です。

よって、いろいろな解釈ができます。

今回も、それぞれ意見が出ました。複数で資料を読み合うことを通して、授業者（今回は山口先生です）が、どのねらいで授業をするのか、気持ちが固まっていけばいいと思います。

[どこがヤマ場？]

個人的には、子ども達が、手品師の崇高な誠実さに思いを寄せられるといいなと思います。

もし皆さんがこれで授業を行うとすると、どんなねらいで、どのような展開で行いますか…。

16.「考え、話し合う」授業に結び付ける環境

学校訪問が近づくと、環境整備に気をくばります。大切なことです。しかし、これも日々の活動の延長にあってほしいと思います。私は学校訪問というと年末が思い出されます。年末には大掃除をして新年を迎えますが、学校訪問前の環境整備もそんな感じです。

日常の環境整備の中にいいものを見つけました。校庭の木々の名札です。新しくなっています。表に木の名札、裏にその説明があります。石黒先生の手作りです。

自分はあまり木の名前知らないから、あのように名札があると「これが、ハナモクレンか」とつい立ち止まって見てしまいます。きっと子ども達も何気なく自然な形で木の名前を覚えていくことでしょう。

学校の環境の中で、特に重要なのは教室環境です。

その教室環境の掲示の仕方・内容に先生方の個性がにじみでます。几帳面・大

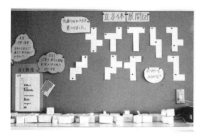

[考えさせる掲示]

胆・シンプル・カラフル等々、さまざまです。

この掲示物を、子ども達はよく見て、教師が考えている以上にその内容を敏感に受け止めていると思います。そうだとすると掲示物に意図的な仕掛けをすれば、学習効果を上げられるのではないでしょうか。

実はいくつかのクラスで効果的な掲示物を見つけました。紹介します。

写真は6年1組滝塚先生のクラスの背面掲示です。算数・図形「展開図」の授業で、子どもが見つけた展開方法を紹介しています。ロッカーの上には、実際に子ども達が作った立方体が置いてあります。

先生は、「まだ、他に考えられる展開図はあるかな？」と投げかけていきます。この掲示物を使えば、いろいろな授業展開が考えられます。例えば次時は、この中に立方体が作れない展開図を忍ばせておいて、この掲示板の前に立って授業を始めます。

そして、「この中に一つ立方体ができない展開図があるがどれか分かるかな？」と質問します。「考え、話し合う授業」の算数版です。

そういえば、夜9時過ぎに奥村先生が、大きなボードを抱えて学校に見えました。「その大きなボード、何に使うの？」と聞いたら、「児童会の掲示に使う」とのことでした。皆さんは見ました？ 昇降口にある児童会の標語です。

17. 教育観が反映される掲示

家庭訪問お疲れ様でした。家庭訪問中に、各教室を見ました。

本年度の重点の一つに、「学ぶ場として、学校・教室を美しくする」という目標をあげました。

以前、自分の勤めていた中学校は荒れており、ゴミ箱をひっくり返したように汚れていたときがありました。生徒の心も荒んでいました。そこで取り組んだの

が掲示コンクールです。中学校なので生徒会（美化委員会）が中心に、取り組みました。級長会は「廊下に花を飾ろう」運動に取り組みました。

その効果だけではなかったのですが、教室がきれいになることに比例して、学校は立ち直っていきました。この経験から、「教室は、きれいであること。掲示は、子どもの心を磨く大切な要素であること」と思っています。

とりわけ掲示には、先生方の教育観が反映されます。子ども達は、何気なく目にする掲示物から、先生のメッセージを受け取っていきます。ぜひ、こだわってみてください。

今回足早に、各教室をまわり「これはいいな」と思う掲示物をデジカメにおさめてきました。

18. 空き教室を見るとよく分かる

校内を回ると、いろいろなことがよく見えてきます。

この写真は、あるクラスの教室です。英語活動の移動で教室が空いていました。ぱっと見た瞬間きれいだなと思いました。

まず、机の上には何もありません。椅子もすべて入れられています。交通訓練があるため、ヘルメットも置いてありますが、ロッカーの上にきれいに並べられています。これは担任の先生の指導です。どの先生の学級か分かりますか？…

子どもが毎日、生活する教室の環境は学校の中でも特に大切です。学校にはいろいろな場所がありますが最低限、教室の環境は担任の責任です。

前にいた中学校でのことですが、問題行動が増えるのと比例して、教室・廊下が

[いつも美しく]

汚くなっていきました。担任をしていたのですが、朝は必ず後ろの入口から教室に入ることにしていました。なぜかというと、ロッカーの上に、何かのメモをくしゃくしゃとしたものが放置されていたり、背面黒板や背面の掲示物に落書きがしてあったりすることが多かったからです。

だから、朝は「おい、ロッカーの上のこれ、誰だぁ」から始まります。

その学校が立ち直った理由はいくつかあります。道徳を中心に、各教科も生徒の意見交流（考え、話し合う）を多く取り入れた授業に変えたことも一つです。

小学校も中学校も同じです。心を磨くためにも教室はきれいであってほしいと思います。

この写真の教室、皆さん分かりましたか。そうです、雅子先生のクラスです。

19. 鈴虫の音色

職員室に鈴虫の音が響く。幼稚園にプレゼントするために持ってきた加藤先生の鈴虫です。久しぶりに聴き、そして、見ました。まだまだ暑いけど秋は確実に近づいてきています。一生懸命、羽根を震わせています。「こんなことで、どうしてこんなにきれいな音色をだすのだろう？」よく見れば見るほど不思議です。同時に感動します。やはり本物を見るのっていいなと思います。

そういえば、加藤先生が出かけた研修の一つに、上智大学　奈須正裕　教授の講演がありました。奈須先生が、いつも口にしているのは「本物に出会わせる」。社会見学・修学旅行の多い2学期。そこでM小の子が、多くの本物に出会い、たくさん感動できることを願っています。

さて、この夏、皆さんはいろいろなところへ研修・旅行に出かけ、多くのことを学び、そして、多くの感動を手にしたことでしょう。ぜひ、学級の子ども達へ還元してあげてください。

20. 本物と出会う「世界陸上」

　8月30日、大阪教育大学附属天王寺小学校にて研修に行ってきました。研修の話はさておき、その天王寺から、地下鉄御堂筋線を東へ3つ行くと、世界陸上（2007年大阪大会）の会場「長居陸上競技場」に着きます。研修が終わったのが17時。運がいいことに30日の競技は、19時半からです。

　当日券があるかないかは、半信半疑でしたが行ってみることにしました。指定席E20列目の券が手に入りました。

　やはり、テレビとは違います。会場の雰囲気はテレビでは伝わってきません。織田裕二がどれだけ絶叫しても、その場にいなければ分からないものだと感じました。

　例えば、女子ハンマー投げ。失敗してポールに当たる音、しゃがみ込んで悔しがる。駆け寄る非情なカメラマン。その横で、自分の番に備えて回転の練習をしている選手。

　会場にいると日本の活躍などは二の次になります。鍛えられた身体、研ぎ澄まされた集中力。何と言って表現していいのでしょう、美しいのです。

　トラック種目で選手紹介の前に、会場全体に法螺貝の音が流れます。それに続いて、低い音で太鼓の音が加わります。最初は気付かなかったのですが、「そうか、いざ出陣の合図」…日本らしい演出です。

　その日は200m決勝がありました。注目はタイソン・ゲイ（米国）です。

　スタートの緊張感が、会場全体を包みます。場内掲示板には、Please quiet。それに合わせて場内アナウンスは何というと思います？「シィ〜ッ」というんです。思わず笑ってしまいました。

　スタートから、19秒76。タイソン・ゲイは走り抜けました。速い！　とにかく速い！　速い！　この感動を伝える言葉がありません。この速さは、やはりテレビでは伝わりません。

　その他、走り幅跳びでもドラマがありました。とにかく、やはり本物と出会うことの大切さを実感した日でした。

　タイソン・ゲイ200m優勝！　短距離2冠達成！　M小の運動会まで、あと26日です。

21. 感動の正体は何？

　1年生の「音楽応援団」で幕をあけた6年生を送る会。2年生の「手のひらを太陽に」のダンス、3年生のリコーダー「パフ」、4年生「エール」、5年生「スマイルアゲイン」の歌へと続きました。そして、これら1年から5年のプレゼントに対して、6年生からは、「カノン」のリコーダーと「あなたにありがとう」の歌が贈られました。

　それぞれ、学年らしさがでていました。準備等、大変だったでしょう。

　今回、1年生から6年生、それぞれの感動をたくさんもらいました。例えば、6年生の歌声もその一つです。とても柔らかく、そして春のような暖かさを感じるハーモニーでした。さすが最高学年。

　さて、感動は個人的な感情なので、主観的で人それぞれです。では、人は何に感動するのでしょう。今、行われているバンクーバー冬季オリンピック（2010年）、男子フィギュアスケートの高橋大輔選手のフリーの演技で、考えてみました。

　大輔選手は、全日本選手権を3連覇、2007年世界選手権では銀メダルを獲得し、バンクーバー五輪では金メダル獲得に一番近いと言われていました。

　しかし、2008年10月31日、ジャンプ練習中に靭帯断裂というという大怪我をしてしまいます。オリンピックまで、あと、1年と3か月という時期の出来事です。

　ライバルたちが、オリンピックに向けて精度を高めているときに、延々と続くリハビリ。やめたいと思ったこともあるでしょう。そんな中、銅メダルという結果を残します。感動の1つ目は、この大きな困難を乗り越えたというところにあります。

　次は曲です。大輔選手の演技曲は、イタリア映画の「道」（監督フェリーニ・作曲ニーノ・ロータ）でした。哀調あふれるトランペットのメロディで始まった曲が、演技と見事にあっていると感じました。これが、感動の2つ目です。

　3つ目は、大輔選手の競技直後の笑顔と涙です。何かをやり遂げた時の顔はいいですね。送る会の1年から6年の子の表情もそうでした。

さて、自分はこの３つがあったから感動したのでしょうか。

よく考えてみると、それだけではありませんでした。この感動を演出した脇役がいました。アナウンサーと観客です。

アナウンサーの中継の声を拾ってみました。４回転ジャンプのときには、「降りてくれ」と、願う気持ちが込められます。ジャンプで足がふらつくと、「う〜ん、こらえた」。終盤では、「世界一のステップ」「ここからが高橋」「すべての道は、ここバンクーバーへ通じていた」と中継しています。この臨場感あふれる中継が、感動をより大きいものにしていたのではないかと思います。

もう一つは会場の観客です。会場の拍手に叫び声です。６年生の歌で言えば、その歌に引き付けられている１年生から５年生の瞳と、歌が終わったときの拍手にあたります。

学校は、子ども達にいろいろな感動を与えることができます。分からないことが分かるようになったという感動もあるでしょう。何かを作り上げた、やり遂げたという感動もあるでしょう。

もうすぐ、その学級の子どもと出会ってから１年が終わります。子どもの中には、どんな感動が残っているでしょう。卒業式・終了式まで、残りわずかとなりましたが、今からでも大きな感動を子どもに与えることができると思います。もう一回何か感動をプレゼントして、卒業・進級させてほしいと思います。

22. 学級のドラマを、そこに生きている子どもの姿で

これは、ある先生の道徳の指導案（主題設定の理由）の抜粋です。少し長い内容ですが読んでみてください。

Ａ男に思う

Ａ男は、未熟児で生まれ、入学時にはまっすぐに走ることすら出来なかった。そのため、両親はきめ細やかな指導を望み特別支援学級に入学させた。

一人っ子のＡ男は、両親や祖父母の愛情を一心に受け、順調にすくすくと成長

した。そして、特別支援学級の先生の薦めもあり、高学年になるのを機会に普通学級へ転入することに決めた。

特別支援学級の先生から普通学級へ転入するにあたり、両親は「いじめられはしないか」等、相当悩まれたと聞いている。4月の学級開きをする前に、「A男が楽しいと思えるような学級を作りたい」と強く思った。

A男は、学校の近くに住んでいて、毎日帰宅後すぐに学校へ遊びに来る。そして、私と今日あったことを中心に雑談をする。

その中でこんな話が出てきた。級友が写真を持って来てとても楽しそうに話をしていたので、A男が「見せて」と言うと、「A男には、関係ないでしょ」と返事が返ってきたそうだ。この話の最後にA男は、「優しいクラスがいいな」とつぶやいた。胸に突き刺さる言葉だった。

クラスの実態

本学級の児童は、真面目な児童が多い。どの児童も親の愛情をたっぷりと受けながら日々の生活を送っている。

そのため、学校・学級の規則や教師の言うことをきちんと守ろうとする。また、学習に対する向上心も強い。

しかし、その気持ちが強いために、A男のように枠からはみ出してしまう児童に対して厳しく追及したり、冷たい態度をとってしまったりすることも少なくない。

教師が全面に出てA男をかばおうとすると、表面的にはA男に優しくすることが出来る。

しかし、教師のいない場面では嫌がるA男に無理矢理ノルマだからと「から拭き」の仕事を押しつけることもあった。…（中略）…

一学期の終わり近くで、席替えをした。A男の隣になった大人しい女児が、「隣になれて、よかったね」と言ったり、お楽しみ会で座る場所が見つからなかったA男に場所を空けてあげたりする場面が見られた。A男もその女児のどちらも普段は口数が少ない。

また、一人でも平気で遊んでいたA男にB男という友達ができつつある。B男には、自閉気味の姉がいる。B男は、その事で心をいためていて、4月当初「先生、自閉症って知ってる。ぼくの姉が、そうみたいだよ」と言ってきた。家庭訪問時の母親の話によるとB男自身にも軽い障がいのようなものが見られるとのこ

とであった。B男もまたその障がいゆえに友達が少ない。

　　最近では、Ａ男の方から声をかけ観察など楽しそうに二人で話し合いながら進めている姿が見られるようになってきた…（後略）…

　いかがでしたか？ …これを読んで皆さんは、どのように感じましたか。

　この主題設定には、学級の物語が綴られています。読み進むうちに感動が込み上げてきました。

　まず、この教師は、親の子を思う気持ちはもちろん、Ａ男がつぶやいた「優しいクラス」という一言を真剣に受け止めています。

　自分も、この教師のように、つぶやきから子どもの心が感じ取れる教師でありたいと思います。

　さらに、この教師はＡ男を通して、学級の子ども達に思いを寄せていきます。今まで一人であったＡ男に関わろうとする児童が徐々に登場し、学級が成長していく様子が描かれている箇所がそうです。学級集団の力です。

　しかし、これで満足していません。二学期をスタートするにあたって、「表面的な優しさを示す児童」「教師がいる時といない時でＡ男に対する態度が違うまわりの児童」の心をなんとかしたいという願いをもちます。そして、その延長線上に授業があります。

　この後、この学級の実態に合わせて、道徳の資料が選ばれ、授業が行われます。その授業でＡ男・Ｂ男、そして気になるまわりの子は、どんな発言をするのか楽しみです。

　さて、今回、学校訪問に向けて記す、学級活動・道徳の主題設定…ぜひ、学級の実態・教師の願い、そして学級のドラマを「そこに生きている子どもの姿」で書いてほしいと思います。

23.　表情が映し出す

　県内のＫ小学校の研究発表に行きました。「研究発表に自分としてのテーマをもって参加せよ」は、自分が若い頃に指導してもらった言葉です。

　今回、参加に際して設定したテーマは、「考え、話し合う授業」です。Ｋ小学

34 第1部　学校の風景 ― 教師として大切にすること ―

校は活動場面の公開が多く、話し合う授業が少なかったのですが、6年総合「働くことについて考えよう」の中に話し合いが位置づけられていたので、それを参観することにしました。

　子ども達の関心別に6人のゲストティーチャー（GT）「俳優・看護師・シンガー・会社員・助産師」が用意されていました。

　よく、GTに丸投げの授業を見かけるのですが、K小学校は違いました。GTの話を聞いた後に、話し合いをもつのです。しかし、その話し合いは、表面的で、深まりがみられない残念な内容でした。子ども達が、GTの話を聞いて感動しているのに、その感動を教師が、学級全体に引き出せなかったことが要因の一つでしょう。

　さて、K小学校の校舎はオープンな構造になっています。隣同士の教室で、2人の先生が同じ展開（発問）でやっていたのですが、廊下と教室の仕切りがないので、両者を見比べながら参観できました。

　1人は、経験年数を重ねたA先生。もう1人は2年目のB先生です。A先生は、的確な指示・発問で授業が進んで行きます。一方、2年目のB先生は、子ども達の発言を板書するのも頼りなさそうです。

　しかし、しばらく見ていてあることに気づきました。B先生の子ども達は、生き生きとした表情で授業を受けているのです。その理由は、先生の表情にありました。B先生は、子どもの発言に「うん、うん」とうなずき、柔らかい表情で、「あ、そう」とあいづちをいれています。一生懸命その子の話を聞こうと耳を傾けているのが伝わってくるのです。この先生の表情に安心して子ども達が発言しているように見えました。

　決してベテランのA先生の授業の進め方がだめだと言っているのではありません（A先生の授業はレベルの高いものでした）。A先生は、公開という緊張からでしょうか、B先生と比べて表情が硬かったと思います。それにつられて子ども達の表情も硬かったようです。

　もう一つ理由がありました。A先生は、今日の授業で、もっていきたい方向があったのでしょう。もちろん授業はねらいをもってするものなので、それは大切なことですが、それが強く出すぎ、教師がレールを敷いてしまったようです。もっていきたい方向の発言が出るまで一問一答が繰り返されました。これでは、

深まりません。

　一方、B先生は、ねらいとはズレた子どもの発言があったのですが、子ども達の発言に寄り添いながら進めていました。

　この場合、どちらがいいとは言えません。教師のねらいどおり進めるか、教師の予想を越えた子どもの自由な思考を大切にするか、迷います。話し合いのある授業を行う場合、この問題に直面します。私個人としては、子どもの自由な思考に、しばらく任せて、ある時点で「おっ、少し、論点がずれてきたぞ」と、修正を加えていけたらいいなと思っています。

　いずれにしても今回の公開授業、2人の先生の授業を同時進行で観ることができたので、いい発見がありました。「授業時の先生の表情にこんなにも人間性がにじみでるんだな」ということです。…それを子ども達は敏感に感じ取っていたようです。

24.　子どもは何をつかんで帰ったのだろう

　4年2組、千穂先生（仮名）の授業を見に行きました。予告なしで行きました。なので、まったく普段着の授業を見せてもらうことになりました。

　チャイムがなって少したってからの参観だったので、すでに、教師による資料範読が始まっていました。

　先生が読み終わると、子ども達から「なんでここで終わるの」という声があがりました。なぜなら、資料が「ふるえる手をぎゅっとにぎりしめて立ち上がった」という場面で終わっていたからです。

　道徳の授業ではとりわけ教師と子どもの信頼関係に基づく学級経営の雰囲気がでます。その信頼関係をベースに、思ったことを何でも発言できる時間になっていないと、表面をなぞっただけのつまらない授業になってしまいます。

　千穂先生のクラスは、一学期からの積み上げがあるのでしょう。授業は、自由に発言でき、笑顔あふれる明るい雰囲気の中で行われました。

　今日の資料は明るい心の「わすれもの」。

36　第1部　学校の風景 ― 教師として大切にすること ―

　　　主人公がコンパスを忘れて、隣の席の秋子さんに借ります。主人公が借りてい
　　るときに、秋子さんが先生からコンパスはどうしたのかと問いただされます。問
　　いただされた秋子さんは、何も言い出せず泣き出してしまいます。そこで主人公
　　は立ち上がります

という内容で、ねらいとする内容項目は正直・誠実です。面談のときに、千穂先
生が「忘れ物が多いんですよ」と言っていたので、ねらいとは違いますが、忘れ
物に対する子ども達の本音が見えるといいなと思って見ていました。

　　授業展開を抜粋します。

　　　T：コンパスを忘れたことに気付いたときどう思ったのかな
　　　S：先生の話をちゃんと聞いとけばよかった
　　　S：先生に怒られるのかな（千穂先生なら叱るでしょ、という挙手なし発言あり）
　　　S：いつも忘れないから怒られない
　　　T：たまに忘れるだけだから、怒られないという意味ね
　　　S：失くしたって言えばいいや
　　　T：（失くしたことを）気にしないんだ
　　　S：まわりで他に忘れている人がいるか探す
　　　S：誰かから借りればいいや
　　　S：お姉ちゃんがなくしたという
　　　S：別に終わった人から借りればいい
　　　S：先生に正直に言えば怒られないかな
　　　T：どうしようかなと迷う人と、人のせいにするというのがあるのね

　　千穂先生は、子どもの発言は、「忘れ物をしたって、正直に言えばいい」とい
う流れになると、予想をしていたそうですが、それに反して、展開前半は、本音
に近い、「ごまかそう」という低い価値観が多く出ました。

　　資料にもよりますが、低い価値観の子どもがいるとするならば、その意見を引
き出すことができなければ、1時間の授業で深めることができない場合もありま
す。子ども達の忘れ物に対する考えもよく分かりました。

　　極論ですが、実態として子どもが低い価値観をもっていなければ、わざわざ資
料を用いて道徳の授業をする必要がなくなります。

　　しかし、人はそんなに単純ではありません。すべて高い価値観で考えることは

逆に少ないのかもしれません。そこに道徳教育の必要性も生まれます。

さあ、いよいよ展開後半。秋子さんが先生に「どうしたんですか」と問われている場面の主人公の気持ちを追い、ねらいとする価値を深めていきます。低い価値観と高い価値観が入り混じるところです。

ここで、今までの自分だけの狭い価値観から、友達の意見を聞き、また友達の力を借りて、価値観を広げていきます。

多くの意見がでましたが、ここでもまだ低い価値観が支配的でした。この場合ここで、「みんなそう思うんだよね、先生は違うけどな、どう？」と違う価値観を引き出す補助的な発問が必要でしょう。

授業では残念ながら、時間がなくなってしまいました。多くの発言があったからです（全員に指名）。

そこで、不必要な発問をカットすることで、時間を生み出します。例えば、あらすじに関係するところは、指名しないで、教師と子ども達と簡単に確認していくのも一つの方法です。具体的には「（資料では）実際にどうしたの」の発問をカットしたらよいでしょう。

しかし、この場面で驚いたことがあります。ここで、子どもからすごい発言（挙手していない）が飛び出したのです。千穂先生の「実際にどうした」に対して、それは、「国語と同じじゃん」という発言です。「あらすじを聞くのは国語、道徳は違うよ」という意味の発言です。道徳の授業でどうしても避けたいのが国語の読解風の授業です。子ども達が、道徳の授業がどういう時間か分かっているからこそ出た発言だと思います。

授業は、テンポよく進みました。少し考える間をいれるともっとよくなるでしょう。また、一人の子の意見を取り上げ、みんなはどう思うか議論させるとよいでしょう。

千穂先生の悩みは、「子どもがストレートに話しをする。普段もそう。好きなことを言っていいのだけれど、道徳的な価値を深められたかどうか」だそうです。

［国語と同じじゃん］

それを解決する方法は、いろいろ考えられますが、すでに、その解決に向かう姿勢は千穂先生の中にありました。それは、千穂先生が発した言葉から分かります。

最後にその言葉を紹介します。「子どもは何をつかんで帰ったのだろう」です。これは千穂先生が、授業後に自分と話をしているときに言った言葉です。この言葉は意味ある言葉です。常に「今日、子どもは何をつかんで帰ったのだろう」と振り返ることのできる教師こそ、前に進める教師だと思います。

25. この子を色眼鏡で見てしまって

画鋲が運動靴の中にあった。いたずらであろうか。そうだとしたら悪質です。朝の打ち合わせで生徒指導の永田先生（仮名）から対応についての話がありました。

約1,000人に近い子どもが生活する学校。いろいろなことが起きます。起きたことへの対処と予防的措置を速やかに行うことが大切です。今回の出来事、親の心配は当たり前です。上靴に画鋲を入れられた我が子への親の思いを考えると胸が痛みます。まず、上靴に入れられた子への対応と再発を防ぐことが第一です。

同時に、意図的に画鋲を入れたとすると、その行為に及んだ子も心配です。もちろん、「いけないこと」「二度としないこと」と厳しく指導するのですが、なぜ、そんなことをしたのか？　その子の抱えた心の闇が気になります。その行為の裏側にあにある心情をつかまなければ、根本的な解決になりません。

この件について、勤務時間終了後に、担任の智子先生（仮名）が学級で行った簡単な調査を持って私のところに来ました。先生に、なぜ、その調査を行ったのか聞いたところ、「もし、やった子が分かったら、注意をするけど、それより、そのやった子が、もし何か理由があって、それでやったとしたら、そのことも解決してあげないと…」と言われました。

私は、「親は、先生の意図に反して、犯人探しと思うかもしれないので、もし、何か問い合わせがあったら、先生が、今、言われたことをきちんと話してあげてください」と伝えました。

その調査では、ある子が"やった"に○を付けていました。智子先生は、「お

となしい子なのになぜだろう？」と思いつつ、他の子に気付かれないように、その子をそっと呼んで優しく聞いてみました。すると、その子は「きょとん」として、「やっていない」と言ったそうです。どうも、調査の質問の意味が分かっていなかったようです。低学年にありがちです。

ここまで話を聞いた後、智子先生が、「調査の後、"やった"と○を付けた子について、今まではおとなしいと思っていたが、違うように見えてきて…。しかし、本人を呼んで聞いた時に、あ〜この子は勘違いから○を付けたんだと分かりましたと。私は、この子を一瞬でも色眼鏡で見てしまって…」と、言われるのです。

智子先生は、とても大切なことを言っています。子どもを色眼鏡で見ない。教師の姿勢として大切なことです。私自身、分かっているつもりですが、智子先生と話をして、最近子どもを一面的な見方をしていないか、改めて思いました。

さあ、1学期も終わりです。ラストスパートです。そして、子どもに有意義な夏休みを…また、職員にとってもいい充電ができる期間にしてほしいと思っています。

26. 一緒に汗を流して

確か、14日の朝だったと思いますが、高学年の子が竹箒を持って玄関前を掃いているところに出会いました。「ありがとう、ボランティア？　委員会？」と声をかけたのですが、あまりはっきりした返事が返ってきません。

そこで、もう一度尋ねると、「（そうじを）さぼったから」と小さな声が返ってきました。それを聞いて「そうか、そうか頑張れ」とその場を後にしました。

次の日、その子は、また竹箒をもってそうじをしていました。まだ、許してもらえないのかなと思いつつ、「ありがとうね」と、声をかけて通り過ぎました。

ところが、週があけた月曜日も、その子は、竹箒でそうじをしていました。今回は、保健室前です。しかし、様子が前と違います。登校してくる子に「おはようございます」と、大きな声をかけながら掃いているのです。今までと違った明るさがありました。

そこで、「きれいになるな、今日もありがとう」と、近づいて行って「まだ、罰当番？」と声をかけてみました。すると「違うよ、罰当番は終わったよ。でも、続けているんだ」という言葉が返ってきました。

「お〜お、そうか、やるなぁ」と、肩をポンと叩いて立ち去りました。

しかし、その件で気になることが二つあります。それは、罰当番が終わっても続けていることを担任の昌代先生（仮名）が、知っているかどうかということです。

もう一つは、昌代先生は、この子がやっているときに声をかけに来た（様子を見に来た）かどうかです。

何かのペナルティーを与えることはあることです。その場合、子どもがそのペナルティーを受けることを心から受け入れていることが絶対条件です。

また、そのペナルティーには、子どものためになり、子どもをよくするという教育的ねらいが伴わなければなりません。

もしも、子どものためにと思って行っているペナルティーが、実は教師の思い込みで、子どもとの信頼関係を損ねることになってしまっては、教育効果はないことになります。

ペナルティーを与える場合、ケースにもよりますが、活動の場に教師も寄り添う、または一緒に汗を流してやる。そして、そのときに普段できない話をなにげなくするなどの教師の働きかけがあるとよいと思います。

このようなペナルティー…それが、子どもと先生のよりよい関係をつくる機会となることを願います。

27. ともだち

「今日、こんなことがあったんですよ」と、川上先生（仮名）に子どもの様子を教えてもらいました。その内容はこうです。

学校を数日間休んでいる真介君（仮名）が気になったN君が、川上先生に「先生、今日帰りに真介君のところに行くね。ちょうど、道につつじが咲いていたから摘んで持って行く」と言いにきました。

川上先生は、N君にはこんな優しい一面があるんだと思いつつ「ちょっと、待って！ そのつつじいいの？ 誰かが植えたものじゃない？」と言って、摘んでいくことを思い止まらせました。

N君は、残念そうに「じゃあ、絵を描いて、真介君の家に持って行く」と言って帰りました。

川上先生が、真介君の具合を聞くためにお母さんに電話をしました。

すると、お母さんは、クラスの子が「お花を買うお金がないから」と絵を持ってきたこと、その絵を見て、うちの子がすごく喜んで「明日は絶対学校へ行く」と、言っていたことを嬉しそうに話をしてくれたとのこと。

花を持って行くと言い出したN君、そして休んでいる真介君。この二人はあまり友達が多くない子だそうです。

川上先生は、このような出来事があった前日の授業公開日に、道徳「友の肖像画（友情）」の授業を行っていました。

資料の内容はこうです。

> 和也と正一は幼馴染。正一が突然、筋肉が縮む難病治療のため遠くに行くため離れ離れになります。二人は文通により友情を確かめ合っていたものの、いつしか正一から手紙の返事が来なくなります。一年ほどたち「療養しながら学ぶ子ども達の作品展」に正一の木版画が出品されます。そして、その作品が、不自由な手で彫り上げた自分の肖像画であることを和也は知ります。

その授業の抽出児はN君。川上先生は、友達を平気で不快にさせる発言をするN君に、真の友達関係はどういうものなのか、なんとか分かってもらいたいと願っていたのです。今日の授業でも、N君は、前半に手紙が来なくなったことに対して「腹が立つ」と発言しています。

しかし、そのN君の気持ちは、授業の後半では変化していきます（意図的指名）。

さて、昨日の授業後に、N君が「花を持って行く・絵を描いて持って行く」と言い出したことは、この授業と無関係ではない気がします。

道徳は即効性を求めるものではありません。ねらいとする価値が、すぐに道徳的実践に結びつきません。しかし、自分には今日の道徳の授業がN君の心の中に何かを起こした気がしてなりません。その結果の行動だったのでは…。

28. ペンギンがいたよ

　登校の様子を見に行った時のことです。M小の西、赤く舗装された通学路（通称「あか道」）で、小学校2年生の女の子二人が、話しかけてきました。
　そのうちの一人の子が、「ねぇ、校長先生、ここに、前、ペンギンがいたんだよ。ね。」と、隣りの子に話しかけながら、教えてくれました。
　するともう一人の女の子も「ブルブルふるえていたんだよ」と、その様子を身体で表現しながら一生懸命伝えてくれました。このような場所に、ペンギンがいるはずはないと思いつつ、少し迷いながら「お～っ、そうなんだ」と、返事をしました。
　さて、このようなとき、先生方は、どのように対応をするのでしょうか。その対応は、

　・信じる
　・ペンギンの生態から、見間違いではないかと説明する
　・「いるはずがない」、と言う

など、いろいろあると思います。
　事実を確認して「いるはずがない」と言うのもその一つです。しかし、これを言ってしまうと、子ども達の自然に対する好奇心や夢を壊す結果にもなりかねません。

［宮池の主］

　では、どのように言ったらいいのでしょう。事実を取るか夢を大切にするか迷います。教育にはこの迷いが大切です。事実と夢の両立は可能だと思います。
　途中、宮池に大きな鳥がいました。2年生の女の子たちと、「宮池の主」と名付けながら、学校へ向いました。この鳥と間違えた可能性もあります。

29. ペンギンがいたよ 2

　ペンギンの話の続きです。14日のペンギン「子ども達は何と見間違えたのだろう」と気になり、下校指導を兼ね、宮池に行ってみました。

　歩いていると、「先生、何をしているの」と保護者から声をかけられました。

　「実は、子ども達がペンギンを見たというので…」と言うと、その方は、「うちの子も言っていたよ。私も小さいとき飼っていたし…」と言うのです。

　自分の認識と随分違っているようなので、「いるはずがない」と思っていたことが、あやしくなってきました。自分の疑問は、確かに熱帯にいるペンギンがいるから、温帯にいてもおかしくないが、はたして淡水での生息が可能かどうかということでした。

　インターネットで調べると、やはり温帯に生息するペンギンがいました。そこには、「フンボルトペンギン、マゼランペンギン、ケープペンギンなどの温帯ペンギンは地方によっては屋外飼育も可能」と、記されています。ウ～ン、屋外飼育可能か、ますますあやしくなり、そこで、名古屋港水族館（052－654－7080）に、問い合わせてみました。その返答は…

　　・淡水でも飼うことができる
　　・江南市の保育園が飼っている
　　・ワシントン条約で飼うことが規制されているペンギンがある
　　・もし、屋外で野生化しているとしたらスクープである
　　・予測するに、カモの一種「キンクロハジロ」の見間違いの可能性が高い

とのこと。真相はいかに…。でも、このことを子ども達に話すと、大騒ぎになるので、密かに調べてみようと思っています。

30.「7－5＝3」?

　先週、2年生がザリガニを獲りにいきました。達見先生がいつも発行していてくれる週予定のコメントにも「うれしそうにタモを見せてくれる子」という記述がありました。
　そのザリガニ獲りの様子を2年生の先生方に教えてもらいましたが、今回はザリガニ獲りをしてきた翌日の出来事を紹介します。
　場所は2年4組永野先生の教室です。気の優しいSさんは、7匹つかまえたのですが、「かわいそうね」と、5匹池に返してきました。
　あくる日のことです。「先生、死んでる」「頭がない」「(水槽から飛び出している)」「お墓をつくらなくっちゃ」と、

［はてな？］

それぞれ自分の観察ケースを見ながら教室は大騒ぎ。
　そんな中、彩子さん（仮名）は自分の観察ケースを見て「ぎょっ」とします。
　ケースの中に3匹いるのです。7匹捕まえて5匹返したから、2匹のはずです。しかし、濁った水の中に3匹いるのです。足も動いているのです。
　周りの子もこれを見て「いるいる」と、大騒ぎです。「誰か入れた？」…誰も入れていません。「生まれた」…生まれてすぐに大きくなるはずがありません。Sさんの頭の中は「はてな？」で一杯になってしまいました。
　「どれどれ」と、永野先生が見てもなるほど3匹に見えます。さて、事の真相は…そうです、ザリガニが脱皮したのです。脱皮した抜け殻が水の揺らぎにゆらゆらしています。それを3匹目と数えた

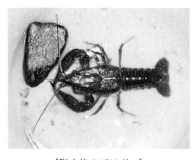

［脱皮後のザリガニ］

のです。7-5＝3…彩子さんにとってのこの驚きは、忘れることのできない経験となったことでしょう。…そして、ザリガニが脱皮するということも忘れることがないでしょう。

31. どんぐり

　小さいころ、家の近くには里山があり、よく探検だとか、基地作りをして遊んだことがあります。そこに当然のようにあったのが、どんぐりです。

　以前は、「どんぐり」という木があると思っていました。しかし、どんぐりという木はありません。カシ・クヌギ・ナラ・カシワの実をすべてどんぐりと言います。タラバガニをカニの仲間だと思い込んでいたのと同じです。ちなみにタラバガニはヤドカリの仲間です。よって、カニが一般的に横にしか移動できないのに、タラバガニは縦に移動できます。

　どんぐりは、漢字で「団栗」と書きます。「団」を広辞苑で引くと「まるいこと・まる・まるい形」とあります。団子もそこからきます。よって、どんぐりは丸い栗ということになります。

　最近、話題の本に『ドングリと文明』という本があります。作者はウィリアム・ブライアント・ローガン。主な内容は狩猟中心と農耕牧畜中心の生活の間に、どんぐり中心の生活があったという遠大な仮説を記したものです。

　さて、学校にもどんぐりの実が植えられています。白いポットに22鉢。昨年の11月にD先生が植えてくれました。そのどんぐりは、D先生が子ども達（1年生）と一緒に大府の運動公園（校外学習）で拾い集めたものなどです。

　それを緑化委員会の子ども達・伊藤先生・井上先生などで水遣りをして育て始めて1年になります。

　そのおかげで、今では約20〜30cmの高さにまで成長しています。このどん

[早く大きくなって…]

ぐりは、カシなのか、クヌギなのか、どの木になるのか楽しみです。

どんぐりは、実を落とすまでに約6〜7年かかります。これを拾い集めた1年生の子が、ちょうど中学校に入学するときに、立派な木になることになります。

また、学校の東（駐車場のフェンス側）にも、どんぐりが植えられています。これは、英之先生が調べてくれましたが、カシの木で、その中の白樫（シラカシ）だそうです。ぜひ、先生方も植えてみては…。

32. 1年生の絵

1年生の廊下を歩くと、作品が目にとびこんできます。いろいろな春の花を題材にした絵です。それぞれ、絵にも学級の特徴があります。また作品は一人ひとり違って、それぞれに味があり、見ていて楽しくなります。

そんなことを思いながら見て回っている中で、朱美先生（仮名）から、「先生、子どもってすごいんですよ。本当にいろいろなことに気が付くんですね」と、ある絵を見せてもらいました。

それは、桜を描いた絵でした。朱美先生は、その子が描く様子を見ていて、最初は、あれ、地面のところに桜の花を描いているので、どうするのかなと思ったそうです。

そして、しばらく見ているうちに、それは、その子が散った桜の花から描き始めたことに気付いたというのです。朱美先生は、「子どもの発想はすごいですね」と、そのときの驚きの様子を教えてくれました。

きっと、子どもの目の高さとして、地面に散った花びらが最初に美しく映ったのでしょう。

朱美先生からは、もう1つ話を教えてもらいました。特別支援の前の花壇に、濃いピンクの花があります。マーガレットです。

それを描いた子が、「先生、先生、孔雀が翼を広げたみたい」と、教えてくれたと言うのです。朱美先生からその話を聞いたので見てきました。なるほど、そう言われて見てみると、そのように見えてきます。

このように、子どもは、大人とは違った捉え方をしています。また、大人とは違った角度からものごとを見て、さまざまなことを考えていると思います。

そんな子どもらしい捉え方や考えを発見したときに、教師としての感動が生まれます。

子どもが、もしも教師の考えていることと同じ（思い通り）だったら、教育は味気ないものになります。

子どもらしい発想に気付いた朱美先生、やっぱりベテランです。

[子どもの発想はすごい]

33. 両手を合わせて「ごめんなさい」

　管理訪問がありました。校長室で学校を訪問して来た４人の主事先生達と話をしているときに、入り口のドアのノブが「ガチャ・ガチャ」と音がしました。

　誰か訪問かな、と思いドアを開けると、そこに、小さな訪問者が立っていました。土本先生（２年）の学級の靖之君（仮名）です。靖之君は、たまに大放課に校長室へ話をするために来るのですが、今日は昼放課に来たようです。

　ドアを開けると、靖之君はお客さんがいることに気付き、あることをしたのです。主事先生達は、「いいよ、入っといで」と手招きしたのですが、靖之君は、両手を合わせて「ごめんなさい」と、ペコリと頭をさげたのです。

　その様子がとてもかわいらしく、その後、校長室では靖之君がとっさにとった態度、両手を合わせて謝った微笑ましい姿の話題でもちきりになりました。

　学校では、あいさつ・ありがとう・ごめんなさいを指導します。靖之君の心から謝る姿から、形だけのものは人の心をうたないなと思った瞬間でした。

34. じゃあね、先生あそんでくる

　3週間に一度ぐらいかな。その割合で、大放課、校長室にかわいい訪問者が来ます。今日もその和夫君（3年生仮名）がノックしてやってきました。

　和夫君が来るときは、何かあるときです。家で何かあったときか、友達と何かあったときです。

　そんなとき、自分からは「どうした、何かあったの？」とは聞かないようにしています。和夫君は、校長室を一周して、いろいろなものをさわってから、話しだします。ゲームの話やポケモンのカードの話が多いのですが、家の話も出てきます。

　今日の和夫君は、普段とは違った雰囲気でやってきました。明らかに泣いて目を腫らした顔です。今日も校長室を一周した後、和夫君は窓から運動場を見ながら何も言わずに立っています。

　いつもと違う顔なので、「どうした」と聞いてみました。和夫君は「別に」と答えます。「いつもと顔が違うぞ」と言うと、「分かるの」と言って、鬼ごっこで、いつも自分ばかり鬼にする子がいることを話しだしました。「そうか、先生に言うか？」と聞くと、「ううん、言わなくていい」と言って、「じゃあね、遊んでくる」と、校長室を飛び出して行きました。

　チャイルドラインというのがあります。18歳までの子どもが電話をかけ、自分の話を聞いてもらうものです。イギリスで始まったのですが、今や約30か国にあり、日本にもあります。このチャイルドラインは、電話相談と違って、ひたすら子ども達の声にただ耳を傾けるだけというのが特徴です。

　以前、チャイルドラインに関わっている人に話を聞いたことがあります。

　かかってくる電話の内容はさまざまで、「ぼくホームランうったよ」「僕が歌を歌うから聞いてください。（歌い終わって、聞いてくれてありがとう）」と言うだけ言って切れる電話もあるそうです。

　これらは、本来、家庭で聞いてあげるものだと思いますが、中にはそれがままならない家庭があるのも現状です。

　今日の和夫君も、ただ聞いてほしかっただけのような気がします。

　先生方は、給食や放課にさまざまな話を子どもから聞いていると思います。教

師にとって、ひたすらに聞くというのは大切なことです。子どもが胸のうちを安心して話ができるのは、信頼関係ができているからです。

35. 先生、あててよ

　教育実習生の健二先生は、ダンスの先生です。そのダンスの指導をする中で、もっと子どもと関わりたいと教師を目指しています。

　関わることは、教師にとって重要な資質です。関わろうとしない先生に、子どもは悩みを打ち明けません。教師を目指す決断をするには勇気がいったと思います。決断した以上、子どもと常に関わろうとする教師になってほしいと思います。

　健二先生の授業を見ました。小学校2年（D先生の学級）の算数。乗法の入り口にあたる単元です。

　この授業では、一つ分の大きさが決まっていて、その"いくつぶん"に当たる大きさを求めます。同じ数を何回も加える加法ではなく、"いくつぶん"をやがて何倍に置き換えて、乗法で表し求める方法を学ぶところです。

　本校には、すでに九九を暗記している子もおり、この時間は、個人差をどのように扱うかも課題となってくるところです。

　授業は、ジャジャ～ンと言って、一つ分の大きさの例として、たこ焼き（3個）を掲示するところから始まりました。

　すかさず、子ども達は、「先生、たこ焼き、好きなんだ」「おいしそう」「たこ焼きマン」と、反応します。上々の滑り出しです。さらに、たこやき（3個）を掲示し、その4つ分を計算します。すでに知っている子は「さん（3）・し（4）、12」と言います。それを言われてしまったときに健二先生は困ったそうです。

わからな～い

　授業は順調に進みますが、たこ焼きから抽象化していく段階で、先生が「かけられる数」と「かける数」を説明したときに、A君が「わからな～い」とつぶやきました。

50　第1部　学校の風景 ― 教師として大切にすること ―

　きっと、「かけられる・かける」の語句が難しかったのでしょう。そのつぶやきを聞き逃さないことと、そこにもう少し丁寧な説明が必要です。

ひざこぞう

　授業は、たこ焼きから、身の回りのものを使う例題に移りました。そこで、掲示物として登場したのが、目のイラストでした。それを使って、一番廊下側の子ども達を起立させて考えさせます。4人いるので、2×4です。なかなかいい方法です。起立している子どもを注目しながら"いくつぶん"を考えていきます。起立している子も含めて、みんなで考えようという雰囲気が生まれました。次は鼻でした。そして、口、眉毛と続きました。さあ次はどこをやろうかなといいながら進みます。

　ある女の子が「ひざこぞう」と言いました。それを先生は「お～っ、いいね」と言ったものの、それを取り上げませんでした。その子の気持ちを考えると取り上げるとよかったでしょう。

5×6＝11？

　さて、個人差の課題ですが、右手の指（5×6＝30）を考えるときに、N君が11と言いました。どうするかなと思っていたところ、すかさず、N君のところに行き、5＋5＋5＋5＋5＋5で説明をし始めました。

　具体的にどのように説明したかは、N君に聞こえるだけの声だったので、分かりませんでしたが、目線に合わせた健二先生の説明に、真剣に聞こうとしているN君の姿が印象的でした。

うなずきと笑顔

　全体を通して、健二先生は落ち着いて授業を進めることができていました。特によかったのは、子どもの発言に対してのうなずきと笑顔です。このうなずきと笑顔によって、子どもは安心して発言ができます。さすが普段からダンスを通し

て子どもを相手にしているからでしょう。

　さて、唯一気になったのが、T君の対応です。T君は落ち着きのない子ですが、健二先生に指名してほしくてたまらなかったようです。

　聞いていないようで先生の話はみんな聞いていて、先生が「全部やって」と言った言葉もちゃんと理解していて、「全部とはどこ？」と、質問していました（健二先生は気付いていない）。では、T君があててほしかった気持ちが表れている画像をごらんください。

先生あててよ

① は～い

② あてて

③ あてて、あてて

④ あててもらえな～い

　なお、なぜ、たこ焼きを取り上げたか？　健二先生に聞いてみると、「子どもに怖い話をしてくれと言われたときに、8個入りのたこ焼きを買ったのに、ふたを開けたら6個しかなかった」という怖い？　話をしたからだそうで

す。この話し怖いかな？ 怖いと言うより、面白い話だと思うけど…。

36. 遅れてごめん

　学校教育全体を通して心を磨きますがが、学級経営が基盤になります。特別支援学級のＡ君は、授業交流で４年４組の授業を一部受けています。

　体育の時間のリレーでの出来事です。走るのが不得意なＡ君のチームはいつも最下位。Ａ君は、そのことを気にしていたのでしょう。Ａ君は、バトンを渡すときに「遅れてごめん」と言って、バトンを渡したのです。もらう子も「うん、いいよ」と力強く、うなずきバトンを受け取りました。

　担任の永野先生は、この二人の言葉を聞き逃しませんでした。そして、このやりとりから、目頭が熱くなったそうです。

　永野先生は、帰りの会でこの出来事を皆に話します。リレーは勝負にもかかわらず、みんなは、その話を聞いて自分のことのように喜び、学級では、自然と拍手が起きたとのこと。

　聞き逃さなかった・気付く・そしてみんなに話しをした永野先生…温かい学級経営が行われています。このような中で心は育ち、磨かれていきます。

37. 膝 の 中 で

　見慣れない光景を見ました。伊藤先生（仮名）の教室です。これは、放課ではありません。算数の授業中です。

　授業中に立ち歩くＡ君を膝の間に抱きかかえながら、掛け算の授業です。伊藤先生の膝の間にちょこんと座っています。まるで親子です。

　そこで、Ａ君は何を考え、感じているのでしょうか。ぬくもりでしょうか。伊藤先生の穏やかな表情が印象的でした。また、クラスの子ども達も、その様子を自然に受け入れていました。

　どのクラスにも手をかけてあげなければならない子がいます。

さて、担任の先生が、その子にどのように関わるかはとても大切です。この子に対する直接的で意図的な関わりは、それを見ている子ども達に、何かを感じさせることを生み出します。

例えば、伊藤先生がA君を膝の間に抱えた様子から、周りの子ども達は、間接的に伊藤先生の"人としての温かさ"を感じています。これを、学習指導要領に示されたカリキュラムに対して、隠れたカリキュラム（hidden curriculum）、いわゆる非意図的・間接的な教育と言います。自分は、この非意図的・間接的な関わりが、実は、学級経営や教師と子どもの信頼関係に大きく影響すると思います。

［膝の中で］

38. 校長室の清掃

1月22日の金曜日、井上先生がB君を後ろから抱えるようにして、職員室へ入ってくるところにでくわしました。今日は調子悪いのかなと思い、B君に「おい、どうした」と声をかけたのですが、もちろん返事はありません。

「そうか、そうか、では少し話をしようか、こちらにおいで」と、井上先生と一緒に手を引いて、校長室に連れてきました。

ほんの少したわいもないことを話してから、井上先生に、「B君は、みんなと清掃は一緒にやれるの？」と聞いてみました。すると「ちょっと無理です」ということだったので、それなら「今日からここの清掃だ」と、B君を校長室の清掃当番に任命しました。

「少しやってみる？」と、ダスキンのハンディーモップを渡すと、応接セットを本当に丁寧にふき始めました。「なるほど、こういう丁寧な一面もあるのか」と違ったB君を発見した瞬間です。

校長室から出るときに、「月曜日にも来るんだよ。そのときに、ここの扉をノックして『校長室の清掃に来ました』と言って、入るんだよ」と伝えました。

［ここもきれいに］

25日の月曜日。さて、本当に来るのだろうかと心待ちにしていました。来なかったら「おい、忘れたのか」と呼びに行こうと考えていたその時、小さなノックの音がしました。B君が清掃に来たのです（支援員の京子先生も一緒に来ていただきましたが、あくまで自分の意志で来たそうです）。

B君は、応接セットの椅子の清掃が終わると、次は、棚の上を清掃し始めました。そこで、D先生が花瓶に生けて花が散っているのを見つけました。どうするかなと思って見ていると、B君は散った花を一つひとつ取り、手のひらに集めています。本当に丁寧な清掃です。

井上先生に、「今日、掃除に来たよ」と伝えた時に新たな情報を聞きました。

B君が、校長室に入るときにノックをするんだよというのを聞いて、野球のノックの様子を真似しながら、「どうやってノックするの」と言っていたという内容のものです。そうか、そういうユニークな面があるのか、今度、清掃にきたら、そういう面を引き出そうと思っています。

さて、どれくらい続くか分かりません。今日も校長室に来るのを楽しみに待っています。

39. 予想からのズレ

1年生が、校長室探検にやってきました。ノックしてかわいいい一年生が入ってきました。

その第一声は、「校長先生、観察させてもらいます」です。そして、次が「ちょっと、質問してもいいですか」でした。

自分の感覚では、1年生の先生方の指導の成果もあるのでしょうが、こんなにすらすらと挨拶が言えるというのは、驚きです。

1年生がこんなに立派に人にお願いができると思っていなかったので、認識を

変えなければいけない、また、1年生はこのぐらいしかできないと思い込んでしまうことは、いけないと反省した瞬間でした。

　教育は子ども理解に始まって子ども理解に終わると思っています。教師が教育の専門であるならば、いろいろな角度から子どもを見ることができるようになりたいと思います。

　とりわけ、道徳の授業は、「なるほど、この子はこんな考え方をするのか」「自分のイメージとは違う発言だな」と、子ども理解を深める時間と考えています。道徳の授業は、子どもの発言の予想が重要ですが、時には、教師の予想から大きくズレた発言に出会えることがあります。これは、うれしいことで、指導案でいえば、教師が子どもの発想に負けたことを意味します。

　指導案から子どもの発想がズレた場合、強引に指導案に引き戻すか、このまま子どもの思考に委ねるかは、教師に任されています。さて、先生方はどちらを選びますか。

　学校訪問が近づいてきました。楽しく、明るく、そして元気な子どもの姿や、先生の姿が多く見られるといいなと思っています。

　　A　君：校長先生、ドッジビーは、ベルマークのお金で買ったこと知ってる？
　　筆　者：おぉ～そうか
　　B　君：校長先生を、ばかにしちゃいけない。こう見えても、校長なんだから
　　　　　　　　（※まだまだ校長と認めてもらうには時間がかかりそうです）
　　B　君：このテレビ、パナソニックだよね。うちは32型だよ
　　C　君：いいな、うちのテレビは、叩かないとつかない（上をたたくまねをする）。
　　　　　　こないだ父さんがね、上を叩いてもつかんから、横をたたいたら、ボーンという音がして煙が出た
　　Dさん：だいたいね、電気製品は10年でだめになるんだ。お母さんが言ってた
　　Eさん：うちの冷蔵庫ね、アイスクリームがとけちゃう。結婚式のときに持ってきたやつだからな、そろそろだよね

というような予想外の会話を聞いているところへ、1年生の先生が「もうそろそろ時間ですよ」と、呼びにきて、この会話は終わりました。ずっと聴いていたい会話だったので、残念でした。

40. 金庫の中にお母さんの服？

　今年も１年生の学校探検（生活科）の時期がやってきました。５組の子ども達が、先生に引率されて、全員で校長室の探検にやってきました。ていねいな挨拶の後、子ども達はものめずらしそうに、校長室を見渡します。そして口々に、

　　・バッタ（置物）がいる
　　・椅子、でっか（大きいの意味）
　　・テレビがある
　　・コーヒーを飲んでる

と、いろいろなものを発見します。限られた空間ですが、子ども達の興味はつきません。

　さて、今回、千代美先生（仮名）は、子ども達に「金庫」に気付いてほしかったようです。千代美先生は、「これ何か分かる？」と、金庫の前で、子ども達に尋ねました。

　すると、子ども達は口々に「タンス」「冷蔵庫」と、発言し始めました。こんなに大きな金庫は見たことがないのでしょう。「金庫」という声はあがりません。

　先ほど「コーヒーを飲んでる」と言った子は、「コーヒーが入っている」と、コーヒーにこだわりを見せます。コーヒーという発想は校医さんに出したコーヒーの香りが校長室に残っていたからでしょうか。それとも、校長先生は、コーヒーを飲んでいるというイメージがあるからでしょうか…。

　話を戻します。千代美先生は、「大きいでしょ」と言って、金庫の鍵を取りに行きました。鍵を開けて中を見せるのかなと思ったら、違いました。

　金庫の扉の厚さを伝えたかったのです。「これは、金庫です。どう、この厚さ、すごいでしょ（金庫なんだ、すご〜い大きいと声があがる）」、そして、この厚さを実感させたうえで、「この金庫は地震がきても、火事がきても大丈夫なんです」と、扉を見せながら説明しました。

　そして次に、「何が入っていると思う」と発問しました。大事なものが入っていることを伝えたかったのでしょう。「なぜ、鍵がかかってるの」と問い、「大事

なものが入っているからですよ」と、結びました。なるほど、それで鍵を取りに行ったのかと気付きました。

　千代美先生にとっては、この校長室にドーンと置かれているだけの金庫も、いろいろなことを想像させる教材です。ここに、教材開発の面白さを垣間見ることができました。

　なお、教師の発言だけを改めて拾い出すと、以下のようになります。

　　D1：これ何か分かる？
　　D2：大きいでしょ
　　D3：（鍵を取りに行く）
　　…この間に子ども達は、金庫に近づいて何が入っているのかいろいろな想像をする
　　D4：これは、金庫です。どう、この厚さ、すごいでしょ
　　D5：この金庫は地震がきても、火事がきても大丈夫なんです
　　D6：何が入っていると思う
　　D7：なぜ、鍵がかかってるの
　　D8：大事なものが入っているからですよ

　これを読むと分かりますが、「厚い扉・鍵・耐震耐火」の思考が「大切なものの保管」につながるようになっています。

　千代美先生は、最後に「みんなのうちにも金庫ある？」と尋ねました。すると、数人の子が「うちにも金庫ある」と言いました。その中の一人の子が、「うちの金庫には、お母さんの服が入っている」と発言しました。思わずふきだしましたが、タンスと間違えたのか、それとも本当に金庫の中に大切に服が保管されているか、それは謎のままです。

41. S君への手紙

　K先生は卓也（仮名）君の4年生と6年生の時の担任です。以下は、担任K先生による卓也君の記録です。

4年担任K先生による卓也君の記録

〈4月〉 扱いにくいというより、手がかかる卓也君（仮名）。相手をしなきゃいけない。友達同士のつきあいがうまくできない。…どちらかというとわが道を行くという感じで、普段、自分勝手。私が何か言うと、「何で」と、素直に聞けない。とにかくいちいち「何で」になる。それが毎日。私の背中に乗ってくる。

〈6月〉 体操服をまったく持ってこない。見学せずに滑り台に乗っている。話をすると「見学していた」と言い張る。「他から見ると、滑り台で遊んでいるように見える」と話すと、その時は「分かった」と言った。

〈9月〉 「先生、これ今読んで」「迷路のような作文、これ読める？」に対して、「明日ね」と言うと、次の日「どうだった？　どうだった」と。友達との関わりが増えるとよいと思う。

〈11月〉 なかなか皆となじめない。級友や教師にちょっかいをだしてくる。それが原因で級友からは嫌がられてしまう。本人にはそのつもりはないが…。

〈1月〉 寒くなっきて、黄色いジャンバーを一日中（授業中）、フードと共に着用。どれだけ言ってもやめられず、学校中をそれで走り回る。母が大好きで、母に選んでもらったジャンバーだと言っていた。

5年担任T先生による卓也君の記録

〈4月〉 自分の思いを優先するため友達とうまく関係が作れないようだ。折り紙で折った作品を額に入れてあげると喜んでいた。

〈5月〉 体操服を忘れたと言いに来るが、そのままの服装でやるように伝えると、体操服を持って来るようになった。体育の授業に参加できるようになった。

〈6月〉 教室に置いてあったシャーレを目の前で落として割ったが、ごまかしている。違うと言い張る。正直に言うように伝えると、涙を流して反省していた。

〈12月〉 お楽しみ会でびっくり箱を家で作ってきて、うれしそうに、みんなにお披露目していた。みんなに「すごい」と言われてうれしそうだった。

〈1月〉 音楽会のリコーダーの忘れ物をして、家に電話した時、母親に泣きながら「一生のお願いです」「もう迷惑をかけません」を言っていた。本人に、母

小学校の風景　*59*

親の様子を聞くと「持って行けたら行くので、期待しないで待っててと言われた」ととのこと。

6年、再び担任K先生による卓也君の記録

〈4月〉4年に続いて再び担任。A子と一緒に、保健室や校長室に通っていた。養護教諭の先生に、「仲がいいね」と言われ、A子がそれを嫌がり、いつのまにか二人で行動しなくなった。6年生になっても、教師用の椅子に担任が座っていてもかまわず、足を入れ、登って来ようとした。級友に「変態だぞ」と言われてやめた。級友と遊ぶことが苦手である。

〈5月〉6年生になって、最初は相変わらず。マイペース。

〈6月〉S君が怪我で入院、手術。長期入院の級友に心のこもった手紙を書いた。S君への卓也君からの手紙を読んで、びっくりした。誰よりもS君を思った手紙…普段人付き合いの悪い卓也君。全くそういう面がないと思っていた。友達に対してそういう面があるのかとびっくりした。卓也君をおもいっきりほめた。

〈7月〉Y君と仲良くなった。それから級友同士の関わりが増えてきた。

〈9月〉1学期は音楽室へ行く時、一番遅く、みんなと一緒に行けなかった。しかし、2学期はみんなと仲良く音楽室へ行くので気にならなくなった。

〈12月〉ジャンバーを着てもフードをかぶらなくなった（4年・5年時はかぶっていた）。皆と同じことができるようになった。

S君への手紙

こんにちは、Sくん調子はいかがですか？？
学校に行きたいかもしれないけど、今は足を治すのが先だよ。
学校のことで、いろいろ心配はあるかもしれないけど。今は治療に専念しよう。
足を治せばまた学校で、みんなと楽しく勉強できるから。
みんなは、Sくんが学校にこれないと聞いた時、みんな、さみしがってたよ。
みんなのためにも、Sくんのためにも早く足を治してね。
Sくんへ　昨日あった出来事を紹介するね。
今日は1時間目から体育で、体育館でマット運動をしました。
男子は、みなふざけていて怒られました。(*∧*)

その後は特に何事もなく平和な1日でした。
　追記　Sくんに必事な物は、K先生が持ってきてくれるから。
　病院で無理せず、ゆっくり足を治してね。僕は先生の話を聞いて思いました。
　Sくんは大泣きするほど学校や1組の友達が好きなんだね。Sくんはみんなを愛しているし、Sくんもみんなに愛されている。みんなSくんのことをいい友達だと思ってるよ。
　みんな早くSくんがちゃんと治って帰って来てほしいと思ってる。
　だから、Sくんも、あせらず、ゆっくりしっかり足を治して元気な姿で6－1に帰って来てね。
　みんな、Sくんを気長〜〜に待ってるから。（同じ事を何度も言ったり、文がてきとうでごめんね）

　　　　　　　　　　　　　　　卓也（児童名以外は原文のまま）

　子どもは日々変化しています。その変化に気付くことは、教育をするうえで重要です。上記は4年から6年の卓也君の記録です。この児童がどのように成長していったのかを、記述から読み解いてほしいと思います。6年生の6月の出来事は、卓也君の中で大きな変化をもたらしたようです。それ以降K先生の卓也君の記述は減ってきていることからも想像できます。
　子どもをみる、そして理解するって大切だと思います。そのためにやはり記録が必要です。

【児童作品】

中学校の風景

1. 生徒の心に火を

- 平凡な教師は　言って聞かせる
- よい教師は　説明する
- 優秀な教師は　やってみせる
- 最高の教師は　子どもの心に火をつける

［生徒と共に］

　これは、アメリカの学者であり、作家・牧師・教師である、ウィリアム・アーサー・ウォード（1921年〜1994年）の言葉です。

　何かを調べていたおりに、インターネットを検索していて、この言葉が目に飛び込んできたのです。

　私自身の教員生活を振り返り、はたして、「子どもの心に火をつけてきたか」を自問自答すると、正直、「？マーク」がつきます。

　そんな自分が言うのもおかしいかもしれませんが、加木屋中学校の皆さんで、生徒の心に火をつけてほしいと思います。

　生徒の心への火のつけ方は、それぞれです。その先生らしさが発揮されればいいなと思います。

　学校を巡っている中で、「らしさ」を発見しました。2年生の各教室名札に書かれている言葉です。

　　森本学級には　"笑顔の絶えないクラス・他を思いやるクラス・思い出に残るクラス"
　　高梨学級には　"妥協しない・人のために働く・感謝する"
　　河合学級には　"元気もりもり・けじめ大盛・思いやり特盛"
　　粟津学級には　"おもいやりいっぱい・元気いっぱい・笑顔いっぱい"

と、あります。生徒へ伝える言葉に、それぞれの「先生らしさ」がでます。その「らしさ」でよりよい学級にしてください。

2. 教師十戒

教師十戒は、毛涯 章 平著「肩車にのって」（第一法規出版）という本の冒頭に登場します。紹介します。

1　子どもをこばかにするな。教師は無意識のうちに子どもを目下のものと見てしまう。子どもは、一個の人格として対等である。
2　規則や権威で、子どもを四方から塞いでしまうな。必ず一方を開けてやれ。さもないと、子どもの心が窒息し、枯渇する。
3　近くに来て、自分を取り巻く子たちの、その輪の外にいる子に目を向けてやれ。
4　ほめることばも、叱ることばも真の「愛語」であれ。愛語は、必ず子どもの心にしみる。
5　暇をつくって、子どもと遊んでやれ。そこに、本当の子どもが見えてくる。
6　成果を急ぐな。裏切られても、なお信じて待て。教育は根くらべである。
7　教師の力以上には、子どもは伸びない。精進を怠るな。
8　教師は「清明」の心を失うな。ときには、ほっとする笑いと、安堵の気持ちをおこさせる心やりを忘れるな。不機嫌、無愛想は、子どもの心を暗くする。
9　子どもに素直にあやまれる教師であれ。過ちはこちらにもある。
10　外傷は赤チンで治る。教師の与えた心の傷は、どうやって治すつもりか。

いかがですか。自分は、このような教師でありたいと思います。さあ新しい年度のスタートです。まずは、生徒の中へ飛び込んでください。

3. 自主研修スタート

昨年、蟹井先生が自主研修会（27歳前後の教員が運営する）として、経験の浅い先生を対象に、研修を何回か開催してくれました。その自主研修会は「学級開きの方法・家庭訪問の在り方・保護者会の持ち方・生徒指導・部活指導・学級経営など、いずれも中身が濃い内容の研修でした。

今年度、この自主研修は、蟹井先生から小島悠揮先生にバトンタッチされま

した。教師経験5年目の小島悠揮先生が、どのようにこの研修会を進めていくか、楽しみです。

さて、第1回は、4月3日の18時からの実施でした。テーマは「教師としていつも心掛けていること」です。

初めに、小島先生が心掛けている内容を発表し、それに続けて、参加者全員が、順番に発言していきました。

以下が、その主な発言内容（発言順）です。

小島T：妥協しない。ダメなものは、ダメと迫ってきた

蟹井T：僕は、悩んだり、迷ったりする。そんな時は、どっちが子どものためになるかを判断基準にしている

蜷川T：人の言葉・行動には理由がある。その理由を理解して、関わっていきたいと思っている

横井T：体育科だから、メリハリをつける。楽しむときは、楽しむ。切り替えを大切に…

大亮T：先生という仕事が本当にやりたかった。子どものために何がいいのかを優先していきたい。先生を楽しんでやりたい

粟津T：生徒の前で、元気で笑顔を多く…ユーモアを忘れない。厳しさも忘れない。そして、間違っていることは妥協しない

青井T：意識していること、馴れ合いもよくない。一線は常に頭の片隅に置いておきたい。自分の専門の野球・社会科は人一倍好き。だから、関係の本もよく読むように心がけている。その一生懸命さは伝わると思っている

白岩T：子どもを信じる。嘘かなと思っても、まずはそれにのってあげる。そうする中で信頼が生まれると思っている

西尾T：私は3つあります。1つめは、説明は短く。2つめは、健康第一。3つめは、相手の立場になって考える。この3つです

吉田T：昨年は子どもの声を聴くことの大切さに気付いた。学校は子どものためにある。向上心をもって、教科もバレーも、さらによくするにはどうするかを考え、熱く指導したい。

山本T：過去の経験から、自信をもって子どもの前に立ちたい

河合T：横井先生に言われちゃった。そう、メリハリが大切。自分は、ソフトテニスの顧問はど素人。「すごいね」と、ほめることしかできない。でも、このできたことをほめることをとても大切にしている

佐藤Ｔ：私も3つあります。1つめ、逃げない。2つめ、自分から変わる。人のせいにしない。3つめ、自分で抱え込まない。昨年、本当に助けてもらった。家庭訪問にも一緒に行ってもらった。勉強になった

榎本Ｔ：前任校で6年、見逃さないようにしてきたつもり。私はつい、マイナスばかりが目についてしまう。そこで、いいところをメモして、プラス面を見逃さないようにしている

［僕は、本当に先生になりたかった］

生徒も一人の人間

　今回、先生達が心掛けていることについて知ることができてよかった。大切な事ばかり。面白かったのは、それぞれの発言に人柄が反映されていたことです。
　さて、自分は、普段何に心掛けているのだろう？
　生徒は一人の人間として生きています。生徒も一人の人間なら、教師も一人の人間です。ということは、教育は人間と人間の関わりの上に成り立つということになります。そこで、問われるのは教師としての人間性です。自分はこの人間性を磨くことに心がける教師でありたいと思っています。

4. スピード・熱意と誠意・そして粘り

　3限目、職員室のインターホンがなった。櫨先生から、すぐに、「体育館へ行って」との声。2年男子生徒の喧嘩です。
　さて、授業中に起きたこの喧嘩、教師はどのように動いたのでしょう。

　① すぐに、両者を、引き離す（教師A）
　② インターホンで職員室へ連絡を入れる（教師B）

66　第1部　学校の風景 ― 教師として大切にすること ―

③　職員室の教師が、すぐにかけつける（教師8名）
④　複数の教師で、それぞれに事情を聴く（教師4名）

　学校は必ず何かが起きるところです。もちろん予防的な攻めの生徒指導が大切になってきます。しかし、いざ起きたことには適切に対処することが重要です。

　今回、良かった点がいくつかあります。例えば、すぐに職員室へ連絡をしています（今回は生徒も他の先生を呼びにいっている）。今後もこのケースのように、一人で対応できないと判断した場合は、生徒に指示してでも、ためらわず応援を呼んでください。応援を頼んだとしても、それは教師の力量とは関係ありません。

　次に、インターホンを受けた櫨先生が大きな声で、「体育館にすぐ行って」と指示しています。この指示によって、学年を超えて、複数の教師で対応できました。自分が行った時は、すでに蟹井先生は生徒Sに事情を聴く、まだ興奮気味の生徒Tを櫨先生・白岩先生・青井先生で止めていてくれました。

　怪我を心配した養護教諭の篠崎先生もかけつけてきてくれていました。即座の役割分担もよかったと思います。

　ここで、大切になるのは、できる限り早く、両者をそれぞれの別室へ連れていくことです。他の生徒に、口を挟ませたり、関わらせたりしないためです。

　次にメモ。二人からは、山中先生・蟹井先生・粟津先生・青井先生が、何が原因で起きたのか、詳しく事実を聞き出し、メモをしてくれていました。このメモがとても重要です。

　今後は、原因と結果を踏まえ、当事者同士の指導と和解、再発防止が必要になります。そして、保護者への連絡も重要なポイントです。事実確認ができた段階でまず一報を入れ、後に保護者来校依頼、または家庭訪問です。保護者への連絡は、できる限り早い方がよいでしょう。

　さて、このような問題行動は連鎖を生みます。暴力で解決するという雰囲気が、本校で出始めていないか？　…もしそうだとしたら、ここは我々教師のがんばりどころです。生徒指導には、「スピード・熱意と誠意・そして、粘り」が必要です。

　さあ、もうすぐ学校祭。もう一度気を引き締めていきましょう。大切なのは、教師のポジション。心配な生徒のそばにいることです。

　では、いつも以上に、アンテナを高く、生徒をよくみていきましょう。

5. 先生、来ました！

　2年生のA君。始業式に登校しました。担任の愛子先生が、「先生、来ました！」と、とてもうれしそうに報告してくれました。本当によかったです。愛子先生は、夕方になると「家庭訪問に行ってきます」とA君のところへ出かけました。A君の登校は、このように粘り強く関わった結果です。このまま順調にいかないかもしれませんが、とにかく登校したのです。これがきっかけになるといいと思います。

　この他にも、気になる生徒がいます。

　3年生のB君。昨日、Y先生・O先生が、B君のお母さんと話をしていてくれました。進路のことが中心でしょう。ちらっと、お母さんの顔を見たのですが、やつれているように見えました。Y先生、O先生と話をして、きっと気が楽になって帰ってもらえたことだと思います。とにかく一日でもよいので登校できることを目標にするといいと思います。

　Cさん。小学校の何年生からだったか、全部欠席です。A先生の目標は、Cさんの声を一言でいいから聴くことでした。昨年から、興味を持ちそうな映像を持参し、見せるなどの関わりを続けて、今年、やっと一言聴くことができたそうです。次の目標は笑顔を見ることだそうです。

　2年生のD君。不登校対応の適応教室に通っています。今年になって会ってきました。その時に本人自作の詩を見せてもらいました。これまでは、学習にはあまり向かっていなかったのですが、最近は、教科の学習にも真剣です。これまでは、ノートに詩を書き綴ることが多かったのですが、変化の兆しが見えています。ノートを見せてもらいましたが、数学の二等辺三角形の性質に取り組んでいました。学校完全復帰には時間がかかると思いますが、現在の月曜日のみ学校へ登校というのを続けてほしいと思います。

68　第1部　学校の風景 ─ 教師として大切にすること ─

　2年生のEさん。なかなか難しいようです。定期的に、朝美先生（仮名）・教頭先生に連絡をとってもらっています。今の目標は、とりあえず本人と、学校の誰かが会うことと、スクールカウンセラーにうまくつなぐことだと思います。

　1年生のF君、現在、数学資料室への登校です。昨年から少しずつ登校時間を増やしてきました。現在は、給食までいます。様子を見ての判断になりますが、近い将来、ここで誰か気の合う友人と一緒に食事がとれるようになるといいと思っています。そうそう、F君はK先生の社会科を楽しみにしているとのこと。きっと面白い個別授業を行っていてくれるのでしょう。これがきっかけになればいいですね。

　1年生のGさんとHさん。適応教室に通っています。M先生と教頭先生が、定期的に会いに行っていてくれます。今は、そこが居心地がいいのかな。何とか、学校へ足が向くアイデアを考えてほしいと思います。何かきっかけを作れないでしょうか。

　1年生のJさん。ホットルームで過ごしています。養護教諭の先生と心の相談員のM先生が、うまく関わっていてくれます。今朝、O先生から、Jさんの対応についてのプリントが、職員室の机にありました。その一部を紹介します。

　　・百人一首大会の参加を促す
　　・技術家庭や美術など、別室でできる課題を適切に与える
　　・生徒による働きかけのタイミングをはかる
　　・授業後に教室に入れ、連絡帳に書かせるなど、教室の雰囲気に慣れさせる
　　・本人の好きな絵を描かせる機会をつくる

　他にもありましたが、何とかしたいという担任の気持ちが伝わってきます。ぜひ実現してください。
　ここに挙げませんでしたが、他にも気になる生徒はいます。先生方の関わりによって、学校は成り立ちます。ここに名前をのせなかった先生も、陰でいろいろ関わりをもってもらっています。中学生にもなると、先生との相性もでてきま

6. いってらっしゃい・お帰りなさい

「保健室に、Aさんが来ています」と、櫃先生から職員室へ連絡がきました。すぐに、養護教諭の松永敬子先生が保健室へ行きます。新しい学級が始まり、いろいろ不安定になる時期だからでしょうか？ Aさんは、泣いています。人前で泣くのは、よほどのことです。辛いことがあるのでしょう。

[いつも笑顔です]

Aさんは、ひとしきり泣いた後、1時間後に、松永先生から、「どうする？ 教室、行ける？」の問いかけに、「うん」とうなずき、教室に向かっていきました。その時松永先生は、「いってらしゃい」と、送り出したそうです。

「いってらっしゃい」の対語は「ただいま」です。「いってらっしゃい」は、戻ってきてもいいよの意を含んでいます。再び戻る居場所があるというのは安心が生まれます。

今回のAさん、思いっきり泣いて、自分を取り戻す時間が必要だったと思います。その場所が、今回は保健室でした。

保健室には、いろんな生徒がやってきます。足から血が出ている。指が腫れている。熱がある。これらは、その生徒の状態が、目に見えます。今日のAさんも、「泣く」という分かりやすい表情を見せてくれたので、まだ、よかったと思います。

問題は、見えにくい心です。元文化庁長官で、心理学者の河合隼雄氏も、著書「心の処方箋」の中で「人の心など分かるはずがない」と述べています。同感です。

しかし、私たちは、分かるはずがないからといって、放棄するのではなく、生徒の心の奥底を理解することに努めなければならないと思います。若あゆ日記（生徒が綴って担任に出す日記）も理解する手立ての一つです。

Aさんが、教室へ行けたのは、松永先生がその子に寄り添ったからです。また、担任の高梨先生が、すぐに手をうったからです。それは、席替えでした。友達関係と考えたのでしょう。

このことは、松永先生が「いってらっしゃい」と送り出した生徒を高梨先生が「お帰りなさい」と受け止めたことになります。これによって、居場所が、保健室ではなく、教室になりました。

保健室の掲示に、

　・悩んだ時はゆっくり時間をかけて3回考える
　・1度目に思ったことは「その時だけの感情」
　・2度目に思ったことは「前の気持ちを引きずっての答え」
　・3度目に思ったことは「自分の本当の気持ち」

と、あります。Aさんはこれを読んだのかもしれません。

7．家庭訪問の極意

自主研修会がありました。今回は、家庭訪問の極意です。榎本幸子先生が用意したプリントを基に「家庭訪問の意義・目的・注意事項」に加え、保護者の視点から見た家庭訪問について話がありました。

また、竹内英之先生からは、家庭訪問10か条が示され、その説明がありました。教頭先生からは、とりわけ交通安全に十分に気を配る、事故に注意するようにとの話がありました。

［ほめるべし］

家庭訪問10箇条

(竹内英之先生より)

第1条　明確な目的をもって訪問すべし…家庭環境・生徒の様子等を知る
第2条　細かな情報を用意すべし…学校の基本姿勢・年間行事等を知らせる
第3条　時間通りに訪問すべし…遅れるなら必ず電話を
第4条　できるだけ本人を交えて話をすべし…親と生徒の関係を見極める
第5条　できるだけ褒めるべし…親の気持ちを柔らかにする
第6条　できるだけ具体的な話をすべし…具体的なエピソードを交えて
第7条　メモは訪問後に取るべし…「対話」が大切
第8条　プライバシーを口外するべからず…秘密は厳守
第9条　他人を批判するべからず…悪口を言う人間は悪口を言われる
第10条　接待を受けるべからず…必ず断ること

家庭訪問は保護者・生徒とよりよい人間関係を築く第1歩。笑顔で、誠実に…そして、生徒理解の一助にしてください

(榎本先生より)

さらに、肥田教頭先生からは、学校の重点努力目標を伝えてきてくださいという話がありました。

本年度の「重点努力目標」前文より

　学校は、生徒のためにあることを再確認し、生徒と教師、保護者と教師、生徒同士のよりよい人間関係を築く。そのために…
・よりよい人間関係の基礎となる「あいさつ・笑顔」を率先する
・情報共有と行動連携を図り、生徒の目線に立ち、生徒理解に努める
・誠実に生徒、保護者に接する
・積極的に授業等を公開する
・学校、教室を美しくする

8. 心を磨く部活動

9月4日（水）17：45から、自主研修会がありました。講師は肥田弘子教頭です。テーマは「心を磨く部活動」。

教頭先生とは、部活動で切磋琢磨してきました。最初の出会いは、教頭先生が阿久比中学校の女子バレー部顧問、私が横須賀中学校のソフトテニス部（当時は軟式庭球部）の男子の顧問の時です。

練習試合の帰りに、両チームは神宮前の駅で何度か遭遇しました。お互いに20歳半ばの頃のことです。私は、阿久比中のバレーボールの試合は一度も見たことがありません。しかし、その時の神宮前の駅での部員の態度から、「すごい監督がいるな」と思ったことを覚えています。挨拶・態度が、他のチームとは違うからです。自分もそこを大事にしてきたのですが、上には上がいると思ったのもその時です。

それから時がたち、約10年後、肥田先生とは、平洲中学校で勤務することになりました。10年後の肥田先生は、情熱・基本的な指導方針は何も変わっていませんでした。20代の印象のままです（もちろん、それまでに、心の指導・技術の指導は格段に腕をあげています）。

さて、今日はそんな教頭先生の話です。

会は、拍手と挨拶から始まりました（何度もやり直しがありましたが、その意味は後で分かります）。

冒頭の言葉は、「部活もチーム・学級もチーム・学年もチーム」です。昨年の山中教務主任もよく言っていました「学校はチーム」。その通りです。では、チームはどうあるべきか。学校としてのチームも部活動のチームに置き換えて考えれば見えてきます。では、この会で印象に残った内容を記します。

部活動でこんなことに悩んでいます

太亮Ｔ：野球が専門、顧問のバレーボールは専門外で初めて。前の先生のやり方を変えること・保護者への対応に悩む

中学校の風景

吉田Ｔ：生徒が日々変化（心）、成長していく中、大人もそれに対応して変化していくことの難しさを感じている
榎本Ｔ：美術部は大きな大会もなく、一人ひとりが制作していくなか、そのモチベーションを持ち続けさせることが大変
正義Ｔ：来なくなった生徒を戻すことが難かしく悩む
田中Ｔ：パソコンをやりたくないのに所属している生徒への対応・楽な部活動と思われていること

経験の浅い教師に

経験の浅い教師に向けて、肥田弘子教頭先生よりアドバイスがありました。

- 「自分の専門ではない」を口にするな。これを言ったら生徒と同レベル。生徒にとり先生は先生
- スポーツは、何でもリズムをもって指導を…
- 基本が大事
- 部活動は大変。それをやり切るで、学級・学年経営の力も付く
- 仕事が優先。部活動がやりたければ仕事は早くやる。指導案を一行でも書き始める
- 生徒自身が好きで選んだ部活動でこそ生きる力を育む近道
- どのレベルでも優勝するのは大変
- 中学校は訓練する場。気付く生徒を作らなきゃ
- 補欠であろうと、時に腹が立つ生徒であろうと部員なら面倒を見るのが当たり前。学校教育活動に切り捨てはない
- 部活動の終わりは、その子の明日につながる終わり方を…

今日「勝つためにやる」という話がありました。同感です。私たちが指導しているスポーツは、競技スポーツです。レクスポーツとは違います。当然目標は、勝つことです（ただし、学校教育の範囲を逸脱するものは認められない）。

さて、本校へ来て３年目になります。

[熱く語る]

その中で感じているのは「芯」のある生徒が育っていないということです。

例えば、「あっちへふらふら、こっちへふらふら」の生徒。また、他の言動に過度に敏感すぎる生徒。何か一本筋が通っていない生徒が多いのです。心磨きは芯磨きと置き換えていいでしょう。

その「心」と「芯」を育てる機会はいろいろあります。清掃活動もそうでしょう。学校行事もそうです。もちろんその基盤は学級です。その学級と同じぐらい核になるのは、部活動です。今日の教頭先生の話には、そのヒントがありました。参考にしてください。

9. 変わる部活動

4日の肥田教頭先生の話を受け、部活動も変わりつつあります。すでに、挨拶等がよく指導されているバレーボール部女子もあります。いろいろな部がそれに続いてほしいものです。

5日の午後部、校長室に運動場から何度も何度も大きい声が聞こえてきました。サッカー部です。

さっそく、ベランダに出て、その様子を見ていましたが、いい光景です。白岩先生と横井先生、ぜひ、この指導を継続してください。

ふと、目を下に移すと靴が並んでいます。靴を揃える、いわゆる整理整頓ができています。気持ちいいです。

この整理整頓は、愛知県出身の哲学者・教育者である、森信三（もりしんぞう）が、生きる根本として必要なことの一つにあげています。その3つとは、「挨拶・返事・履物揃え（整理整頓）」です。これを部活動の基本としてあげてもいいでしょう。

[揃えられている靴]

9月8日、午前5時過ぎに2020年のオリンピックの開催地が決定しました。徹夜までして朝まで待った甲斐がありました。マドリード・イスタンブールを抑

え東京に決まったからです。

　2020年は、本校の生徒が20歳前後になります。今行っている部活動からオリンピック選手が出るかもしれません。しかし、オリンピック選手であろうと、部活動の選手であろうと大切なことは同じです。なぜなら、部活動の延長線上にオリンピックがあることが多いからです。

10.　野球部の皆さんへ

　大池公園の野球場で、野球の市内大会（東海市）が行われました。10時30分開始です。すでに9時には、多目的広場でウォーミングアップが始まっていました。

　すぐさま、キャプテンの号令で、大きな声の「おはようございます」を受けました。加木屋中学校のいろんな部活を見て回るときに挨拶を受けますが、野球部の挨拶は、実にさわやかで、よいです。

　試合は、どの種目も挨拶に始まり、挨拶に終わります。「挨拶すら満足にできないようでは、試合に勝てない」これは、ソフトテニス部で顧問をしていた時に、言い続けてきたことです。

　さて、ふと、周りを見渡した時、あるものに目が止まりました。グローブとバットです。ウォーミングアップ中なので、置いてあるのですが、そのグローブとバットが、整然と並べられています。素晴らしいです。試合に来た他の学校は、このようになっていません。うれしくなったので、デジカメに収めました。

　この整然と並べられた道具を見て、ドラゴンズを引退した立浪選手のエピソードを思い出しました。PL学園のキャプテンとして、甲子園に出場したときの話です。立浪選手は、宿舎で、黙々とチームメートの靴を整頓していたそうです。道具を丁寧に扱う。大事にする。きちっと整頓する。部にとって大切なことです。野球部は、それができています。

空を見ると落ち着く

　さあ、いよいよ試合開始です。円陣を組みます。青井先生が、空を指さしました。あれは、何なのだろう？　終了後に、青井先生に聞いてみました。その返答は「空を見ると落ち着く」でした。なるほど。このおかげでしょうか？　1回の相手の攻撃を好守でしのぎました。名言です。

勝負は夏

［さぁいくぞ］

　さて、結果は3対1でY中学校に惜敗でしたが、最後まで諦めない姿は、今でも印象に残っています。本校野球部は、いいチームです。さあ、勝負は夏です。それまでに何をやるか？　各自が目的をもち、さらにチームとして目的をもち、夏の最後の大会に挑んでください。

11. 俺たち変わるんだ

　昨日、部活動の連絡用のホワイトボードの前で、「こんにちは」とあいさつを受けました。バスケットボール部男子のK君です。「最近、どうだ？」と聞くと、郡大会優勝めざせと書かれたボードに自分の名前を入れながら「先生、これから俺たち変わるんだ」と言います。「ほ〜、どういうふうに？」と聞くと、「うん、今までちょっとさぼりすぎた、これからは真剣にやるんだ、最後だし」という返答。「よし、がんばれ」と言うと、「先生、見に来てよ」とのこと。

　今年のバスケットボール部は強いと思います。半田祭も優勝しています。ただ、JSF（東海市ジュニアスポーツフェスティバル：知多半島37中学校で優勝を競う）

では本来の力が発揮できませんでした。赤間先生はJSFの敗因を2つあげています。1つ目は、1点差のシーソーゲームを粘れなかったこと。第4クオーターに突き放されたそうです。2つ目は、練習試合で負けた相手なので「自分たちはだめかも」と心の中で思っていたことだそうです。

［県大会出場］

　最近のだらけた雰囲気が変わるきっかけは、加藤先生に「どういう部活にしたいんだ」と、部員たちに厳しく問われたからのようです。

　「見に来てよ」を受け、見に行った練習は、今の自分達ではいけないんだ、変わるんだという気持ちが伝わってくるものでした。

　このまま自分達自身を厳しくしていければ、いい結果がでるという予感がします。最後の大会（県大会出場）、悔いの残らないようにしてほしいと思います。

12. 厳しい冬の深い雪の下には

　いよいよ2014年の始まり。新しい年を迎えるにあたり、3学期の始業式でベッド・ミドラー（Bette Midler：ハワイ／ホノルル出身の歌手で女優）の「ローズ」という歌を紹介しました。

> Some say love, it is a river, that drowns the tender reed.
> Some say love, it is a razor, that leaves your soul to bleed.
> Some say love, it is a hunger, an endless aching need.
> I say love, it is a flower, and you, its only seed.
> It's the heart afraid of breaking, that never learns to dance.
> It's the dream afraid of waking, that never takes the chance.
> It's the one who won't be taken, who cannot seem to give.
> And the soul afraid of dyin', that never learns to live.

78 第1部 学校の風景 ― 教師として大切にすること ―

When the night has been too lonely and the road has been too long,

And you think that love is only for the lucky and the strong.

Just remember in the winter, far beneath the bitter snows.

Lies the seed, that with the sun's love in the spring becomes the rose.

訳すと…

　　愛は河だと言う人がいる

　　若くて柔らかい芽を飲み込んでしまう河だと

　　愛は鋭い刃物だと言う人がいる

　　魂から血を奪い去る刃物だと

　　愛は飢えだと言う人がいる

　　満たされることのない渇望だと

　　そして、大切な種があなたなのだ

　　傷つく事を恐れている心

　　そんな事では楽しく踊る事が出来ない

　　目覚める事を恐れている夢

　　そんな夢ではチャンスをつかめない

　　誰も受け入れられない人

　　それでは、与える喜びを知る事はない

　　そして死ぬ事を恐れている魂

　　それでは生きる事の意味を学ぶ事が出来ない

　　夜がせつなく寂しくなった時

　　そして、道があまりにも長すぎると感じた時

　　また、愛は幸運で強い人にしか

　　やってこないと思った時

　　思い出してほしい、厳しい冬の

　　深い雪の下には

　　暖かい太陽の愛を浴びるための種があり

　　春にはバラの花を咲かせるということを

（参考 Art Anty　http://art-anty.com）

生徒に

　　今は、冬。厳しい冬とは、君たちにとってこれから出会う試練。進路も部活動で勝利する事も試練の一つ。それを乗り越えないと、春は来ない。君たちは、まだ地中に眠る種。人生の大きな花を咲かせる可能性がある

という話をしました。

　花には水が必要です。花は、水をやらないと枯れてしまいます。また、水をやりすぎても枯れてしまいます。生徒も同じです。生徒に、どのように、どのくらい、何を与えると、立派に育つか？　…そのことが、考えられる教師であってください。

13. 金　環　食

　今年（2012年）の5月21日は、日本の太平洋側の広い地域で金環食が見られます。

　さて、金環食とは日食の一つで、太陽が月によって覆われる現象です。その際に、日食太陽が環になって見えるのが金環食（金環日食）です。

　この現象は非常に珍しく、しかも、大阪、名古屋など、太平洋側を中心とした広いエリアの大都市で見ることができます。

　インターネットで調べたところ、人々が生活している広範囲で見られるのは西暦1080年以来932年ぶりの出来事だそうです。1080年と言えば、NHK大河ドラマ「平清盛」の時代と重なります。白川上皇が院政を始めたころです。徐々に台頭し始めた源氏や平氏の武士も金環食を眺めたことでしょう。

　さて、そんな金環食をぜひ、生徒にも観察させたいと思っていたところ、早速、それに向けて山中先生が計画を立ててくれました。名古屋で観測できるのは7時30分頃。それに合わせて運動場を開放するのです。先着100名。

　なお、その金環食をビデオ撮影するプロジェクトを立ち上げました。撮影でき

るかは、市野商店の天野社長に確認済です。天野社長は、天体観測指導者で、半田の空の科学館・名古屋市科学館の研究員です。簡単に撮影できることを教えてもらいました。

撮影者として、成田先生と白岩先生に依頼しました。指導助言は、教頭の大木先生と教務主任の山中先生です。写したビデオは、生徒に全校集会で、観せたいと思います。当日、晴れることを願っています。

話は変わりますが、小山宙哉原作の漫画、宇宙兄弟を読んだことがありますか。昨年から、読んでいたのですが、それが映画になりました。5月5日が封切りだったので、映画「宇宙兄弟」を観てきました。

あらすじは、以下のとおりです。

　　宇宙に魅了され、宇宙のことばかり考え星空を追い続けていた兄ムッタと弟ヒビトは、幼いころ、月に向かう UFO を目撃し、「将来、宇宙に行こう」と約束を交わす。
　　それから 19 年後。弟ヒビトは、約束通り宇宙飛行士となり、間もなく月へ旅立つ。一方、兄ムッタ会社をクビになり無職。
　　そんなムッタのもとに、JAXA から宇宙飛行士選抜試験の書類選考通過を知らせる手紙が届く。それは、かつての約束をすっかり忘れていた兄に内緒でヒビトが応募したもの。ずっと約束を忘れていなかったヒビトの想いを受け、ムッタは一度は諦めていた夢に向かって再び走り出す。

という内容です。

この映画は、兄弟が、異なった人生を歩みながらも互いに宇宙を目指す姿を描いたものです。その姿に、感動します。しかし、それ以上に、夢をもち、その夢に向かうことの大切さを改めて感じさせられる映画でした。そのことを生徒に伝えたいと思っています。学校訪問が終わってからでもいいので、先生方もぜひ、観に行ってきてください。

14. パック牛乳のスマートな飲み方

本校には日展入選者の榎本先生がいますが、今回は、伊藤先生の登場です。今年から給食の牛乳が瓶から紙パックに変更になりました。そこで片づけの方法が今までと違います。それを解説したのが、次のイラストです。このイラストの存在は、給食主任の佐藤先生が教えてくれました。

いいイラストです。このイラストがほしい先生は、伊藤先生まで…。

このウサギ、目がかわいいですね。これを見ていて TOHO シネマズの幕間に上映されるアニメーション、「紙兎ロペ」と「紙リスアキラ先輩」を思い出しました。自分は海水浴シリーズが好きですが…。

15. 黙々清掃で心を磨く

今年度から黙々清掃（無言で清掃する）が始まりました。それを通して、我慢する心・気付きの心・思いやりの心・感謝する心等を磨きます。清掃の時間になると、「黙々清掃の時間です。床を磨き、心も磨きます」などの放送が担当の先生から入ります。毎回、話しかけるように、心に訴える内容の放送です。

次頁の写真は、その黙々清掃の様子です。自分を見つめながら清掃する、いいことです。

［黙々と…］

この様子から、あることを思い出しました。横須賀中学校で生徒指導をしていた時のことです。どうしても落ち着かず、授業中に暴言等をはく生徒がいました（今は立派な経営者です）。実は、その生徒は、優秀な兄と常に比べられて育った淋しがり屋でした。そこで、保護者と相談し、あるお寺に数日間、修行に出すことにしました。

それは、三重県桑名市多度町南之郷にある専光坊という禅寺です。そこは、内観修行と言って、朝5時から夜9時までと、規則正しい生活を送り、私語は禁止。そして、目隠しをして、ひたすら壁に向います。

その間に考えることは、対象を母・父・兄弟・友人・先生など、縁が深い人の順に、「してもらったこと・自分が返したこと・迷惑かけたこと」を思い出していくのです。

宇佐美住職からは、気付きを得た瞬間、涙が止まらなくなった人がいるという話を聞きました。海外からの参加者も多かったと記憶しています。

さて、生徒は黙々と床等に向かいながら何を考えているのでしょう。しばらくしたら聞いてみたいと思います。

16. プラス α の掃除

1学期最後の大掃除の時間、校長室をノックして、3年生の女子生徒が二人が、「校長先生、ソファーを拭きます」と入ってきました。3年1組の由香さん（仮名）と、比奈さん（仮名）の二人です。

二人の掃除区域は、校長室前の廊下。いつも、丁寧に水拭きをしています。そこの掃除が一区切りついたので、校長室の掃除に来てくれたのでした。うれしい

です。

　二人は、ソファー以外も雑巾がけをしてくれました。彼女たちのように、清掃区域＋αの掃除ができると、学校はもっときれいになると思います。

　学校教育において、清掃指導はとても重要です。清掃指導は、生徒指導と言われます。清掃指導のできない教師は未熟です。

　清掃指導の極意は、日独伊三国軍事同盟の締結と日米開戦には最後まで反対した山本五十六が「やってみせ　言って聞かせて　させて見せ　ほめてやらねば　人は動かじ」と言ったように、教師が、生徒と共に汗を流して掃除する姿を見せる中で、生徒も掃除をするようになるのでしょう。

17.　生徒の存在

　暑くなると必ず思い出します。夏の大会直前、部活動を休みだしたキャプテンの加奈（仮名）。

　当時ソフトテニス部の顧問だった私は、加奈を呼び「何をやっているんだ」と叱責。すると、泣きながら「母の余命が少ないこと、妹や弟のために母の代わりを務めていること」を話し出しました。人一倍責任感の強い加奈。「何か理由があるはず」と考えられなかった自分が情けありません。

　最後に加奈は「明日からは時間をやり繰りします。だからみんなには内緒で…」と、きっぱり。もう涙はありません。自分は加奈のようにできるだろうか…加奈はすごい。このように、自分にとって生徒は生き方を考えさせられる存在です。

　本校の生徒も同じです。生徒と一緒に生き方を考えられたらいいなと思います。

　言い忘れました。加奈は、知多地方体育大会で優勝し県大会に出場しました。加奈の母は、看護師と一緒に車イスで応援に来てくれました（母、翌年1月2日永眠）。

84　第1部　学校の風景 ― 教師として大切にすること ―

18.　命の使い方

　生徒に伝えたいことはたくさんあります。その中で、常に伝えていきたいと思っているのは、やはり生命についてです。

　生命（いのち）とは生まれてから死ぬまでの時間。その時間をどのように使うかが、生命の使い方。生命の使い方は自分の責任、そして生きている証。皆さんはこの生命をどのように使いますか。

　人は一人では生きていけません。これから多くの生命と出会います。この他の生命との関わりの中で、時には悩みを抱えるかもしれません。

　もし、生徒が悩みを抱えた時には、「寒さに震えた者ほど太陽を温かく感じる、人生も悩みをくぐった者ほど生命の尊さを知る（詩人ホイットマン）」という言葉を伝えたいと思います。そして、これから生徒それぞれの生命が、向き合わなければならないさまざまな悩みを乗り越えていってくれることを願います。

　さて、先生達はどのように生命を使っているのか、生徒に語ってください。

19.　今、存在する

　タイトル「神の数式」にひかれ、NHK 特集（4 回連続）を視ました。難しかったです。高校の時、真面目にやっていれば、もう少し理解できたのにと悔やまれます。その中で印象に残ったのは「宇宙はなぜ始まったのか」の第 3 回です。

　東海市の空では星を多く見ることはできませんが、ある場所で満天の星を見る機会がありました。その番組の影響でしょうか、その時に、「宇宙の始まりなくして、今の存在はないんだな」と感じたのです。

　いずれにしても、我々は今、存在します。宇宙に比べればちっぽけな存在です。では、その存在の証は何かというと、やはりどう生きるか、つまり生き方ではないでしょうか。

　生きていればいろんなことがあります。喜びもあれば、時には苦しみにも直面

します。乗り越えるにはエネルギーがいります。それも含めての存在です。

さて、その存在の証である生き方を決めるのは自分です生徒には、悔いのない生き方をしてほしいと思います。

20. 志をもって

2015 年の NHK 大河ドラマ「花燃ゆ」。そこに登場する吉田松陰は「幕府も大名も必要ない。いま国難を解決できる力を持っているのは日本の民衆だ」という高い志をもって生きた人です。その松陰は黒船来航によって時代が大きく変化していく中、「松下村塾」を発展させます。松陰は 30 歳、道半ばでこの世を去りますが、その志は多数の門下生（伊藤博文や山県有朋等）に引き継がれ、後に明治維新の原動力となったのです。

松陰の言葉で好きなのは、「志を立てて以て万事の源と為す」です。「志を立てることからすべては始まる」という意味です。

人生は山登りと同じです。その山を登り人生を切り拓くには、志を立てることが必要だと思います。その志があれば、山を転がり落ちようとした時にも、きっと堪えられることでしょう。

さて、生徒は、自分の生涯を貫く志は、まだぼんやりしていることでしょう。

教師にとって、生徒が志を決める手助けができれば、こんな嬉しいことはありません。そして、生徒が決めた志が己のためだけではなく、何か人々の役に立つことだったら、いっそう嬉しいと思います。

21. 決断を迫られたら

フィギュアスケートの浅田真央選手は 2014 年 2 月のソチ五輪で 6 位、そして 3 月の世界選手権で優勝した後、5 月に休養を宣言しました。その際に引退についてハーフハーフと語っていましたが、2015 年の 5 月に復帰を発表しました。

彼女は復帰の会見で「悔いの残らない選択」「最終的にどうするかは自分が決

めること」と述べています。この言葉から、決断までに自分の心と幾度となく対話し、悩んできたに違いないことが想像できます。

さて、人は生きていく中で決断を迫られます。そんな時、本校の生徒には、易きに流れてしまうのではなく、「人としてどちらがより良い生き方なのか」で判断できる人になってほしいと思います。本校はそのベースとしての言葉磨き・心磨きに取り組んでいます。

22. 自立

中二の朋美（仮名）は、おとなしく目立たない生徒です。そんな朋美が「私は親の被害者です」と訴えました。私は「そうか」と言ったきり黙ってしまいました。無力を痛感しましたが、「とにかく関わろう」と決めました。親にも会いました。朋美は、家では粗暴でした。解決は長期に及ぶと覚悟しました。時に『だいじょうぶ！ あなたはあなたでいれば だいじょうぶ』で始まる詩を紹介したこともありました。その程度のことしかできませんでした。

そんな朋美に偶然10年ぶりに会いました。すっかり自立していました。

教育とは未来に生きる人間に育てることです。必要なのは自立。そのきっかけを朋美に聞いてみました。「親の反対を押し切って行った万博のボランティア」とのこと。朋美を変えたのは人の役に立つ体験でした。自立には自分が集団から価値ある存在と認められる体験が必要です。私は、本校が自立を意識して教育にあたる教師の集まりであってほしいと強く思っています。

23. 生徒 A のこと

西尾睦美先生の中2の道徳を見ました。授業を観るのは、今年度初めてです。生徒がわくわくしているのが伝わってきます。どんな授業になるのか、楽しみです

睦美先生の学級に、昨年教室に入れなかった生徒 A がいます。2年になり教

室へ入るだけでも大変なエネルギーが必要でした。

　生徒Aは、本人の努力により、教室へ入れるようになりましたが、それが長続きしているのは何か他に理由があるようです。それは、今の睦美学級がとても明るいからだと思います。

　発言が飛び交い、いい意味の笑いもあります。

　さて生徒Aは、この初めての道徳で、実に多くの発言をしました。学級に溶け込んでいる生徒Aを見て、本当にうれしかったです。

　今日の授業の資料は「Vサイン」。時と場に応じた言動の在り方を考えさせる資料です。今回生徒Aは、9回発言しています。特に導入段階で、事故の体験談を話す場面では、自分が遭遇した事故について、一生懸命話しています。検問にあった話では、周りから「すげえ」と言われています。

　昨年までは、生徒Aは自分の体験を話そうなんて思わなかったことでしょう。睦美先生の学級経営だからこそ、自ら口を開いたのだと思います。

　道徳の授業は、「自分の思ったこと、考えたこと」を自由に発言していい時間です。どんな意見でも聞いてもらえる雰囲気があるから、生徒Aも安心して発言できました。

　発言に対して「すげえ」と感嘆の声をもらった生徒A。今日の授業は思い出に残るものとなったことでしょう。道徳の授業って、本当にいい時間です。

第2部

授業の風景
― 授業で勝負できる教師を増やしたい ―

廊下を歩いていると音楽室から歌声が、運動場からは元気な掛け声が聞こえてくる。美術室では作品作りに集中して取り組んでいる。教室では問題を一生懸命解いている。子どもの笑い声も聞こえてくる。日常的な授業の風景である。この日常的な授業の力をつけるには、積極的に授業公開することが大切である。授業公開を呼びかける中で、言い続けてきたことは、小中学校共通で以下の3点である。

① 考え、話し合う授業を…学習指導要領の趣旨をスローガン的に表現すると「考え、話し合う」授業となる。日常的な授業の中に、子どもが「考え、話し合う」場面を意識して設定してほしい。

② 授業公開は自主公開…強制から生まれるものは少ない。子どもに「自主的であれ」と言うなら、まず教師が自主的でありたい。

③ 指導案はなし…指導案は自分が必要なら書く。教師は忙しい。よって、「ねらい」「注目して欲しい子ども（抽出児童生徒）」「授業に対する思い」を記しただけの簡単なメモでよいことにした。参観者のための指導案はいらない。

その中で参観者のための指導案なしとしたのは、参観する教師が、子どもと同じように授業を受けながら、「ねらいは何か」「分かりやすいか」「楽しいか」等々を感じて、自分ならこの授業をどうするか考えてほしいからである。これらを通して授業で勝負できる教師が育ち増えてほしい。

さて、筆者は1日最低一回は教室を回る。そこで、授業を無作為に参観する。参観したら、できる限り授業を記録し、感想やよかった点、そして改善の視点をまとめ、それをもとに授業者と話し合うことにしている。話し合っているうちに、悔し涙をうかべた先生もいた。リベンジするときっぱり言った先生もいた。なお、まとめたものは、授業者同意のもと、通信にして全職員に配布してきた。

今回、これまでに配布したものから抜粋し掲載した。これを読み、とりわけ、経験の浅い教師の授業改善に役立ててもらえば幸いである。

小学校の授業風景

【児童作品】

1. たんぽぽのちえ（2年国語）

2年生の国語"たんぽぽのちえ"の一節（光村図書出版）です。

> やがて、花はすっかりかれて、そのあとに、白いわた毛ができてきます。
> このわた毛の一つ一つは、ひろがると、ちょうどらっかさんのようになります。
> たんぽぽは、このわた毛についているたねを、ふわふわととばすのです。
> このころになると、それまでたおれていた花のじくが、またおき上がります。
> そうして、せのびするように、ぐんぐんのびていきます。

すごい さいのうだ

　2年2組武田先生（仮名）の学級の廊下に採集してきた「たんぽぽの軸」がたくさん画用紙に貼り付けられ掲示されています。この学校に来て初めて目にする掲示です。

　そこには子どものコメントが記されています。例えば、「ながくのびたたんぽぽのふしぎ」「すごいさいのうだ」「すごい力だ」「たんぽぽの力はスーパーマン」「ながいたんぽぽにおどろいた」という言葉が並びます。

　国語の文章だけからこの状況を理解するのではなく、子ども達が自ら実際に伸びた軸を探してくる…。

　このようにして行われた"たんぽぽのちえ"の授業。子ども達の興味関心はもちろん、学習態度、理解や思考が随分違ってくることでしょう。

他の教科とのつながり

　この授業のいいところは、算数・生活科などいろいろな学習とつながりをもっていることです。

　まず、画用紙に貼り付けられている軸には、長さが記されています。例えば、

［すごい力だ］

「60.5cm」「48cm」などです。算数の長さの学習と関連します。最も長いのは、なんと「81.3cm」です。そこには金色の色紙で王冠の形が貼られていて、長さ1位と記されています。そうか、そんなに長くなるのかと驚きです。子ども達もこの発見に胸を躍らせたことでしょう。

　また、たんぽぽ探しは、この活動を通して自然の素晴らしさに気付く、生活科の「春をみつけよう」に繋がりをもっています。

　ちょうど、自分が教員となって2年目のとき、玉川大学附属小学校で参観した授業がそうでした。

　当時はまだ、生活科ではなく理科だったので、理科と国語を関連付けたいわゆる合科授業（やがて、その理念は生活科・総合的な学習の時間に受け継がれる）でした。2年2組の廊下の掲示物を見て、若い頃に参観した時の衝撃を思い出しました。

2. 米作りのさかんな地域（5年社会）

　5年生部会は、考え、話し合う授業の実現に向けて学年主任の先生を中心に、社会科に取り組んでいます。5年生が一枚岩になって、取り組んでいるのが嬉しいです。

　さて、A先生の公開に引き続き、今回は5年2組、藤田先生（仮名）の授業でした。単元は、「米作りのさかんな地域」で、今回も単元のヤマ場での公開です。授業は、子どもや学級の実態に即して、授業者自身の個性を生かして行われるものです。

　単元が同じでもT先生・A先生・Y先生では、構成から発問まで違って当たり前です。当然、藤田先生の本時の授業も他の3人の先生と違っていました。

　今日の授業は室温32度、しかも5時間目とあって、子ども達の集中力がどこまで持続するか心配でした。しかし、子ども達は最後まで集中を切らすことはありませんでした。それは、藤田先生の授業がよかったからです。

お米品種ランキング（情報センター）

　米作りのさかんな地域は、12時間完了です。5年生のどのクラスもそうなんですが、教室等の学習環境は、この単元を終えるまで、「米作り」に関する掲示物が中心になっています。

[様々な米の袋]

　例えば、3階西の渡り廊下には、「5年2組のお米品種ランキング」「5年生の家庭で食べる米の生産地・品種」の分布があります。教室には、各地の米の袋が掲示してあります。

　また、これまで何を学習してきたかをまとめた「米作りのさかんな地域の特徴・米が作られるまで（JAの人の話のまとめ）」の掲示があります。このように教室等が、この単元を学ぶための情報センターになっています。

何日も何日も調べる：つかむ段階

　授業において導入はとても大切です。ここが失敗すると、子どもを授業という土俵に乗せることができません。藤田先生は、「今まで米作りについて勉強してきましたね」と言って、これまでの学習を振り返らせるために教室の掲示物に目を向けさせました。この導入は、よかったですね。授業の成功を予感させるものでした。

　そして、藤田先生は「みんなは、何日も何日も調べる学習したよね。JAの人の話も聞きましたね。工夫していることもあったけど、問題点もあったよね」と、子どもに投げかけました。以下は、子どもの発言です。

・機械のお金がかかる（児童のつぶやき：200万）
・年々、機械で怪我が多い（藤田T：JAの人に聞いたよね）
・米離れ

小学校の授業風景　*95*

・品種改良に 10 年かかる（藤田Ｔ：早くて 10 年だったよね）
・農薬は自然を壊す（藤田Ｔ：そう。使い過ぎはいけないよね）
・アイガモ農法でお金がかかる
・田んぼを大きくするのが難しい
・跡継ぎがいない人が多い
・アイガモ農法で最後はアイガモを食べる
・収入が不安定（藤田Ｔ：働き手が減ってきているんだったよね）
・アイガモが大きくなって、米を食べられる
・アイガモの下の方にいる小さいのが死んでしまう
・消費者の好みに合わせられない
・古米は売れない、家畜のえさに…

　なお、これらの発言の後に、藤田先生は、次の段階で子ども達に、様々な角度
から追求させるため、発言のなかった「外国からの輸入」という問題点を示して
います。子どもが主体となって授業を進めるのですが、子どもの思考の足りない
ところは、藤田先生のように教師が補ってやる必要があります。

農家の人になり切って：追求する段階

　ここで、藤田先生は、「今日、みんなは農家のおじさん・おばさんです」と、
当事者にできる限り近づけた上で、本時の学習課題、「これからの米作りについ
て考えよう」を提示しました。そして、客観的なデータ（グラフ）を読み取らせ
た後に、学習プリントに自分の考えを書かせました。
　グラフの読み取りでは、子ども達は、

・生産量がだんだん減っている
・古米の在庫量が増えている
・1975 年をピークに生産量減る
・全体的にガクガク（上がったり下がったり）している

と、発言しています。ここでの資料提示は、もちろん本時の学習課題の追求に生
かされなければなりません。そのためには、後の話し合いで、このグラフを活用
するとよかったと思います。例えば、「○○君の発言は、グラフでいうここのこ

とを問題にしたんだね」です。

　学習プリントへの記述については、書く時間を十分にとったことがよかったです。藤田先生は、子どもの間を回って、記述に対して一言ひとこと声をかけていました。子ども達は、その声をかけてもらうのが、とても嬉しそうでした。

アイガモ農法：授業のヤマ場

　授業のヤマ場「これからの米作りについて」話し合う場面で、多くの子ども達が学習プリントを基に発言しています。子ども達からはいろいろな視点が示されました。

- ・事故のない安全な機械を作って、ぶつかりそうになったり、踏みそうになったら止まる機械を作る
- ・みんなにおいしいと言われるように農薬を使わず、アイガモ農法で作る
- ・もっと工夫して消費量を増やす。そのために国にまたお米を買い取ってもらいたい
- ・古米をきれいにして、パンの材料にする
- ・お米に対する楽しいイベントを行う
- ・農薬や化学肥料を使わない。アイガモ農法が生まれたように違う鳥で子どもを増やし、草を食べてもらう
- ・国に買い取ってもらったり、国による機械のレンタルを行う
- ・品種改良で、弱点のない強い米を作る。時間がかかっても、弱点をなくす。そのときは是非買ってください
- ・うまい、安い、安心をモットーに、「農薬を使わない・安全な機械の改良」また、外国から米は買わない
- ・米を食べてもらえるようにスーパーでアピール。米袋のデザイン化
- ・消費者に売れる米。古米が売れるようにキャラクターの袋を作る
- ・農薬、化学肥料のないアイガモ農法にする
- ・消費者の好みに合わせて売る。いろいろな種類をつくり、全国に売り出す
- ・できるだけ安全な米。アイガモ農法。虫が近づかないような工夫。自然に配慮し、虫だけを殺す農業。よって、安全でおなかを壊す心配はありません
- ・誰が食べてもおいしい米
- ・たくさん売れる米…品種改良して…

・他の料理に使えるように工夫する。ゴパン（ゴパンとは、小麦粉の代わりに米を使って作った米粉パンの一種）。パン生地じゃなくて、中に入れる（藤田Ｔ：みんなとは違うよね。パンの具として、お米を使いたいんだよね）。

等々、子ども達は、発言しました。

このように子ども達の発言はいろいろな角度から行われました。藤田先生が、しっかり調べさせた成果でしょう。子ども達が調べていく中で、アイガモ農法は、新鮮な驚きだったのでしょう。アイガモ農法の発言がけっこうあります。

授業をさらに深めるには

さて、この授業をさらに深めるにはどうしたらいいでしょう？

例えば、子どもの発言に対して、切り込んでいったらどうでしょう。道徳と同じ手法です。そして、この切り込みの視点は、子ども達の提案が現実的かどうかです。この検討です。「それ本当にやれる？」「開発にもお金が必要だよね」というように、教師が切り込むのです。このようにして現実的な視点に戻してやることで、次の議論を起こしてみては…。

［一人ひとり声をかけて］

藤田先生、長期間にわたる取り組み大変だったでしょう。でも、この授業は藤田先生の教員生活の中で、思い出深い授業となることは間違いありません。

98　第2部　授業の風景 — 授業で勝負できる教師を増やしたい —

3. 信長・秀吉・家康（6年社会）

授業をします

　「明日の2時間目に社会科で話し合う授業をします。もしよろしければ、ご指導ください」というメモが、職員室の机の上にありました。川並先生（仮名）からです。前々から、「授業を見せて」と、経験年数の浅い先生を中心に、思いついては声を掛けています。授業を公開するのは勇気がいることです。15分程度なら、精神的に圧迫感も少ないのですが、これが45分すべてとなると、かなりの負担だと思います。

　さて、メモには、「指導を」と書いてありましたが、指導をするという感覚で参観したことはあまりありません。

　子どもは個性的な存在で、一人ひとり違います。このクラスにはどんな子がいるのかを見たいと思います。そんな中で、自分の思いもよらない（予想を超える）発言が飛び出すといいなと思っています。

三武将の生き方を探る

　歴史学習の中で、「信長・秀吉・家康」を通して学ぶ「戦国時代〜天下統一」は、子ども達が興味をもつ単元の一つです。自分が子どもの頃、ここの授業をわくわくして学んでいた記憶があります。それは、なぜでしょう？ 三武将とも愛知出身だからということもあるかもしれませんが、やはりこの三武将の生き方にひかれるからでしょう。

　小学校の歴史学習は、その時代の課題をどのように解決していき、どのようなことを目指したか、歴史上の人物を通して学びます。その解決の仕方にその人物の気性や生き方が見え隠れします。この三武将は、特にそうだと思います。

　さて、授業内容は知らされていなかったので、今日は、自分自身が子ども達と一緒に授業を受ける気持ちで参観しました。

　授業は、信長・秀吉・家康の順に「どんな人でしたか、思い出してください」

から始まりました。子ども達は、よく調べてあり、三武将の業績を多くの子ども
が発言しました。川並先生は、予め子ども達が何を調べていたか把握していまし
た。その業績をまとめたものを黒板にはっていきました。子ども達が調べている
内容はまちまちです。この板書で、歴史的事実を時代順に示したことは、子ども
達の頭の中も整理され、よかったと思います。

　次に川並先生は「この人たち（三武将）は、これらのことをどういうつもりで
やってきたのかな？　今まで、いろいろやってきた三人の生き方についてどう思
いますか？」と発問しました。以下は一部抜粋です（Ｔ＝教師　Ｓ＝児童）。

　Ｓ：桶狭間の戦いで、今川の大軍をわずか500で破ってすごい
　Ｔ：どんなところがすごいの？
　Ｓ：今川が多くて、その無謀を止めたけど、信長はやめなかった
　Ｔ：何かいい作戦あったのかな？　それに対する意見でもいいし誰か？
　Ｓ：家康は、秀吉との戦いで、背後から攻めて秀吉を破った
　Ｓ：信長は、キリスト教とか、ヨーロッパ文化を初めて取り入れた
　Ｓ：家康は、関が原の戦い以後、江戸幕府を開き豊臣も倒して、すごい。このあき
　　　らめない生き方をしている
　Ｓ：家康は、人質になり、幼い時に苦労をしている。だけど天下を統一した
　Ｔ：みんな、どう？
　Ｓ：家康はいいとこどり
　Ｓ：秀吉は、検地や刀狩をみんなのためにしたところがすごい
　Ｔ：みんな、どう？
　Ｓ：検地や刀狩は、農民の一揆を抑えるためで、みんなのためではない
　Ｓ：みんなの意見を聞いて思ったけど、信長が殺されなかったら、検地や刀狩は
　　　あったのかなあ？
　Ｔ：みんな、どう？
　Ｓ：ないと思う（複数）
　Ｔ：どうして？
　Ｓ：信長は、農民の一揆を恐れていない
　Ｔ：何故？
　Ｓ：信長は、自分の兵が一番強いと思っている
　Ｔ：いろいろな考えがあるね

以上の記録から、川並先生は、切り返しで「みんな、どう？」と、一人の子の発言を学級全体に投げ返しています。これによって、教師と子どもの一問一答にはなりません。また、「みんな、どう？」を繰り返すことは、人の意見を聞く態度を養うことにつながります。

三武将の生き方を今後に生かす

さて、この展開部分をもう少しよくするにはどうしたらいいでしょう。川並先生は「三人の生き方についてどう思いますか？」と発問しています。そこで、例えば、S：「今川が多くて、その無謀を止めたけど、信長はやめなかった」の発言の後に「どんな無謀？」「この生き方をどう思う？」という切り返しがあるとよかったでしょう。そうすれば、この発問が生きてくると思います。

［僕も挑戦したい］

次に川並先生は、「これから、この人たちの真似はできないよね。でも生き方として、こんなことは生活に生かしていけるなと思ったことがあれば教えて？」と、まとめの発問をしています。学んだ歴史上の人物からどのような生き方を感じ取ったかを意見交流する発問です。

子ども達は、

- 家康は小さい頃からずっと、我慢しっぱなし。私はなかなか我慢できない。だから見習いたい
- 信長は、これまでと違い、新しい政治を目指した。この新しいことをやるというのはすごいと思うから、私も新しいことをやっていきたい
- 信長は、ヨーロッパ文化を取り入れた。他の人がやらないこと、失敗するかもしれないことをやった。僕も挑戦したい
- 秀吉は、勇気がある。信長のかたきをとって全国を統一した。勇気がなければできない。僕はちょっと勇気がだせないので見習いたい

など、三武将の生き方から、自分の生き方を見つめています。

道徳教育のねらいに「自己の生き方を見つめさせる」があります。この道徳教

育は、教育活動全体を通じて行われます。では、社会科で、「自己の生き方を見つめさせる」にはどうしたらよいのでしょう？ この解決のためのヒントが、今回の川並先生の社会科にありました。

最後に川並先生は、「どの生き方がいいと思う？ 友達の意見を聞いて、最初にこの武将の生き方がいいなと思っていたのから、変わった人はいますか」と尋ねました。数人の手が挙がりました。その中の一人は、「最初は家康の生き方にひかれたけど、今までにとらわれずに、新しいものを取り入れた信長の生き方にもひかれました」と発言しています。友達の意見を聞きながら、違う発見をしていく…ここに話し合う意義が生まれます。

> ※子どもの座席はコの字型でした。しかし、コの字が歪んでいました。後に気付いたのですが、三方向が歪んでいたのは、信長・秀吉・家康に分かれていたからでした。

4. 織田信長（4年社会）

3月9日、大輔先生（仮名）に授業を見せてもらいました。1時間目だったので朝の会の様子から見ました。朝の歌（たんぽぽ）に続き、朝のスピーチ。

学級目標が目に飛び込んできました。スローガンは「HOP STEP JUMP 4の2」。1学期がHOPとすると2学期はSTEP。すると4年生も残りわずかとなった3学期は、JUMPの時期です。子ども達がどれだけJUMPできたのか、そして子ども達と共に大輔先生がどれだけJUMPできたのか、振り返ることが必要です。

授業は、はばたく大愛知（社会）にある「歴史に名を残した人々」。4年生の単元がすべて終了しているので、発展的に行ったものです。

取り上げたのは、織田信長。NHK大河ドラマ「江～姫たちの戦国」（2011年）でも、信長が登場しました。

歴史学習は6年生です。4年生で織田信長をどのように扱うのか、大変興味がありました。

102　第2部　授業の風景 ― 授業で勝負できる教師を増やしたい ―

調べたことを短冊に

　今日の授業に入る前に、大輔先生は信長の写真を見せ、「この人知っていますか？」と聞いています。知っていたのは約半分。次に、「この人は織田信長といいます。これなら知ってる？」と聞くと、39人中37人が「知っている」という返答。

　それから、2時間、織田信長について調べています。そして、調べた後、信長がどんなことをした人か。1時間、グループで話し合っています。そして、話し合いから出てきた内容を、短冊にして、今日の授業に使っています。以下がその短冊です。

　　　・他国と戦争し、領地を広げた
　　　・古いものにとらわれず、新しいものを取り入れた
　　　・関所をなくし、人々の行き来を自由にした
　　　・商工業を発展させようとした
　　　・教会や学校を作った
　　　・（鉄砲など）新しい戦い方を考えた
　　　・キリスト教など外国から文化を取り入れた
　　　・武士のプライドを傷つけた
　　　・女性や子どもも殺した
　　　・いはいに灰を投げつけた
　　　・戦い方がひきょう
　　　・延暦寺を焼き討ちにし、たくさんの人を殺した
　　　・将軍を追い出した
　　　・命令を聞かない人をたくさん殺した

以上です。

　この短冊から、子ども達がいろいろな視点を調べたことが分かります。どのような教科でも、調べさせた場合、大輔先生のように、「子ども達が何について調べているのか」把握することが大切です。この調べたことを収斂させることの出来る共通の課題を設定して話し合います。

信長は本当に偉いの？

　実はこの話し合うための課題設定が非常に難しいのです。大輔先生の本時の課題は「信長は本当に偉いの？」です。この課題設定にしたのは、第1時で、信長について「偉い？　それとも偉くない？」と聞いていて、その結果が「偉い」39人。「偉くない」が0人だったからです。

　いよいよ話し合いです。司会は大輔先生。最初、子ども達は延暦寺の焼き討ちをあげ、「偉くない」という意見がいくつかでました。大輔先生は、「信長が偉いと言う人が39人だったよね」と切り返します。

　この後、将軍の追放や家来の命を奪ったことなどが話題にあがります。偉くないという考えが多いようです。偉い側の意見としては、商工業の発展、外国文化の取入れなどの発言がありました。

　さて、話し合うためには、いろいろな条件がそろう必要があります。まず、話し合うだけの知識があるかということです。話し合いに必要な知識がない場合には、調べさせます。

　今回がそうです。すると、今度は「どのように調べさせるか」調べのさせ方が問題になってきます。例えば、焦点を絞った調べをさせるのか、漠然と調べさせるかです。今回は「織田信長について調べよう」ですから、後者になります。

　そして、次に、調べさせた後に何を話し合わせるかということが問題となります。この設定は、前述したように難しいことだと思います。

書き写したことをひたすら読むのは？

　さらに、調べたことをどのように話し合いのときの意見につなげさせるかということが問題になってきます。今日の授業で、書き写したことをひたすら読んでいた子がいます。優斗君（仮名）です。このような光景はよく見かけます。

　このような場合、今日の授業が始まったら、「よし、今から自分が調べてきたことを読もう」と言って、少し時間を与えます。そして、そのプリントは机の中にしまわせます。また、調べさせた時に、調べて感じたことを記入する欄を設け

ます。そして、そこに書かれた感想・意見を発表しながら話し合わせます。以上によって、書き写した資料を読むだけということは防ぐことができます。

ねらいは何？

さて、本時のねらいは何か？

授業後、大輔先生に聞いてみました。大輔先生から「信長について、何も知らなかったところから、知っていき、興味をもってもらいたい」。教科書（はばたく大愛知）に書いてあることだけじゃなくて、自分達で調べていくという態度を育てたい」。そして、「調べたことを持ち寄って話し合いたい」という思いをもっていたことを教えてもらいました。

小学校の教師２年目で、このような思いをもつ、素晴らしいことだと思います。自分の２年目は、とてもそんなことを考えるレベルにはありませんでした。今回のチャレンジは、いい経験（JUMP）になったと思います。

［調べたことを黒板に］

難しかった

今回の授業に対して、大輔先生は率直に「難しかった」と言っています。その理由は明確で、４年生の実態に合わない学習内容だったからです。４年生は、まだ歴史的背景を学んでいません。もし、子どもの実態（学習内容も含む）に合った内容で行われていたら、もっといい内容の授業になったことでしょう。

なぜなら、授業の後半、子ども達の話し合いが、書き写したことから離れ、いい話し合いになっていったからです。やはり、これは、大輔先生が普段から取り組んでいる「考え、話し合う授業」の成果でしょう。

後半の授業記録の一部です。

001S：偉くない、お父さんが死んだ時、位牌に灰をぶつけた

002T：どう思う？

003S：悪い

004S：「信長が、どういう思いでぶつけたか、分からないから決められない」

　　　（しばらく他の内容の意見がでた後に）

012S：位牌を投げつけたのは、お父さんが死んで悔しかったから

013S：悔しかったら、何でもものを投げていいのか

014S：どう思って投げたなんか分からない

015S：41歳で亡くなっちゃったから、何で、若いのにどうして死ぬのかという思いをぶつけるなど、人にはいろいろなぶつけ方がある

　なるほど、「いろいろなぶつけ方がある」か‥‥。子どもの意見に、考えさせられます。

5.　黒船（6年社会）

　いつものように学校を回っていた時に、わくわくさせられる授業に出会いました。6年3組、典子先生（仮名）の社会科の授業です。

　江戸幕府が傾き、滅亡に向かう単元の導入の授業です。授業開始から20分過ぎていたので、途中からの参観です。しばらく居て、次の教室へいくつもりでしたが、ついついその授業に引き込まれてしまいました。

　授業は社会の歴史。子ども達は、ここまでに「黒船来航」の様子の絵を見て気付いたことをノートにメモしていたようです。

　典子先生は、まず、メモを基に気付いたことを3～4人に発表させました。子ども達は「要求をつきつけられて日本人はパニックになっている」「大統領の手紙を持ってきた」「アメリカの船は4隻」など、発言しています。

　次に、典子先生は資料集の絵を見ている子に気付き、「教科書〇ページを見てください」と、今度は、教科書の絵を見るように指示しました。その理由は、資料集より教科書の方が絵が大きいからでした。

　次に、典子先生は、その絵から気付いたことを発言させるのですが、見る視点

として、海側と陸側に分けて示しました（板書）。一枚の絵を海側と陸側に分けて気付かせることによって、日本とアメリカの思惑の相違を浮き彫りにするよい方法でした。

以下、授業記録です。

01T：陸側の絵から気付いたことは？

02S：戦いに備え武士がいる

03T：付け足しは？

04S：（6人）

05S：大砲とか用意して、来ないようにしている

06S：指示を出している人がいる

07S：黒船を港に近づけないようにしている

08S：攻め込んで来ると思っているから、町人を避難させている

09T：どこから分かる？

10S：棒で安全なところへ避難するように指示している

11T：06Sさんの「指示」もそうだね

12S：左端に、戦いが長引くといけないから、米俵がある

13T：なぜ？

14S：戦いが長引くと腹が減って倒れる

15T：反対は？

16S：米俵はもしかして、盗られるかもしれないから安全なところへ持って行こうとした。

17S：12Sさんの意見に反対で、昔の武士は米をたいて、非常食にしていたのだから、米俵は高価なものだから安全なところへ持って行く。それに米俵は重いから、今のうちに運ぶと思います

18S：17Sさんの意見はちょっと違っているんじゃないかな。左端に、米俵を積んで並べている。米を避難させるのではなく、持ってきたとも見える。だから、やはり、もし戦いになって長引いたらそこから使う

19T：18Sさんに賛成は？

20S：似ているようで違うけど、米俵を積んで大砲を隠したり、もし、来たらそこからパンと撃つ

21S：もし、そうだとしたら、相手も撃ってきて米俵が破れて米がばらばらになる。そうなるといけないから運び出している

22S：私は、黒船にびっくりしてるから、食べる暇はないと思うから、やっぱり運

んでいるのだと思います

23S：食べていたらやられてしまう。だから、安全な所へ持ち出していると思う

24T：う〜ん、いろいろ意見がでてきたね。よし、今度調べよう。みんなの課題に
しようね。じゃあ、米俵ではなく、陸側でもっと気付いたことは？

25S：武士は、ちょっと、あわててる。

26T：似た意見は？

27S：似てないけど、農民は何が起こったか分からなく、のた〜っとした顔してる

28T：農民は分かっていないけど、武士は分かっているの？

29S：とりあえず、危ないことが迫っているということは分かっていると思うな

30T：では、今度は海側ね

31S：ペリーの船の乗客

32T：船員のことね

33S：船員は、あまり見えなくて、向こうは、日本側の動きに気付かず、なんか、
争うというより、受け入れている感じ

34T：気にも留めていないということかな？

35S：うん

36S：付け足しで、幕府の大砲が当たっても壊れないと思っている

37T：自信がある？

38S：こっちは、もっと大きな大砲を持ってるんだぞって…。

39S：陸側で、攻撃の準備をしているのに、アメリカが戦いの様子が見られないの
は手紙を渡そうとしているからだと思う

40S：せっかく交渉しにきたのに、攻撃したら、相手も攻撃してくる。すると、手
紙が渡せない

41S：しかも、攻撃の用意をしたら交渉は行き詰まり、手紙も渡せない

42S：41S さんに似てるんだけど、黒船が、武器を出さなければ、日本も戦う気に
ならない

43S：黒船が、攻撃したら、戦争になる。戦争にならないようにしている

44T：黒船から、煙が出ている。大きいよね。日本の船と比べてどう？

45S：大きさを比べると、あまりにも日本は小さい

46S：一つの黒船に対して、日本の数は多い

47T：日本は小さくて、やぐそう。そして何そうもいるよね。何でいるの？

48S：黒船に向かって帰れ、…何の御用？　って

49S：小さい船で「停まりなさい、停まりなさい、これ以上来ると大砲がくるよ」

50S：警告

108　第2部　授業の風景 ─ 授業で勝負できる教師を増やしたい ─

51S：鎖国で、外国船は長崎しか出入りできないことになっている。急に現われた
　　　から追い払おうとしている
52S：日本に来たなら長崎の出島に来いよ
53T：黒船が来て日本はどうなると思う？
54S：手紙が来たら、話し合うと思う
55S：外国の船が「何でここまで来たの？」と話し合う
　　　・・・・チャイム・・・・
56T：今、挙手している人、4人ね
57S：黒船に使者をやって、話を聞いて、幕府に伝えて、幕府で話し合う
58S：手紙を渡される前、上陸させる前に、日本の警戒がおさまった時に上陸さ
　　　せる。そして話し合う
59S：とりあえず、将軍と話し合って、鎖国をはずす
60S：話し合いで戦争にならないようにする
61T：みんながんばって発言したね。ありがとう。はい終わります

　以上、子どもと教師の約25分のやり取りです。みんな、チャイムが鳴っても
まだまだ話し足りない様子でした。
　一枚の絵から子ども達はよく発言しています。このように話し合いをさせるに
は、教師の資料解釈がとても重要です。典子先生がこの一枚の絵に何かを感じ、
自分なりの解釈があるからこそ、いい授業が構成できます。

米俵は何に使ったのかな

　特に興味深かったのは、米俵を戦いに備えて持ってきたのか、それとも米俵
を安全な所へ運び出しているのかで話し合いがなされたところです。本当のと
ころはどっちでしょう？　どちらにも解釈できます。この話し合いは面白かっ
たです。子どもの感性はやはりすごいと思います。米俵が議論になるのですか
ら。
　この米俵に着目することは、何気なく絵を見ただけでは、あまり関心が寄せら
れない箇所ではないでしょうか。やはりこれは、典子先生が見る視点として、海
側と陸側に分けて示した効果だと思います。
　でも、典子先生は、米俵の指摘は予想外だったそうです。予想外だから授業は

面白いですよね。

　さあ、なかなか米俵の議論から抜け出せません。ここであまり時間をとってしまうと、次に行けません。そこで、典子先生は、24T「…よし、今度調べよう。みんなの課題にしようね。じゃあ、米俵ではなく、陸側でもっと気付いたことは？」と、次に行っています。これも一つの方法です。あくる日「先生、分かったよ」と、これを調べてくる子がでてくるといいですね。

のた〜っとした顔してる

　まだ他にも、子どもの感性の鋭さを感じるところがあります。例えば、27S「似てないけど、農民は何が起こったか分からなく、のた〜っとした顔してる」と、農民の表情にまで関心を寄せています。
　この気付きもいいですね。この後にすぐ、典子先生は、28T「農民は分かっていないけど、武士は分かっているの？」と切り返しの発問をしています。分かっているのか、分かっていないのか、ここを議論すると良かったです。
　子ども達の発言を追っていくと、いろいろなことが見えてきます。是非、皆さんもじっくり読んでみてください。
　今日の典子先生の授業は、子どもの発言をうまく引き出し、話し合いをさせています。やはり「考え、話し合う」授業はいいなと思いました。皆さんも「考え、話し合う」授業をどんどん行って下さい。
　典子先生、次の時間は「黒船が何を要求しにきたか、さらにその要求に対する

【黒船来航：イラスト榎本幸子】

110　第2部　授業の風景 ― 授業で勝負できる教師を増やしたい ―

江戸幕府の対応」の追究ですね。また見せて下さい。

6.　ああ野麦峠（6年社会）

　星野先生（仮名）から、「社会の授業をやります、もし時間があれば見てください」と話がありました。どこをやるの？　と聞くと、「A先生と同じところ」とのこと。想像ですが、A先生から、いい刺激を受けたのではないでしょうか。もしそうだとしたら、A先生の工夫や苦労、学校訪問に向けて学年や高学年部会で検討されたことが、次に生かされたことになります。

　さて、星野先生の授業は、6年生の社会の歴史。明治時代の軽工業、特に繊維工業に目を向けさせる授業です。近代化に伴い国内産業の発達とともに、問題も浮上してきます。いわゆる歴史の光と影です。光側の意見、影側の意見がどのようにでてくるのか楽しみです。

ほぉ～っと、うなずく

　授業の感想を述べます。まず、挙手の促し方が良かったですね。例えば「（1人だけの挙手の状況で）私があててもいいけど、自分から挙げて欲しいな」と促しています。それによって、8人が挙手しました。

　また、発問してからの間の取り方がよかったですね。とかく教師は沈黙を嫌います。しかし、この間（沈黙）が、思考を促します。

　星野先生は、子どもの意見に対しては、「ほぉ～っ」と頷きます。その発言に対する受け止め方は、子ども達に安心感が生まれます。発言意欲につながっていきます。

　次に、A先生の時も感じたのですが、子どもがよく調べてありました。よく調べるというこのM小のよさを生かすべきでしょう。大切なのは、子どもが何を調べていたか教師が把握することです。そして、それを話し合いに生かします。今日の授業でも、14T「○○さん、書いてあることを読んでくれるかな。」がそうです。

小学校の授業風景　*111*

　子どもの発言はすごいですね。いろいろありますが、例えば07Sは、製品の質の良さまで考えています。

　授業では、子どもの調べてきたことを基に、教師があらかじめ論点を持っていることが大切です。言い換えれば、何を話し合わせたらねらいに近づくのか？いわゆるヤマ場です。このヤマ場で何を話し合うか、板書で明確にするとこの授業はもっとよくなります。

　本日の論点はどこでしょう。また、深めるポイントはどこでしょう。以下、授業記録です。

01T：道徳の形（コの字型）にしましょう
　　　プリント（児童が調べた「明治の工業の様子について調べましょう。1　軽工業・2　重工業・3　足尾銅山」）を配布

02T：調べたことを基に話し合っていきたいと思います。皆さん軽工業ににについて調べて、どんなこと思いましたか？

03T：（1人挙手）私があててもいいけど、自分から挙げて欲しいな（8人挙手）

04S：手工業から機械に変わって、生産量が上がったのはいいことだと思います

05S：長い労働時間に安い賃金、日本のために頑張って働いた

06S：女性の12時間労働は大変。給料を増やせば…

07S：綿花を使って質の良いものが作れるようになった。日本が一歩進んだ

08S：絹糸の輸出量世界一。これはみんなの協力があったからだと思う

09S：女工さんたちのおかげだけど、進んだ外国の機械を輸入して改良という方法もあったのではないかと思う

10S：付け足しで、改良の方法はいいと思う。開発に時間もかからないし、女工も楽になる

11T：今の意見どうですか？　賛成意見、反対意見あるかな？

12S：進んだ技術はもらおう。でも、自分の国で改良する

13S：10Sさんに付け足しで、女工の人達を朝と夜のグループに分ければ、24時間を半分にできる。そうすれば、女工さん達の体調も悪くならない

14T：○○さん、書いてあることを読んでくれるかな

15S：中国を抜いて、世界1位となったのは、みんなが使いやすい製品をつくりあげたからだと思う

16T：（板書）軽工業世界第1位

17T：何ですごいの？

18S：今までに比べ、急成長したからすごい

19S：他の国も頑張ってやっている中で、貧しいところから世界一になった

20S：ペリーに驚いていたのに、明治維新でこれだけ進歩したから

21T：（板書）ペリー 1853 年

22T：世界一になったのは？　何年？　調べてある人いる？

23S：1909 年。

24T：何年？

25S：56 年

26T：たった 56 年、人の人生より短いが、それで 1 位。自分の言葉で言える人いる？

27T：成長を遂げたのは、女工さん達の苦労があったんで、女工さん達の苦労について何か？

28S：食事もひどく、環境も悪いのによく働いたな

29S：女なのに 15 時間も働かせるなんてひどい

30S：安い給料のため、一生懸命働いたのは日本のため。だから、世界一になったことを働いていた人は喜んでいた

31T：どうですか？

32S：疲労で死んでいく。中でも 10 代の子ども達の死亡率が高かったので、給料を上げたり、労働時間を短くすることに目を向けなきゃいけない

33S：死亡率は高いけど、そこまでやった結果

34S：女工さんに対してひどいと言うが、男は戦争に行ってもっと悲惨な目にあっている

35S：でも女工さんたちが、鉄鋼業とかで武器を作って男の人を戦場に送り出している。男も女も死ぬから、あんまり…（沈黙）…分かんない

36T：男も女も死に物狂いだから、しょうがなかったのかな？

37S：戦争で男の人は、お国のためと言って命を投げ出していたし、女の人もそりゃ苦しいけど、世界一になったからよかった

38T：国のため…何であんなことしてるの？

39S：国のために領土をとったり、とられたりするなどしないで、男の人も戦争に行かずに働いて、分担すれば、軽工業が 56 年で世界一になったんだから、重工業でも 56 年もかからずに 1 位になれたはず

40T：国のため、1 位になれて、1 位をとろうと頑張ってきた。何でそこまで頑張ってきたの？　1 位になれなくてもいいじゃない

41S：日本は他の国より、遅れていたけど、日本もやれるぞというところを見せ付

けるため

42T：何のため？

43S：不平等な条約を改正するため

44T：1位になれないと改正できないの？

45S：世界に、日本もこれだけやれるぞという実力をみせて、植民地にされたり、攻められたりしないようにする。名をあげるために必要

46T：条約改正に向けて、日本は強くしていかなきゃいけない。でも、女工さん達はすごい生活をしてたよね

47S：ご飯15分、12時間働く、給料低賃金、罰金でマイナス

48T：女工さんはどんな気持？

49S：早く世界で1位になって給料上がらないかな

50S：もうやめたい

51S：こんなに頑張っているんだから、早くいい暮らしがしたい

52S：この仕事をすぐやめて、他の給料がいい所、働く時間の短いところへ行きたい

53S：夜逃げて、昔住んでいた所へ帰りたい

54T：家族と離れて生活しているよね。だから帰りたい

55S：この仕事やってて、お金も少ないし、罰金もある。自分って得しない

56S：自分達が朝から晩まで、働いても、自分達は死ぬためだけにもいるのかな

57S：辛いけど、同い年で死んだ人もいるから、その分まで頑張ろう

58S：辛いけど、世界一とかになると、給料が上がるから、生活が良くなる

59S：これから、戦争になってもっと悲惨になるから、生産率を高めるのは必要

60S：親が、貧しい人なので、両親達に豊かになってもらいたい

61S：（借金があった）

62T：女工さんの頑張りで今の暮らしがあるんじゃないかな？

63S：10代なのに、12時間以上働かないとご飯が食べられないなんてありえない。今こうしていられるのは、お父さんお母さんのおかげ

64S：調べたとき、10代が働いている。ということで、もしこの時代にいたなら、働いていなきゃならないので、今はありがたい

65T：あの時代の人が、もっと過ごしやすい暮らしにしたいと思った。その積み重ねがあったから、今があるということ？

66T：じゃあ、最後に、どうしたらよかったのかな？ 女工さんの問題、あったよね

67S：ここに今、普通に学校へ来られるのは、このときに世界1位と認めてもらえて、それで今があるので、問題はあったけど、必要だった

68S：それがなければ、昔の世代から植民地にされて、そういうふうになって、苦

しい時代が今も続くのではないかな
69T：（チャイム）鳴っちゃったね。あと1人ね
70S：みんながいろいろ発言していたが、外国に認めてもらえるように日本はがんばったんだと思う
71T：次は重工業の面から考えていくね

論点を生む

　まず、論点についてです。今日の授業、例えば、05S「長い労働時間に安い賃金、日本のために頑張って働いた」。30S「日本のため…働いていた人は、世界一になったことを喜んでいた」という発言があります。一方、60Sのように「親が貧しい…」、61Sのつぶやき「借金があった」という意見をもっている子がいます。そのことから、05S、または30Sの発言に対して、本当に「日本のため」と思っていたのか？本当に喜んでいたか？を問うと、論点が生まれたのではないかと思います。

　次に深めるポイントですが、これは道徳の手法と同じです。例えば、08S「みんなの協力があった」に対して「みんなの協力とは何？」と問い返してやればいいのです。星野先生は、深める努力を随所でしていました。

　今日の授業、改善点は、ヤマ場をしっかりつくること。何を話し合うかをもっと明確にすることだと思います。次回に期待します。

ああ野麦峠

　この授業では、「ある製糸工女哀史」、山本茂美著『ああ野麦峠』を思い出します。大竹しのぶ主演の映画の方が有名です。
　明治〜大正時代、収入が少なかった飛騨の農家では、12歳ぐらいの女の子が、信州の製糸工場へ働きに行きます。この

［10代なのに　12時間！］

収入を借金を返すたのみにします。野麦峠は、この若い女の子達が、「糸ひき」として働くために、吹雪の中を命がけで通った峠です。娘を送ってきた親子が、この峠を境に離れ離れになります。野麦峠では、悲しい別れがいつまでも続きます。

　今、M小学校や読書週間です。星野先生の授業をきっかけに、もう一度この本を読んでみたいです。

7. 基本的人権その１（6年社会）

　6年1組で、授業を2時間しました。内容は基本的人権の尊重です。拙い授業ですが、自分で録音による記録をとりました。授業記録を公開します。この授業の改善点など意見をください。また、この記録が、「考え、話し合う授業はどうあるべきか」の話題提供になれば幸いです（授業者：筆者）。以下、授業記録です。

01T：今日は、A先生がお休みなので、先生（筆者）が代わりに社会の授業を行います。では、始めようか

02S：起立、今から3時間目の授業を始めます。お願いします。（お願いします）着席

03T：みんなは、日本国憲法のところからだったね。日本国憲法の三つの柱は、知っているのかな。どう？

04S：（沈黙）

05T：ちょっと、みんな固いな。そうか、みんなは社会について、どう思っているか聞いてみよう。社会は好きか？

06S：（8人挙手）

07T：後は、嫌い？　それともどちらでもないかな？

08T：嫌いな人はなぜ、嫌いなんだろう？

09S：（暗記できない、面白くない）

10T：そうか暗記か、なるほど。鎌倉幕府は、1192年で、源頼朝…と言う感じかな？

11S：（多数うなずく）

12T：実は、社会は暗記じゃない。人間の記憶は、丸ごと暗記するより、その物事に付いて、深く考えた方が記憶に残ると先生は信じているんだけどな。もちろん基本的なことはある程度覚えることも必要だけどね。そこでだ、先生は、日本国憲法の三原則を暗記するんじゃなくって、その意味を考えてほしいと思っているんだ

13T：ちょっとこれまでのノートを見せてくれるか

14S：（ノートを手渡す）

15T：なるほど、国民主権はやったんだね

16T：日本国憲法の「憲」とは、どんな意味があるんだろう？　日本国は分かるよな。法も分かるよな。じゃあ憲ってなんだ？　どうだ？

17S：（先生、調べよ）

18T：そうだ、それはいいアイデアだね。この調べるっていうことは、とっても大切なんだ。暗記するより大切。何か分からないことに出会ったら、それを調べる方法を知っている方が大切だろう。何で調べる

19S：（インターネット・漢和辞典・国語辞典）

20T：よし、漢和辞典で引いてみよう。このクラスにあるかな

21S：先生、ロッカーの中にあるよ

22T：よし、君に引いてもらおう。どうだ？

23S：手本・取り締まる

24T：ありがとう。となると日本国憲法は、「日本国の手本となる法」「取り締まる法」だよな。これを手本にして、これで取り締まる。日本には憲法だけじゃないよね。国にはいろんな法、法律が作られるんだ。何があるかな？

25S：民法

26T：よく知ってるな

27S：道路交通法

28T：ほ〜う、

29S：刑法

30T：なるほど。（教育小六法を見せながら）、これは教育に関する法律。たくさんあるぞ。これらの法律は、みんな日本国憲法が手本なので、それに照らし合わせて合っているかどうかが大切になる。憲法と食い違う内容の法律は作られないんだ。ちょっと、復習するぞ。憲法にあっているかどうかを判断するのは、どこだ？

31S：（裁判所）

32T：そうだね、じゃあ日本国憲法に合った法律を作るのは？

33S：(立法)
34T：そうそう立法、国会だね。裁判所は？
35S：司法
36T：そう司法だったね。じゃあ、この法に基づいて政治を行うのが…？
37S：内閣
38T：そうだよね、行政と言うよね。この大切な日本国憲法、すべての手本、つまり基なので、簡単に変えてしまうと、大変だ。だから、簡単に変えられない。よし、どうやったら変える事ができるかは、調べておこう。調べるって大切だからね

【連行：イラスト榎本幸子】

39T：よし、本題に戻ろう。三原則は「国民主権・基本的人権の尊重・平和主義」（板書）この三つだね。今日は、基本的人権の尊重…これを考えよう。始めに一枚の写真をみてほしいんだ。これ
40T：これを見て、何か気付いたことや感想を述べてほしい。このプリントに書いて（10分）
41S：ロープみたもので縛られている
42S：わらの帽子をかぶっている人が、何か悪いことをしてつかまっている
43T：悪いことか…
44S：警察官みたいな人が先頭にいる
45S：警察官は靴だけど、犯人みたいな人はわらじ。どこからか出てきた感じがする
46S：何か違反をして、逮捕されたところ、人々の手を縛って連行している
47S：昔の写真だと思う
48T：いつ頃かな？
49S：(戦時中)（昭和の始め）
50T：なるほど。いい線いってるな
51S：わらの帽子は、今の犯罪者にかぶせる布の変わり
52S：警官はむちかな？ 棒のようなものを持っている（実際の画像には描かれている）
53S：つかまった人はみんな同じかっこうをしている。それと、これが塀の向こうまで続いていると思う

118 第2部 授業の風景 ―授業で勝負できる教師を増やしたい―

54S：集団で、つかまった人。ほらどっかの外国で、テレビでデモかなんかで逮捕されるような感じ

55T：なるほど

56T：そう、これは警察官につかまって、どこかへ連れられていく写真なんだけど、本当に悪いことしたのかな？

57S：悪いことしなくてもつかまるんだよ

58S：（ひどい）

59T：今はあるか？

60S：テレビでやってた

61S：その当時は悪いことだったんじゃないの

62S：治安維持法にひっかかった

63T：ほ〜うよく知ってるな。これは、治安維持法という法律に違反の疑いで逮捕され、護送される時の写真なんだ。治安維持法ってきいたことがある？

64S：（あるある、聞いたかも）

65T：これは、国のやりかたに反対する考えや発言、集会を取り締まる法律なんだね

66T：例えば、小林多喜二は、『蟹工船』という本を書いた人。国のやり方に反対する内容だったため、逮捕。寒い中丸裸にされ、後ろから竹刀で叩きつけられる。畳を縫う針を身体にさす…拷問が原因で死んでいく
　　　今の日本はどう？

67S：（ひどい）（そんなことできない）

68S：（法律で守られている）

69T：そうだよね。日本国憲法はいつ作られたか、もう勉強した？

70S：（第2次世界大戦の後）

71T：そうだよね。それまでは、こんな怖いことがあった。人間扱いをされなかった。そこで、こんな時代を反省して、人間が人間らしく生きる権利を日本国憲法は定めたんだよね。これが…

72S：（基本的人権）

73T：そう、でも基本的人権だけではだめだよ。それを尊重しなきゃ。基本的人権の尊重といいます。これが2つめの柱です

74T：板書（基本的人権＝人間が人間らしく生きる権利…の尊重）

75T：では、この基本的人権には、どんな権利があるか、調べよう。ノートに書いていこう

76S：（教科書で調べ始める）10分

77T：では、次の時間、これ（絵）を考える…ここに家がありました。この家が1

件だけ、道を作るのにじゃまをしている。でもこの土地や建物はこの人のもの。基本的人権として守られている。でも、ここに一本道が通ると、駅にもすぐいけるし、みんなが便利になる。さあ、この問題が裁判所に持ち込まれた。裁判官はどのように判断する？ …みんなは裁判官だぞ。よし、今日はここまで

78S：起立、これで3時間目の授業を終わります。礼

8. 基本的人権その2（6年社会）

6年1組社会「基本的人権」その2の授業記録です（授業者：筆者）。

01T：はい、始めます

02S：起立、今から2時間目の授業を始めます。お願いします。（お願いします）着席

03T：この前の授業の時に、それぞれに基本的人権について調べたよね。どんなものがあったかな？

04S：（男女の平等・学問の自由・教育を受ける・集会の自由・言論の自由）

05T：自由とつくのが多いな。自由は他にないか？

06S：（居住の自由・職業の自由）

07T：居住の自由って、どういうことだ？

08S：（どこに住んでもいい）

09T：昔は制限があったんだ？

10S：（なんかね、江戸時代、ここは身分の低い人って）

11T：そうだったね。

12T：よし、今日のメイン。この前、考えてもらうよと言ったことをやろう。内容はこうだったね。（板書しながら）この家、1件だけが、この道を作るのにじゃまをしている。でもこの土地や建物はこの人のもの。居住の自由だね。基本的人権として守られている。でも、ここに一本道が通ると、駅にもすぐいけるし、みんなが便利になる。さあ、この問題が裁判所に持ち込まれた。家を優先するか、道路か？ どちらを優先するか？ みんなは裁判官です。では、1枚プリントを配るから、そこに意見を書いて

13S：（意見の記入）13分

14S：（先生、道が通ると家はどうなるの？）

15T：いい、質問だ。家と土地は移転が保障される
16S：(じゃあ、お金、はいらないんだ)
17T：そうだよ
18S：(でも、ずっと住んでいた所だから)
19T：そうだな。そういうことを考えて意見を書こう
20S：(意見記入)
21T：では、道路・家どちらでもいい。意見を聞こう

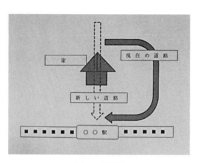

[家 or 道路]

22 依田：道路は、国民の誰もが自由に通れる場所だから、そこの家の人が言っていることも分かるけど、道を通る人のために道を造った方がいい
23T：うんうん
24 荒川：僕も道。便利になって、みんなが使いやすいし、さっき、家と土地は保障されると言ったから、損もしんし（損をしないの方言）
25 三輪：どいてって言ってるんだから、道の真ん中にいてもいやだし、お金も出してもらえるんだから、私は引越しする
26T：そうか
27 三輪：みんなのためだし
28T：みんなのためか
29 稲吉：みんなのためと言われても、個人の意見を尊重する権利は変わらないし、他の人がよくても、家を離れた自分は得しない。それに始めから家があったから家の方が優先する
30 蜷川：でも、憲法はみんなのためにあるものだから、みんなのために役立てる方が優先されると思う
31 横山：蜷川さんの意見は分かるけど、私は、たくさんのお金を使って建てた家だし、残しておきたいし、憲法には、自由、なんと言ったんだっけ…
32S：(居住の自由)
33 横山：そう、それがあるから
34 酒井：道路は少し遠回りでもできるから、家を優先する
35 太田：家を優先する。昔の思い出などが、たくさんあって。景色もよかったら、それも想い出だし、新しい家だったら思い出をもっていけない
36T：思い出か。同じようなこと書いていたな、石川さん、どう？

37 石川：先に家の人が住んでいたんだから、土地やお金を用意するから引っ越せと言われても、その家の人の思い出などがあるはず

38T：なるほど

39 石川：思い出だけじゃなくて、このようなもめごとのために、憲法があって、憲法に私有財産は守られると書いてあるから。家が優先

40T：居住の自由だけじゃなくて、私有財産ということか。私有財産ってわかるかな。

41S：（うん、その人個人の財産）

42T：家の方の意見が多いのかな？

43 井上：私は、道じゃないかなと思う。家に住む人の人数より、道路を使う人の方が、多いから

44T：人数が出てきたか。どうだ？

45 鎌田：道路はとてもたくさんの人が通るから、たくさんの人のためにも道路を造った方がいい。家は、自分とその家族しかいないし、人に迷惑をかけるのはよくない。でも、もし自分だったら、先祖代々受け継いできた土地だから、道路を造ってほしくないと思います

46S：（どっちなの？）

47 鎌田：いやだと思うけど、道路を造ることに賛成しなきゃいけない

48T：そうか、迷った上での決断だね

49 鎌田：（うん）

50T：みんなも迷ったかな？ 両方のこと考えて案を書いた人いたよね

51 高松：（挙手）

52T：では聞こう。どうぞ

53 高松：もう、いっそのこと、その家の地下に道を作ればいい

54T：（板書）こういう風にね。この意見に何か？

55 高松：理由言っていい？

56T：どうぞ

57 高松：青函トンネルもできたんだから、家の下を掘るなんてわけない

58T：では、君どうぞ

59 池田：でも、お金がかかる

60T：お金か、誰のお金で造るんだ？

61S：（国、税金。民主党）

62T：税金ということは、みんなが出しているんだぞ。ちょっと、教科書見て、基本的人権のところに、合わせて、国民の義務が書いてあるだろう。国民の人権を守りましょう。だけど、これだけのことはちゃんとやって下さいという

んだな。それが、納税・教育を受けさせる・勤労、つまり働くというこの3つね。横道それたけど関連しているからな

63T：何かこの地下の道路のことについて、思うことないか？

64S：（沈黙）

65 池田：地下もそのうちの人に許可がいる

66T：そうだな、先生は知らないけど、どの地下までに所有権があるのかだな。その家の地下を流れる地下水は使うのに、その家の許可がいるのかな。いずれにしても、家か道路か、個人かみんなのためにかは、簡単には決められない。争われた時は、この結果がどうなるのか、最終的には、裁判所が決定する

67T：ここで、もう一つみんなに聞くね。（板書で図示しながら）この家の人じゃなくて、駅に近い、この人も道路を造るのに反対しているとしよう。何故反対するのか、その理由を考えよう。プリントに書いて。（10分）

68T：では意見を聞こう。なかなか挙手がないな。間瀬さんどう？

69 間瀬：この家の人と知り合いで、行ってほしくないから。それと、こちら側は駅から近いから不便じゃない

70T：こちら側だからね。他はどうかな？

71 田中：道路ができると、たくさんの車が通って、車庫に入るのが大変になる

72S：（車が通ると、ここで遊べないし）

73 白谷：道路の工事が始まると音がうるさいから、反対

74S：（トラックがたくさん来る）

75T：音か

76 神谷：道を一本つなげることで、この家以外の車も通って、騒音が気になる。それに事故も増える

77T：事故とは？

78 神谷：反対の家の人はそっちへいかなきゃいけないし、車同士の事故が…

79 井上：車の音で眠れない

80 依田：家をどかなきゃいけない人が、ここに道路を造ると夜とかにトラックの音がうるさくなるから、「反対して」と、友達だから頼んだ

81T：（板書の図をさしながら）この人が反対してってこの家の人に頼んだんだね

82T：他は？

83 吉戸：道路を造ると税金が増えるから反対

84T：なるほど。いろいろな考えがあって面白い。正解、不正解はない。さっき、みんなが言ってくれた騒音だとか、眠れなくなるだとか、これも大切な権利

なんだけど…、

85S：（環境権）

86T：そう。これは、新しく最近になって主張されるようになった権利なんだね。教科書に新しい権利として、このほかに知る権利が書かれている。このほかプライバシーを守る権利もある。みんなと2時間、基本的人権について考えてきたけど。先生は面白かったな。いずれにしても、基本的人権とは、人間が人間らしく生きる権利で、尊重されなければならない。中学校の社会科で、もう少し詳しくやるだろう

　社会科は、丸暗記はだめだぞ。よく考えてみんなと話し合うことが大切なんだ。では、次の時間は英之先生かな。平和主義についてやってもらいます。終わります

87S：起立、これで、2時間目の授業を終わります。礼

88S：（ありがとうございました）

89T：黒板、消しといてよ

9. ベテラン絢美先生の算数（1年）

　絢美先生（仮名）に「先生がこれまでに積み上げてきた授業方法（技術）の一部でいいから、経験の少ない教師に見せてもらえないですか」と、お願いしたところ、「普段の授業でよければ」と引き受けていただきました。教科は、1年生の算数、「大きいかず」。

　言葉では表現できない素晴らしい授業でした。そのことは、授業記録からも知ることができます。しかし、その場の雰囲気も含めた本当の素晴らしさは、実際にその教室にいて、子ども達と同じ空間でその授業を受けていないと、感じ取れません。ここでは、その様子をできる限り伝えます。

集中力を高める方法を求めて

　1年生の指導の中で、椅子に座れない子が増えていると感じられる今日において、1時間、飽きさせずに授業に集中させることは、重要な教育技術ではないでしょうか。

1年生でありながら、これだけ授業に集中させることができるのかと、驚きでした。授業後に、絢美先生にそのことを尋ねてみました。

絢美先生は、「集中力を高める方法は、1年生でもあるんだろうな」と、そのことにこだわって、試行錯誤してきたことを教えてくれました。

そのために、行うようにしたのが、マス計算（本時の導入部分）だそうです。いわゆる百マス計算に似ています。しかし、絢美先生の方法は、集中力を高める方法を求め続ける中で、たどり着いたもので、「みんながいいと言うから、百マス計算の方法を取り入れる」というのとは、意味がまったく違っています。よって、集中力を高めるために、このマス計算の他に、「カルタ」「数字覚え（今の段階で、7桁まで覚えられるとのこと）」などを行っているそうです。

このマス計算には、もう一工夫あります。子ども達は、プリントを終えると、裏に自作の問題を作って、計算を続けるのです（No.009）。よって表側は、タイムを競いながら機械的に与えられた問題をやります。一方その裏側は、問題を自ら作ります。当然、考えなければなりません。いわゆる思考です。

絢美先生に、どんな問題を子ども達は作るの？ と尋ねてみました。すると、「答えが一つずつ増えていくように問題を作る子」「足すと全部同じ数字になるように問題を作る子」がいることを教えてくれました。

S君の思考方法を大切にしながらの支援

答え合わせの時、絢美先生は、答えをいいながら、S君を支援しています（No.021）。授業後に「あの子はどう？」と尋ねると、「S君は、独特な思考をする」と言うのです。「どんな？」と、さらに尋ねると、「S君は、インドの計算の仕方のように、一桁の足し算の組み合わせを覚えていて、例えば、8＋7＝15を覚えていて、だから、8＋6は、15より1少なく14」というように答えを導き出している」とのこと。

絢美先生が、S君の思考方法を実によく知っています。これは、その子を丁寧に見ていないと分からないことです。絢美先生は、この思考方法を認めつつ、S君に「8と2は、ラブラブでガッチャーン」というように、数の合成、またその反対の分解を教えることが大切と考え、今取り組んでみえます。

1 ～ 100 まで、一人ひとり身体表現をしながら数えていく活動の時、絢美先生は、黒板の右横に、1 ～ 100 まで数字が書かれたボードを出して、「自信がない人は、このボードを数えてもいいですよ」（No.042）と言いました。このボードは、100 までまだ数えられない子のために出したそうです。さて、その置いた位置ですが、数えられない子が一番見やすい位置に置いたそうです。個に応じた配慮は、出来そうで、なかなかできないことです。

さりげなく、しつけを

プリントを一番、後ろの子が集めてくるときです。集めてくる子が、プリントを落とした子に「ぼけ」と言ったのですが、絢美先生は、それを聞き逃しませんでした。さりげなく「こんなことを言ってはだめ」と注意します。その子はどうするかなと思って見ていたのですが、先生に注意された子は「ごめんなさい」と、謝りました（No.028）。子どもと普段から信頼関係にあるのでしょう。子どもがとても素直でした。

しっかり伝え・しっかり聴く

クラス全員で席順に 1 ～ 100 まで数字を言っていき、そのタイムを前回と競うゲーム（スピード）がありました（No.029）。そのゲームで、子ども達は、数字を次の子に伝える時、また次の子が受け取る時、必ず顔を振り向いて相手を見るのです。このことを絢美先生に伝えると、数字の勉強はもちろん、振り向くことによって、相手にしっかり伝える・相手の話をしっかり聴くというねらいがあるとのことでした。だから、早く言いたいために数字をごにょごにょと言っている時はストップさせるそうです。絢美先生は、しっかり振り向くことができてない子が二人いたと言われましたが、自分は気付きませんでした。絢美先生は子どもをよく見ています。

なお、黒板の隅にこれまでのタイムが、書いて残してありましたが、それは、みんなの励みになるからだそうです。今日の記録は 1 分 2 秒。

126　第2部　授業の風景 ― 授業で勝負できる教師を増やしたい ―

さまざまな工夫

No.033「(声の大きさを小さめにして)」　…　教師に注目する
No.060「では、先生の吹き出し見て」　　…　？
　〃　　「今日の鉛筆君」　　　　　　…　取り組む課題が明確になる
　〃　　「…(間をとりながら)」　　　…　教師の次の言葉を期待感をもって待つ
No.092「何がでるかなボックス」　　　…　自然と関心が高くなる
No.094「(数字の一部分を隠しながら)」…　自然と関心が高くなる
No.111「今日のがってん」　　　　　　…　本時に学んだことが明確になる

　このように、さまざまな工夫が詰め込まれている授業でした。
　さて、その中で「先生の吹き出し見て」は、何なのでしょう。…絢美先生に聞いてみました。これは、先生の言いたい言葉が、見えない吹き出しの中に書かれている状態で、これを子ども達が想像するのだそうです。
　例えば、子ども達は「静かにして」「席について」と、先生の思いを想像します。中には「私に当てたいと思っていたでしょう」というのもあったそうです。

1の位が関係する

　今日の授業のヤマ場は、No.067からNo.091です。こちらの数字がどうして大きいのかみんなに、説明するのです。
　子ども達の説明は見事でした。特にNo.086「10の位が5で、それでは分かんなくって、56は、52と一緒だけど、56の方が1の位が多くて、5は関係なく、1の位が関係する」という発言。この「関係する」…1年生ではなかなか使えない言葉ではないでしょうか。

　100まで身体表現しながら数える場面(No.039)では、腕立て伏せをしながら数え始めた子(No.056)がいました。思わず笑いました。絢美先生、あの子、真剣でしたね。
　今回の授業は、英之先生がビデオで撮影をしてくれました。都合等で、授業を

見ることができなかった先生達に、VTR を見てもらう機会をつくりたいと思っています。特に経験の浅い先生は、参加して下さい。

　以下、授業記録です。

大きさを比べる

　　001T：いいかな、じゃあ始めます
　　002S：起立、気をつけ、「今から 2 時間目の授業を始めます」礼、着席
　　003T：準備（足し算のプリント）をして下さい。準備できましたか？
　　004S：ハイ
　　005T：今日も頑張りましょう
　　006T：よーい、スタート（ストップウォッチ）
　　007S：（できた子は、ハイと言って挙手。それに対して、絢美先生はタイムを読み
　　　　　上げる）
　　008T：ハイ⇒45・ハイ⇒47・ハイ⇒59……ジャスト（1 分の意）10・12・14・34
　　009：（プリントの表面が出来た子は、裏に問題を自作してやる）
　　010T：ハイ、やめ
　　011S：（12 って分かったのに）（残念）
　　012T：今日も頑張ったね
　　013S：（僕、初めて）
　　014T：何が、初めてなの？
　　015S：初めて 59 だった
　　016T：では、答え合わせをします。12…8…
　　017S：（あっ、間違えた）
　　018T：次の段に行きます。11…8…7…9…
　　019S：（イェーイ）
　　020T：次の段に行きます。15…12…
　　021T：最後です。9…6…7…（答え合わせしながら S 君の支援）
　　022S：（やーい）（やったー）
　　023T：どう、今日？
　　024S：（2 問間違えた）（2 分ジャスト、すごい）
　　025T：後ろから集めて
　　026S：（プリントを落とした子に、集めてくる子が）ぼけっ

027T：こんなこと言ってはだめ
028S：ごめんなさい。
029T：次にスピードやります
030S：ハーイ
031S：(黒板を指差して) 先生、1・2・3・4…
032T：あっ、本当。消さなくちゃ (黒板の数字を消す)
033T：(声の大きさを小さめにして) 1から100まで、スピードします
034T：よーい、どん (席順に、一人が1と言って振り向いて、次に送る。次は2と言ってその次に送る。これを100までやる)
035S：1・2・3・4…100。よっしゃぁ〜
036T：今日は、1分02秒 (1：02と板書、これまでの記録が黒板の左隅に書かれている)
037T：今までで、最高でした。すごかったね
038S：(早かったもん) (1分きらなきゃ)
039T：今度はね、一人で100まで数えてもらう。動作をつけてね。手を叩いてもいいし、足踏みしてもいい、決めてください
040T：決めてない人は？
041T：まだスタートしていないですよ
042T：自信がない人は、このボードを数えてもいいですよ
043T：何に決めた？ じゃあ聞いてみます
044S：足
045S：叩く
046S：何も使わない、頭だけでやる
047T：何か使ってね
048S：ひじ
049S：僕はあのボードを数える
050S：ほっぺを叩く
051T：赤くなっちゃうよ
052S：ジャンプする
053T：自分でやることを言います。数え終わったら静かに座ってね。ではやります。よーい、はじめ
054S：(各自が考えた方法で1〜100まで数え始める)
055S：(はあ〜終わった)
056S：(腕立てをしながら数えている子を見て) 先生、先生これ絶対厳しいよ

[何が出るかな？]

小学校の授業風景　*129*

057T：まあ、大変。この続きは大放課にやってもらいます

058S：(うぇ〜)

059T：今、流行っているゲームのキーボードを叩くようして数えた子は早かったですね

060T：では、先生の吹き出し見て。今日の鉛筆君（鉛筆に顔が描かれているイラスト。課題を提示する時に使われる）です。（板書しながら）「どちらのかずが（間をとりながら）…」

061S：(少ない)　(小さい)

062S：(板書しながら) 大きいかな

063S：(簡単なやつやめてよ)

064T：難しいのがいいの？

065S：(数字カードを板書に貼りながら) 52 34

066S：(簡単、簡単)

067T：そう簡単なの。どうして大きいか、ちょっと説明して下さい

068T：達郎君、前に来て

069S：(黒板の前に出て) 52 は、10 が 5 個 1 が 2 個。34 は 10 が 3 で、1 が 4．だから 52 が大きい

070S：賛成

071T：他には？ …じゃあ隣の愛子ちゃん。女の子の代表で

072S：(黒板の前に出て) 52 は、10 が 5 個、1 が 2 個。34 は、10 が 3 つ、1 が 4 個だからです

073S：(さっきと同じじゃん)

074T：いいですか。52 は 10 がいくつ？

075S：(5)

076T：34 は、10 が…？

077S：(3)

078T：(板書しながら) このように 10 の位を比べます。

079T：じゃあ、次の問題。(数字カードを板書に貼りながら) 52 56 …これは？

080T：は〜い、当てて下さい

081T：では、晋次君

082S：(黒板の前に出て) 52 は、1 の位が 2、56 は、1 の位が 6 だから、56 の方が大きい

083T：では、寿恵さん

084S：(黒板の前に出て) え〜と、忘れました

130 第2部 授業の風景—授業で勝負できる教師を増やしたい—

085T：では、元子さん

086S：（黒板の前に出て）10の位が5で、それでは分かんなくって、56は、52と一緒だけど、56の方が1の位が多くて、5は関係なく、1の位が関係する

087T：1の位が関係するんだって

088T：（数字カードの1の位に線を引きながら）$\boxed{52}$ $\boxed{56}$ いいですか、はい

089T：10の位が一緒の時は？

090S：（1の位の大きさで、調べる）

091S：（比べるだよ）

092T：じゃあ、次ね。みんなが言ってくれたけど、（何がでるかなBOXを持ちながら）…

093S：（みんなで…何が出るかな♪ 何が出るかな♪ 何が出るかな♪…）

094T：（カード77と91…1の位の数字を隠しながら）どっちが大きいか分かる？

095S：（こっち、こっち）

096T：（91を見せて）は〜い、さっき言った事と同じです。（10の位に線を引きながら、$\boxed{77}$ $\boxed{91}$）

097T：じゃあ、次ね。何が出るかな？

098S：（みんなで…何が出るかな♪ 何が出るかな♪ 何が出るかな♪…）

099T：（数字カードを徐々に見せながら $\boxed{46}$ $\boxed{26}$ を提示）大きいほうに手をあげて。

100S：（先生、問題少ない）

101S：（先生、数字が少ない）

102T：そう？ 何が出るかな？

103T：（カード84と81…1の位の数字を隠しながら）

104S：（分かった）

105T：えっ、もう分かる？

106S：（分かんない）

107T：どっちが大きいかな？ 理佐さん、どっちの手を挙げているのかな？

108T：簡単だよね。（10の位に線を引きながら、$\boxed{84}$ $\boxed{87}$）

109S：先生、46と26は？ （そこにも線を引いてほしいという催促）

110S：（自分のカードに線を引いた＝「線を引いていいの」の意）

111T：（がってんカードを板書に貼りながら）今日のがってん

112S：10の位の大きさで比べる。こちらは、1の位の大きさで比べる

113T：みんな今日もがってん？

114S：（がってん、がってん）

115T：では、教科書を出して。今日はちょうど、100ページ

116S：(教科書を忘れた子が先生のところへ、先生の一言二言の指示を受け、プリントBOXへ)

117T：100ページの5番。ここをやって下さい

118T：(机の間をまわりながら、○付け)

119T：(終わった子には、教科書をしまって下さいと指示)

120T：康隆君、しまって待とうね

121T：では、対戦します

122S：先生、いつもこっちからだから。今日はこっちからね

123T：いいアイデアですね

124T：では、やり方を説明します。カードを引いたら、まだ見せないで。勝った人は、カードを上げて下さい(隣同士で座っている男女で、どちらが大きい数字を引くか勝負する。男と女に分かれた得点版に、教師は、勝った方にマグネットを貼っていく)。では、一番目、前へ

125T：あっそう、先生、ごめん。1つ言い忘れました。対戦が終わったカードは、机の上に裏返して置いといて下さいね。いい

126S：先生、黒板にあるカードはどうするの？

127T：これは使いません。ここまでで、質問ありますか？

128S：(ありません)

129S：(一組ずつ前に来て、対戦開始)

130T：カードは裏返しにして、机の上に置いて下さい。1、2の3

131S：(対戦再開)

132T：(少しざわついてきたが、先生の手の合図ですっと静かになる)

133T：あっ、約束が違うよ。カードは裏返しにして、机の上に

134S：(対戦再開)

135S：(男が劣勢なので、「悠太、悠太、悠太」と応援がはいる)

136S：(冗談で16をひっくり返して、91とやる子もいる)

137S：(男の子：あ〜負けた)

138S：(男の子：ほろびろ。ほろびろ)

139T：はい、成績を発表します。9対6で、女の子の勝ち

140S：(女の子：わ〜い、わ〜い)

141T：では、最後に、裏返したカード、このカードの大きい順に並んでもらいます。校長先生にもひいてもらうね。誰の隣へいくかな？

142T：では、立って下さい

143T：約束があります。走らないこと

132　第2部　授業の風景 — 授業で勝負できる教師を増やしたい —

144T：では、並びましょう

145S：（大きい順に並ぶ）

146T：並べたかな？では、数字を言って座りましょう

147S：（チャイム）

148T：そのカードは後で、集めます。では、終わります

149S：これで、2時間目の勉強を終わります

10. 初任研研修卒業の授業（5年算数）

　3月14日、新任の善男先生（仮名）に初任研研修卒業の授業を見せてもらいました。教科は算数。単元は角柱と円柱（6時間完了の4時間目）。角柱の展開図について考える授業です。

何が入っているのかな

　授業は「はい、じゃあ日直さん」から始まりました。授業の入り方は大切です。子どもに関心をもたせることができるかどうかが勝負です。

　善男先生は、「前回、みんなとやったやつ、角柱とか…今日はこの箱を用意しました」と、言って、くじ引きのような箱を持ち出しました。その中にある物をさわらせて、何か当てさせるのです。

　最初にM君が指名されました。探り当てたのは、チップスターの空箱です。そして、善男先生が、「これを何と言いますか？」と聞くと、みんなから「円柱」と答えが返ってきます。これで、子ども達はこの箱にもう釘付けです。次にやりたくて、「先生、当ててよ」と懇願する子までいます。

　この次に出てきたのは、コアラのマーチの箱です。

　　T：この名前は？

　　S：コアラのマーチ

　　T：じゃなくて…

　　S：角柱

　　T：そうだね

小学校の授業風景　*133*

　この後も続きますが、チップスターの蓋だけが出てきたときは、みんな大笑い
です。次に、キャラメルが出てくると、

　　　T：（キャラメルを示して）これは？
　　　S：四角柱
　　　T：そうです
　　　S：先生、当たったから頂戴！

「当たったから頂戴」に対して、善男先生が「後で考えます」と、言うと子ど
も達からは一斉に「え〜っ」と声がかかります。
　善男先生は、以上のように授業に入っていました。子ども達を引き付けるには
十分でした。
　次は、前時までにやったこと（見取り図）についての復習です。

　　　T：身の回りにはいろいろな形があります。前の時間にこういう立体のものを平面
　　　　　に描いたよね。そういうのを何と言った？
　　　S：見取り図
　　　T：そう。立体を一枚の上に分かるように描いたものだよね。その見取り図の描き
　　　　　方はどんなだったかな？
　　　S：見えないところを点、点、点で描く
　　　T：そうだね。他には？
　　　S：底面が見えるように
　　　T：そうだね。側面をしっかり見えるようにして、立体に見えるようにしたよね。
　　　　　今日は、見取り図ではなくて…
　　　S：展開図
　　　T：そう、それ

　こうして、復習をした後に、「今日はね、角柱の展開図を考えます」と、言い
ながら、本時の学習課題を板書しました。

サイコロキャラメル

　そして、次の教材の提示です。善男先生は、今度はロッカーからサイコロキャ
ラメルを取り出しました。一人一個ずつあります。今日の授業のために購入して

［中身入っているの？］

いました。それだけでも、今日の授業にかける意気込みが伝わってきます。サイコロキャラメルを見せると、子ども達はすかさず、「先生、先生、中身入ってるの？」と尋ねます。また、「それ、先生が全部買ったの？」「先生、もう食べたの？」と質問が矢継ぎ早に飛び交います。J君は「先生、がんばったね」と声をかけます。いつもちゃちゃを入れるJ君ですが、この時の「がんばったね」は、素直に受け止めればいいと思います。

　配り終えた時、「先生、これ入ってる！」と、ある子の箱から一粒キャラメルが出てきました。子ども達からは「黙っておけばいいのに」と、声がかかります。子ども達の素直な反応が面白いです。授業内容に関するつぶやきは、授業のじゃまにはなりません。これは、ハプニング、それとも善男先生がわざと一粒だけ入れたのでしょうか？

　そして、このサイコロキャラメルの入れ物を使って授業が展開していきます。

　　T：サイコロのこの箱は？
　　S：四角柱
　　T：これを空けて開いてみましょう。どんな形になるかな？
　　T：ピロピロとなったのりしろの部分は関係なくって、どっかにはさみを入れて開いて見て下さい。
　　S：はさみを入れる？（「入れる」の意味が分からない）
　　T：どっか一箇所ね。サイコロの目のところだけのことを考えてね
　　S：十字架だ
　　S：先生、もう切ってもいい？
　　T：一か所切って開いたらどんな形になった？

　この後、善男先生は、サイコロキャラメルの3と4を底面として、固定させ、展開図を考えさせていきます。

　そして、その展開図を黒板に来て発表させていきます。今回4通りの展開図が発表されました。

いよいよ授業のヤマ場へ

　いよいよ本時のヤマ場です。三角柱の展開図を描きます。善男先生は「この立体をこんな風にあける（バラバラにする）とどうなるか分かるかな？　ちょっと考えてね」と、手作りの三角柱を示します。それに対して、子ども達が「先生、よく作ったね」と言います。先生のやることにみんなよく反応しています。

　　　T：じゃあ、作れる人？　はい、ではM君どうぞ

と、黒板の前でやらせます。そして、ここでもいくつかのアイデアを発表させます。

　中には、右のようなアイデアも出てきました。R君です。これを見て子どもは「三ツ矢サイダー」と言いました。子どもの思考は本当に柔軟です。

　この後は、いよいよ自分達で展開図を描いてみます。方眼の画用紙を配りながら、善男先生は、「底面が側面のどこにくっついているかを意識すると、展開図は作れると思います」と、キーポイントをみんなに知らせていきます。

　描くのは、正三角形の一辺が6cm、高さ8cmの三角柱です。子ども達は夢中で取り組んでいます。中には、右の写真のような展開図を考え出した子もいました。

［こんな展開図も］

いい授業が学級経営の基本

　今日の授業は、素晴らしい授業でした。その中で少し気になったことをここで述べます。一つは正三角形の描き方です。

　算数の教科の特質の一つは、系統性、つまり積み上げです。コンパスを使った正三角形の描き方を忘れてしまっている子に向けて、「描き方はこうだったよね」と、以前の学習を思い出させると良かったでしょう。

　次にY君です。Y君は、展開図を描くときに、方眼側ではなく白紙側を使っていました。善男先生がそれに気付くと良かったでしょう。そして、「方眼より白紙の方が難しいよな。難しいことに挑戦だな」というような声をかけてあげるとよかったでしょう。

　授業の終末に、六角柱の展開図を考えさせましたが、三角柱に取り組んでいた子もいたので、どこかで、明確に三角柱に区切りをつけて、六角柱に移行するとよかったと思います。

　先生にとって、正規採用の始めてのクラス。思うようにならないこともあったかもしれません。しかし、今日のように子ども達が生きる授業をやることができれば、子ども達の目は輝き、先生に、どこまでも信頼を寄せ、ついてくることでしょう。いい授業でした。

　やはりこのようないい授業が学級経営の基本です。授業後に質問に来た子がいました。また、放課になったにもかかわらず、まだ、他の展開図を考えていた子が7〜8人いましたよ。M君もその一人でした。

　今日の授業は、初任研卒業の位置付けです。立派に卒業です。後、5年3組も残りわずか、さらによい学級にするには何ができるか考えてください。短いですが何かできると思います。

　なお、善男先生のおじさん、おばさん、いとこは、3月11日の大地震で、被災したと聞きました。家が倒壊し、避難生活を余儀なく強いられているとのこと。さぞ心配でしょう。何という言葉をかけていいのか分かりませんが、そのような中での授業公開でした。

11. ミジンコ（4年理科）

　皆さん、ミジンコは何泳ぎか知っていますか？　この答えは、理科室前の廊下にあります。今回、廊下に「ミジンコ」の掲示が登場しました。美佐先生（仮名）です。「季節の変化」に続いての掲示です。作成にかなり時間がかかったことでしょう。

　では、なぜミジンコか？　…4年生は、アイシン（株）が社会貢献の一環で実施するプログラムを通して環境について学んでいます。テーマは、「小さな生き物から見つめて、生命（いのち）の不思議さを感じてみよう」です。ミジンコはその教材です。顕微鏡でミジンコを見て、それを通して環境について考えます。これまでの環境学習というと、ゴミ問題・リサイクル等を考えさせることが多かったのですが、生き物を通して環境を考えるというのは、よい視点です。

　本来、4年生では顕微鏡を扱いません。そこで、正孝教頭先生（仮名）が4年生全クラスに顕微鏡の使い方の説明等を行ってくれました。正孝教頭先生は、事前学習として、全員分の「死んだミジンコ」「シダ植物の胞子」のプレパラートを用意し、観察させてくれました。さすが理科専門の正孝教頭先生です。これで、スムーズにアイシンのプログラムに入っていけました。

　アイシンが用意してくださった講師は、動物カメラマン・環境学習コーディネータの高山博好先生です。

ミジンコも一生懸命生きている

　さて、4年生はミジンコを通して何を学んだのでしょう。授業を参観しました。その中で、子ども達は「心臓が動いている」「卵がある」と次々と発見していきました。永野先生に聞いたのですが、「赤ちゃんが生まれる瞬間」を見た子もいたとのこと…。子ども達にとっ

［ミジンコ　クイズ］

て、この1時間は、驚きと感動の連続だったことでしょう。子ども達はこれらの観察を通して、目に見えないものでも生きているということを実感したと思います。

最後に高山先生から2つの話がありました。1つは、食物連鎖の話から、「人間は生命をいただいています」と、食することへの感謝の気持について。もう1つは、「1日に40種類の生物が絶滅している」という話でした。

以上、今回の授業を受けての子どもの感想です（原文を漢字変換）。

- 小さな生き物（ミジンコ）も一生懸命生きていることに感動しました。私達が小さい頃は、アリなど気にせずに踏み潰していたけど、今思えば、こんなに小さくたって頑張って生きている。ちょっと悪いことしたなと思います。
- ミジンコのようにとても小さい生き物でも、一生懸命生きているので、命を無駄にしてはいけないと思いました。
- 1週間ぐらいで大人になって、1か月で死んでしまうとはすごく短い人生だなと思います。
- 心臓がピクピクッと動いていると生きているんだなと思いました。これがピタッと止まると死んじゃったというのが悲しいです。
- 「いただきます」それは、命をいただきますという意味だと知りました。

子ども達は、鋭い感性で「小さな生き物から、生命（いのち）の不思議さを感じ、その小さな生き物と人とのつながり」を感じとったことでしょう。このプログラムの第2弾が2学期にあります。どんな内容か楽しみです。

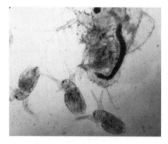

[ピクッと動いた]

今日も、放課にミジンコの掲示に足を止め、クイズの答えを考えている子がいました。美佐先生の掲示のおかげです。こうして目に見えないミジンコを身近に感じるM小の子どもが増えていくことでしょう。

12. 折れた表紙（6年道徳）

A君のこと

今日のA君は調子が悪く、何かにイライラしていたようです。そんなA君のいる奈美先生（仮名）のクラスで、D先生とM先生向けに、道徳の授業公開が行なわれました。

さて、なぜかA君は汗びっしょりでした。放課に元気に活動していたのでしょう。

A君は、授業が始まると、下敷きであおぎ始めました。奈美先生は、まずそれを止めました。A君はやめたのですが、次に下敷きで「びゅ～ん」と音を出し始めました。それに対して「そういうことはしないと、約束をしたよね」と言いながら、注意をしました。なるほど、いつもそういうことがあるのでしょう。

このように、奈美先生は、粘り強い指導を重ねていきます。

クラスには、このように手をかけることが必要な子が、一人二人は存在します。そんな子をあきらめず、積極的に関わりをもち続け指導することが大切です。

もちろん躾・学習ルールや集団としてのルールを守らせることは必要です。時にはちょっぴり強制的に「これはだめ」という場面も必要です。

しかし、それが、先生が怖いから子どもがびくびくして、それできちっとするというようでは、教え育てる専門家の指導としては疑問が残ります。指導を受けた子が、「今日の先生、怖かったな。でも、自分が悪かったな」と心から思える指導、しかも「怒られたけど、先生は好きだ」でなければ、教師と子ども・保護者との信頼関係は生まれません。

今日の資料は「折れた表紙」（教育出版）です。

　　星野さんが、日直の仕事（窓開け）をしなかったので、先生から注意を受けた私。
　　このことを言おうと、帰りの会で挙手をするものの、司会（日直）をしている星野さんは指名してくれません。

そんなおりに、でき上がった文集が配布されますが、係が各列に文集を置いた瞬間に一番下の表紙だけが折れ曲がってしまいます。
　私の席は最後尾。その前列が星野さんです。折れた表紙がいやだなと思っているところ、星野さんは、折れた文集を自分のものにして、きれいな方を私に渡します。
　そんな星野さんに対して、私は、自分を恥ずかしく思っていきます。そして帰り道、星野さんと一緒になった私が、星野さんから、窓開けをしなかった理由や、それについて反省していることを聞かされ、自分の思い違いに気付きます。

という話しです。
　授業は、「このクラスの長所を紹介してください」から始まりました。その中で、友達のよいところを紹介する発言が続きました。クラスが一つにまとまっているのでしょう。子ども同士でよさを認め合っている学級の雰囲気が伝わってきました。
　奈美先生は、資料範読に続き、「窓開けをしなかった星野さんに対する私の思い」「きれいな表紙の文集を渡されたときの気持ち」について発問していきました。
　その発問に対して、子ども達は、資料を手にしていない中で、ストーリーをしっかり理解して話し合いが進んでいきました。
　これは、奈美先生が、日頃から聴く態度（資料範読を聴く・発問を聴く・友達の発言を聴く）をきちっと身に付けさせているからできることなのでしょう。

　奈美先生は、話し合いをコーディネートするために、さまざまなつなげる言葉を述べています。今日の授業の中から拾い出してみました。
　例えば、話し合いが進む中で「ちょっと、そこを詳しく聞きたいから、止めさせて」と、他の挙手を抑える場面がありました。他には「みんなもこの意見に同じかな」「付け足してください」「いいよ、自分の言葉で言ってみようよ」「み

［この意見に同じかな］

んなに分かるように、もう少し詳しく説明して」などです。

このことは、武田先生（仮名）がまとめてくれた授業後の協議記録を見ると、D先生も「ちょっと違う意見はない？　と、奈美先生がどんどん話し合いを盛り上げていた」と指摘しています。

さて、最期の価値の把握の発問ですが、奈美先生は「星野さんが友達から信頼されているわけ」と板書（貼付）し、発問しました。

たぶん、奈美先生は「信頼されているわけを私（主人公）はどう考えたか」を聞きたかったと思いますが、そこが弱かった気がします。私（主人公）は、資料中の出来事を通して自分を深く見つめていきます。自分だったら、発問を単純にして「（今回の出来事を通して）、私は、何に気付いたでしょう」にします。

13.　つりばしゆらそう（2年道徳）

教師の予想と子どもの反応のズレ

雅美先生（仮名）と会ったのは随分前です。Y中学校でテニス部の顧問をしていた頃（26歳〜35歳）、雅美先生はK中学校のテニス部の顧問でした。今回はその雅美先生（2年5組）の授業です。

「考え、話し合う」研究授業に向け、雅美先生は悩んでいました。生活科でやろうと考えていた雅美先生は、ザリガニを採った後に、「生き物は生命をもっていること、また、成長しているということに気付かせる」ための話し合いを行うために、連日遅くまで、指導案を考えていました。

しかし、今年はいつもザリガニ採りに行っている場所では、採れないかもしれないという情報が入ってきました。そこで、指導案もかなりのところまで進んでいたのですが、道徳に変更したのです。

資料は「つりばしゆらそう」（愛知県教育振興会明るい心）です。

ここは、猿のモンタやモモ子の住んでいる深い山の中の猿の国です。東山と西山の間には、ふじづるの吊橋がかかっています。

猿達は、吊橋を渡って、行ったり来たりしていました。

モンタは、ブランコ遊びが大好きです。「吊橋を揺らして遊ぼうよ。」子猿達は、四匹で吊橋を揺らして遊びました。

「今度は大勢乗って、大きく揺らそうよ。」みんなは賛成しました。

その時、モモ子が、「橋が切れたら、死んでしまうわ」と言いました。「切れたって、ツルを離さなければ平気だよ。」

モンタ達は、六匹で、大きく大きく揺らしました。ふじの根が、バリバリ音をたてはじめました。

「危ない、やめて。」モモ子が叫びましたが、モンタ達は止めません。

モモ子は大声で泣きました。泣き声は川をこえて西山までとどき、こだまとなって返って来ました。

モモ子の泣き声に気が付いたモンタ達は、東山に戻って来ました。

モモ子に言われてふじの根を見ると、今にも抜けそうでした。モンタ達は、赤い顔を真っ青にして、黙って見つめていました。

という内容です。雅美先生の板書指導案には、子どもの発言の予想が書いてあります。それと実際の授業とを比較してみました。

予想通りの発言（基本発問）

<u>四匹でつり橋を揺らしている時、モンタはどんな気持ちだったでしょう。</u>

指導案では、「おもしろいな・楽しいな・もっとたくさんの子とやりたい・思いっきり揺らすと面白いぞ」と予想しています。それに対して、授業記録№019～028の発言を見てください。雅美先生の予想通りの発言を子どもがしています。

「楽しいから死んでもいい」（中心発問）

<u>「橋が切れたら、死んでしまうわ」と、モモ子に言われた後、モンタは、どんなことを考えていたでしょう。</u>

指導案では、「うるさいな、あっちへ行ってろよ・丈夫なつるだから、この位では切れないよ・こんな面白い事やめたくない・もっと続けてやろう・もし切れたら、けがをするかもしれない」と予想しています。それに対して、授業記録№.033～038 は、予想通りの展開です。

しかし、№.040「楽しいから死んでもいい」という発言から、雅美先生の予想を越えた展開になっていきます。

雅美先生は、ここでは、大丈夫と高をくくっている発言と、大丈夫かなと心配になってくる発言があるとといいと考えていたと思います。

そこへ「死んでもいい」という衝撃的な発言の登場です。さあ、ここからどうするかと思って授業を見ていたのですが、雅美先生はさすがでした。

子どもの思考に寄り添い「死んでもいい」について考えさせていきました。さらに、№.042 では、「死んでもいいから、人生の最後にやりたい」という発言も飛び出します。思わず笑いました。人生の入口にいる２年生の子どもが、「人生」という言葉を使うからです。

このように、教師の予想と子どもの反応のズレはよくあります。だから授業は生きているのでしょう。

型どおりに進むことが大事な時もありますが、予想通りにいかなかった時にこそ、教育の醍醐味があります。雅美先生は、自分の予想とズレた子どもの発言に寄り添いながら授業を進めています。

そして、№.048 の発言をうまく使いながら、№.049 で「もうちょっと」を取り上げ、ねらいの方に引き戻しています。

さて、中心発問に対する発言では、遊びを優先する発言が多く、節度ある自制心（ねらい）に迫る発言は少ししかありませんでした。そこで、次の把握の発問が生きてくることになります。

複雑に道徳的価値がからむ（把握の発問）

フジの根を見て、赤い顔が真っ青になったとき、モンタ達はどんなことを考えていたでしょう。

144　第2部　授業の風景 ― 授業で勝負できる教師を増やしたい ―

　指導案では、「みんなで乗らなければよかった・モモ子の言うことを聞いて、やめておけばよかった・もっと早くやめなければいけなかったな・こんな危ないことになっていたんだ」という予想です。

　№066・067・069の発言は、雅美先生の予想にあっていたのですが、№073あたりから、Aの視点「節度・自制」に関連する発言ではなく、「みんなが困る」（№079・084・088・092・099・103・104）からという発言になっていきます。

　これらの発言は、Cの視点「約束やきまりを守り、みんなが使う物を大切にする」に関するものです。

　ただ、このことがいけないという意味ではありません。一つの道徳的価値（内容項目）を追究していても、他の道徳的価値（内容項目）が当然からんできます。そのように子どもの思考は自由です。道徳の難しさはここにあります。

　雅美先生は、Aの視点に一生懸命戻そうとしています。しかし、子どもはなかなか戻ってきません。苦労した様子が授業記録から読み取れます。

　最後に、今日の授業はどうだったのでしょう。知男君（仮名）の発言だけをひろってみました。

　　005 知男：公園で、ボールがひっかかって、こうやってジャンプしたら、木がブチブチと、こうやってなって、ささった。
　　037 知男：そんなの平気だ。
　　060 知男：橋が折れたら、手すりにつかまる。
　　095 知男：え～と、忘れました。
　　097 知男：なんで、あんな事しちゃったのかな、遊びすぎた。
　　099 知男：遊びすぎたから、切れちゃってみんな困るし…
　　101 知男：うん。

　「遊びすぎた」という「～しすぎた」という語句に、節度・自制の気持ちを読み取ることができます。ねらいに迫る言葉です。

　雅美先生は、№102で「遊びすぎた…みんなここのところを考えて」と、そのことを問題にしています。

　しかし、ここで、もう少し「遊びすぎたの"すぎた"ってどういうこと？」と「～しすぎる」ということを強調して、発問するとよかったと思います。

さて、事後の協議会では何が話されたのでしょう？ いずれにしても、この授業は、子どもの発言をよく引き出した授業でした。参観した先生や、協議会に参加し先生にとって参考になったと思います。

以下、授業記録です。

001 教師：日直さんお願いします

002 日直：起立、今から3時間目の授業を始めます。着席

003 教師：〈方向付け〉みんなの生活を思い出してね。お母さんには内緒にしてあるかもしれないけど、今までに、危ないことをしてけがをしたり、怖い目にあったりした事がある？

004 児童：あるある（多数）。ない（少数）

005 知男：公園で、ボールがひっかかって、こうやってジャンプしたら、木がブチブチと、こうやってなって、ささった

006 教師：木がささったの、怖かったね

007 萌香：自転車で、付いている方のねじがゆるくて、反対側のわっかが取れた

008 教師：でも、それは、怖かったね

009 風紀：学校のことなんだけど、外に土管があるじゃん。そこに降りようとして、めちゃ怖かった、一回転した

010 教師：そう、それは怖かったね

011 流星：2回、ぶらんこに乗っている時に、落ちそうになって、頭をぶちそうになった

012 剛太：ぶらんこで普通に持つ所を持ってなくて、ボーンと落ちて、尻餅をついた

013 教師：(板書)「あんぜんをかんがえて」みんなありがとう。今日はね、明るい心の20番、「つりばしゆらそう」です。吊橋って知ってる？

014 児童：(知ってる)

015 教師：〈資料範読〉吊橋が出てくるお話ね。…〈あらすじ確認・板書〉吊橋です。西山と東山の間にある。ふじのつるでできています。吊橋を渡って遊びに行きます

016 剛太：ここ跳んだらいいじゃん

017 教師：うん、跳んで行けないんだよね

018 教師：〈基本発問〉4匹でつり橋で遊んでいる時、モンタはどんな気持ちだったのかな？

019 真央：気持ちいい

020 真澄：すごく楽しい

146 第2部 授業の風景 ― 授業で勝負できる教師を増やしたい ―

021 風紀：面白そう

022 博人：もっとやろうという気持ち

023 美緒：後で、いろんな遊びやろうかな

024 萌香：もうちょっと、大勢でやろうかな

025 児童：(言われた)

026 レチ：とっても楽しくて、家に帰りたくないくらい楽しい

027 夢　：やっぱり橋で遊ぶのは楽しい

028 相馬：もっと、吊橋を揺らしたい

029 教師：〈中心発問〉「はしがきれたら、死んでしまうわ」と、モモ子に言われた
　　　　　よね。その時、モンタは、どんな事を考えていたのかな？

030 荘子：(長い沈黙) もっと…だけど遊びたい

031 児童：？ 大丈夫だよ

032 大樹：もっと、遊びたい

033 真澄：やめられないよ

034 教師：何を？

035 真澄：吊橋

036 海渡：何で、そんなこと言うの。モモ子も一緒に遊ぼうよ

037 知男：そんなの平気だ

038 児童：(もっと、遊ぼうよ)

039 教師：(板書)「もっと遊ぼう・へいき・だいじょうぶ」

040 林太：楽しいから死んでもいい

041 教師：死んでもいいの？

042 剛太：死んでもいいから、人生の最後にやりたい

043 教師：人生最後でいいの？ ちょっとみんな「死んでもいい」について言って
　　　　　ね

044 レチ：友達がやりたいだけで…死んでもいいという事になったら、おうちの人
　　　　　が心配するからだめ

045 友香：人生最後で死んじゃったら、一杯遊びたいし、他の事もできないし、ま
　　　　　だいろいろやりたいから死ぬのはいやだ

046 教師：死にたくないって事？

047 博人：忘れました

048 沙良：死んだら遊べなくなっちゃうから、もうちょっとしたらやめようと思っ
　　　　　てる

049 教師：もうちょっとで、やめようと思ってるんだ。剛太さんはどう？

050 児童：（それに関係ない意見いい？）

051 教師：これに関係ある意見は？

052 教師：「もっと遊ぼう・平気・大丈夫・モモ子も一緒に遊ぼう」という意見と、
　　　　　「死にたくない・もうやめよう」と言う両方の意見がでてきたけど…

053 瑞　：さっきの知男さんと真澄さんに似てて、足（端？・橋）をもって遊んで
　　　　　いれば大丈夫。

054 教師：今、大丈夫と言ってくれたけど…大丈夫と言う意見な〜い？

055 児童：（ある）

056 萌香：切れても、みんなが力を合わせればどうにかなる

057 教師：どうにかなる？　大丈夫？

058 児童：（うん、なるよ）

059 教師：大丈夫なのかな？

060 知男：橋が折れたら、手すりにつかまる

061 児童：（手すりは、細く切れちゃうな…）

062 教師：手すりないよ

063 児童：（橋につかまればいい）

064 児童：（そんなことできない）

065 教師：〈把握の発問〉ではね、フジの根を見て、赤い顔が真っ青になった時、
　　　　　モンタたちはどんな事を考えていたの？

066 真央：さっき、モモ子さんが言ってくれた時に止めとけばよかった

067 相馬：なんか、いけない事しちゃったのかな

068 教師：何が、いけなかったのかな？

069 流星：これからは止めよう、

070 教師：でも、さっきやりたいって？

071 流星：やったら、東から西へ渡れなくなる

072 教師：他の人のためにやめるの？

073 流星：お母さんに怒られる

074 教師：でも、お母さんに怒られなきゃいい？

075 流星：うん、でも、隠していてもいつかばれて、お母さんに追い出されるから

076 相馬：東山と西山に戻れなくなってしまう

077 教師：他の人のことが心配なの？

078 裕萌：忘れました

079 レチ：自分も困まっちゃうし、みんなが困っちゃうし、友達も…

080 教師：誰が困るの？　モンタは困るの？

081 レチ：お猿さんが困る。橋が切れたらモンタさんのせいになる

082 桃香：さっき、モモ子さんが言った通りになると、モモ子さんが怖がるからやめる

083 教師：モモ子さんが怖がるからやめるの？

084 美緒：自分は吊橋で遊ぶの大好きだけど、これ以上やると、やれなくなってみんなに迷惑になる。やめとけばよかった

085 沙良：モモ子さんが大きい声で言わなければ、吊橋が切れて、死んじゃう。モモ子さんが言ってくれてよかった

086 真澄：西と東の吊橋がないと、両方に行けなくなって、食べ物が獲れなくなる

087 教師：死んじゃうかも？

088 裕萌：モンタさんは、吊橋で遊んでいたいんだけど、街の人に迷惑になっちゃうから。

089 教師：迷惑じゃなきゃいいの？

090 裕萌：だけど、自分だって困る。やりたい時とやりたくない時があって、遊べなくて困る。東山とかにいけなくなるし困る

091 教師：今のどうですか？

092 萌香：真澄さんに似てて、橋が切れちゃうと自分も困るし、みんなが「いいよいいよ」と言っても困るからやめようと思った

093 相馬：吊橋が切れて、東山にいる人と、西山にいる人が分けられちゃうから

094 教師：あんなに楽しいことを、みんなが困るからやめるの？

095 知男：え〜と、忘れました

096 沙良：切れると東山と西山が分かれちゃうから。それが嫌だからやめる

097 知男：なんで、あんなことしちゃったのかな、遊びすぎた

098 教師：遊びすぎた…その先考えて…

099 知男：遊びすぎたから、切れちゃってみんな困るし…

100 教師：遊びすぎて、切れたら困るし…と考えたんだね

101 知男：うん

102 教師：遊びすぎた…みんなここのところを考えて

103 美緒：裕萌さんが言ってた…東山の方で遊んでたら、西山で過ごさなくちゃいけなくて、みんなに迷惑がかかる

104 レチ：お猿さんは、みんなを困らせたらいけないことになっちゃうし、いろんな人が渡れなくなってしまう

105 教師：みんなのこと心配しているけど、モンタさんは自分のことはどうなの？

106 児童：（遊ぶのやめる）（落ちるといけない）

107 教師：いいじゃん、遊べば、どう？
108 裕萌：あんまり遊ぶと、もうちょっと遊ぶと切れるどころじゃなくて、もうちょっと遊ぼうと思うと、切れて死んじゃうから
109 流星：みんなが渡れなくて心配
110 教師：みんなの心配ではなく、モンタさん自身はどう？
111 流星：切れそうになって、モンタさんは、西山と東山のどっちにも行けなくなって、ふじの根がむき出しになって、切れたら大変
112 教師：大変だから、…みんなその続き
113 流星：切れたら大変だから、もうこんな事しないようにしよう
114 美緒：もうちょっとやると、赤ちゃん連れた奥さんが来たら、切れて落ちて二人とも死んじゃうから、自分が犯人になるから、自分が助けなくっちゃ
115 教師：でも、知らん顔？
116 美緒：でも、正直に言わないと、お葬式にもいけなくなる
117 教師：何を考えたんだろうね？
118 沙良：今は、東山に来てて、家に帰れなくなるからやめる
119 教師：モンタさんはどうすればよかったのかな？
120 相馬：最初からやらなきゃよかった
121 林太：大勢で揺らさなきゃよかった
122 海渡：相馬さんの付け足しなんだけど、こんなにとれそう（ふじの根から）になるのなら、最初からやらなきゃよかった
123 レチ：お猿の家族が来たら、4人とも、やってる最中に、橋が切れたら、死んでしまうし、自分達のせいになるし、謝らないといけなくなる
124 教師：みんなの心配は、違う方？
125 児童：忘れました
126 教師：モンタさんはどうすればよかったのかな？
127 真澄：モンタさんは最初からやらなきゃよかった
128 萌香：やめときゃ、バリバリって変化しなくてすむ。自分は遊びたいんだけど、責任になるから最初からやめときゃよかった
129 教師：最初からやめときばよかった？

[やめときばよかった]

150 第2部 授業の風景 — 授業で勝負できる教師を増やしたい —

130 教師：（板書）よく考えて

131 相馬：忘れました

132 沙良：別に、モンタ君は遊んでもいいけど、切れたら通れなくなっちゃうから、最初からやめとけばよかった

133 教師：（板書）あぶないことを

134 教師：〈価値の自覚〉よく考えたら危ないと思って、やめたことはありませんか？

135 剛太：前、サイクリングした時に、川を渡る時に、人が渡るのも危ないところで、あまりにも危ないから自転車で渡るのもやめた

136 真澄：不審者が出るとこがあって、そこでは遊ばないようにした

137 海渡：病院の事なんだけど、一日中寝転んで過ごしたんだけど、立って歩こうとしたら、ふらふらだったから、座るのが精一杯で、たぶん立つと危ないからやめた

138 萌香：ローラシューズで、石があると、滑れるには滑れるけど、転ぶと危ないからやめた

139 教師：先生に妹がいます。妹が小1のころ、家の近くに川があって、そこは危ないから柵がしてあるんだね。その柵で鉄棒遊びをしていて、私は帰ったんだけど、妹はまだしてて、手を滑らして、水の少ない川へ落ちたの。そこで頭を打ったんだね。私は怪我をしなかったけど、よく考えると、お姉ちゃんの私がやらなければ、妹はそんなことにならない。みんなも安全を考えて遊べるといいですね。では、今日はこれで終わります

14. くつ（2年道徳）

今日の資料は「くつ」（日本標準）です。

　「あれ、靴が、かたっぽ、落ちてるぞ」友達が、ポーンと向こうへ投げました。今度はこっちに投げ返されて来ました。

　僕は思わず蹴り返してしまいました。「やめてよ。ねえ、返してよ」幸子さんが靴を追いかけました。とうとう幸子さんは泣き出してしまいました。

　その時、僕も意地悪されたことを思い出しました。テストを返された時、友達が、「うわあ、こんな点だぞ」と、みんなに、見せたのです。「やめてくれよ、返せよ」と言って泣いてしまったのです。なんだか心の中がゴロゴロしているみた

いです。

子どもの発言に寄り添う

今日、教育実習生に向けて、松本先生（仮名）による、道徳の授業がありました。そこで、見ることにしました。

一緒に参観した実習生の小野田先生は、

・子どもが、授業にだんだん引き込まれていった様子に驚いた
・先生が、どの子のどんな意見も受け止めながら、授業が進んでいることに心を打たれた

と、述べています。

松本先生は、「どういう意味？」「続きを言って」「もっと詳しく言える？」「その時はどう？」「同じ意見ある？」「何で？」というように、非常に短い言葉で話し合いをコーディネートしていきます。

授業記録を読むと分かるのですが、☆印の主な発問以外は、子どもの発言をさらに詳しくさせるためか、子どもの発言に寄り添った松本先生の発言です。

このように、教師の発言が極力抑えられて授業が展開されたので、よかったと思います。

授業の雰囲気ですが、温かかったです。資料を範読するところでは、松本先生の読みに子ども達は引き込まれていきます。先生の読みを子どもがまねをして復唱します。

こういう子どもが増えていないか

さて、今日の資料の前半、「幸子の靴を蹴っている」場面での子どもの感覚は、子ども同士がふざけて、ある子の帽子を取り上げて、みんなでパスしてからかう感覚に似ています。ちょっぴり悪いけど、ふざけてやってしまう。その気持ちを授業の中で、子どもは「やめようと思ったけど面白い（031）」「かわいそうだけど面白い（041）」と表現しています。

152　第2部　授業の風景 ― 授業で勝負できる教師を増やしたい ―

　本時は、今どきの子どもの特徴がよく現われた授業だと思います。例えば、主人公が過去の様子を思い出した場面で、「その友達は転校すればいいのに（052）」「自分が転校すればいい（053）」の発言です。友人関係を修復するというより、遮断してしまうという内容です。

　また、主人公の過去の出来事を幸子さんの気持に重ねるのではなく、「今度は相手が泣く番だ。100点とって笑ってやる（072）」「今度テストで100点とって、やられた子に勝とうかな（076）」のように、相手を「見返す」という発想です。

　こういう子どもが増えている気がします。

　もし、増えているとしたら道徳の授業の担う役割は、さらに重要だと思います。

考え始める子ども達

　今日の授業で驚いたことがあります。低学年は、授業が進むにつれて集中力が途切れてごそごそし始めます。授業の後半、松本先生が「心の中がゴロゴロ…ちょっと考えて（081）」と子ども達に投げかけました。すると、すこしザワザワした教室の空気が一変しました。みんなが、考え始めたのです。いい発問でした。

　この発問以後、083～087まで、子ども達は言葉の最後にゴロゴロをつけて発言しています。

　靴を置いて逃げるという発言の流れから、先生が登場します。先生に怒られるから逃げるというのです（091）。さらに「明日、学校へ行くのをやめよ（095）」と言い出します。これ以降、子どもの話し合いはいい展開を見せます。特に以下の発言はよかったです。

　　101S：心の中がゴロゴロするんだけど、もっとゴロゴロしてくると、学校に行けなくなる。ちゃんと顔を見て謝る。自分もテストの時にいやだったのに、人にもそういう気持をさせてはいけない。明日元気よく学校に行けるようにしたい
　　102T：誰が、元気よく学校へ行くの？
　　103S：幸子さん

104T：幸子さんが元気に学校へ来られるということを考えたのね

「ちゃんと、顔を見て謝る」、さらに、「幸子さんを元気に学校に行けるように
したい」と発言しています。108の発言「自分したことだから、先生にちゃんと
怒られると心の中のゴロゴロが消える、決着をつける」もいいですね。

　このような発言を引き出した今日の授業、楽しかったです。以下、授業記録で
す。

001T：…導入略…今日は、ちょっと意地悪な子が出てくるんですけど、その子の
　　　気持を考えてね

002T：（範読）

003T：誰が出てきたの？

004S：僕と幸子

005S：〈板書〉くつの絵提示

006S：あ〜川に落ちちゃった

007T：靴を蹴った僕は、どんなこと思ったかな？

008S：面白いな

009S：違うのだし…

010T：どういう意味？

011S：自分のじゃないし

012S：なぜか

013T：どういう意味？

014S：靴がなぜここにあるのか

015S：サッカーボールだ。蹴っちゃえ

016S：面白いな

017S：誰のだよ

018S：○○君に似てて、自分のじゃないし、サッカーが好きだから、蹴っちゃえ

019T：どんな気持？

020S：楽しいな

021T：☆幸子さんは、蹴られた靴を追いかけましたね。でも僕は、幸子さんが「や
　　　めてよ」と言ったのに続けて蹴りましたね。僕は何を考えていたと思う？

022S：やっぱり蹴らない方が良かった

023S：うるさいや…

024T：続き言って

025S：黙っていろよ

026S：黙って見ていろよ

027T：続きを言って、それから…

028S：(沈黙)

029S：お前のだったんだ

030T：幸子さんの靴と分かっているんだよ

031S：やめようと思ったんだけど面白い

032S：間違えて蹴った

033T：間違えたの？

034S：違う

035S：汚いからいいじゃん

036T：汚いの？

037S：…

038S：うるさいなあ、靴投げてぶつかるぞ

039S：もっとやれ

040S：○○さんと○○さんに似ているんだけど、楽しいからもっとやっていたい

041S：かわいそうだけど面白い

042S：もっと蹴りたい

043T：☆とうとう、幸子さん泣き出しちゃいました。その時、僕はあることを思い出したよね。友達に「こんな点数だぞ」と、みんなに見せられて、僕は泣いちゃったよね。思い出した時の気持は？

044S：僕も泣いたことある

045T：あっそうか、○○さんも泣いたことあるのね。どんな気持だった？

046S：うれしくない。最低の気持だった

047T：もっと詳しく言える？

048S：…

049S：自分がされていやだ。だから幸子さんも嫌だと思う

050S：これから、自分がやられるかもしれない。やめてという時にやめておけば、幸子さんも泣かなかった

051S：過去の嫌な気持を思い出して嫌になった

052S：その友達は転校すればいいのに

053S：(自分が転校すればいい)

054T：友達じゃないよという気分になったんだね

055S：初めから靴を蹴らなければよかった

056S：私もそういうことがあった

057T：その時はどう？

058S：ぶっ飛ばしたい

059S：嫌なことを人にやるとその人が自分を嫌になる

060S：今回は点数が悪かったから、次は100点をとってやる

061S：自分だって変な点数じゃないか

062S：（忘れちゃいました）

063S：僕も一度そういうことをやられて、誰だったっけ。

064S：○○さんに似てて、自分が嫌だったからやらないどけばよかった

065T：やられて嫌だったことを思い出したんだね

066S：僕より小さい子だし、…自分より小さい子だから優しくしてあげなくっちゃいけない

067S：過去のことを思い出して、相手をぶっとばしたい

068T：僕は、そんな友達に反撃したの？泣いちゃったんだよ

069S：自分も嫌だったから、幸子さんも嫌だったんだろうなと思った

070S：今の幸子さんは、テストの時に自分が泣いたけど、幸子さんも一緒の気持なんだ

071T：悲しい気持かな

072S：今度は相手が泣く番だ。100点とって笑ってやる

073T：そうか、悔しいという気持？

074S：うん

075T：先生一言でまとめちゃったけど、悔しいという気持があるんだ

076S：今度テストで100点とって、やられた子に勝とうかな

077T：そうか

078T：お腹がゴロゴロする時あるけど、僕は前のこと思い出して、心の中がゴロゴロしたんだよね

079S：雷？

080S：お腹の中で雷か？

081T：☆心の中がゴロゴロ…ちょっと考えて…

082S：（それまでごそごそしていた子ども達、急にシーンとなる）

083S：幸子さんの靴をいっぱい蹴ったりして、心がゴロゴロ

084S：僕の1年生の頃にそういうことをされたから、それを思い出し、幸子さんにそういうことしちゃって悪かったなと、ゴロゴロ

085S：○○さんと似ていて、自分が嫌なことをされたことを思い出して、それな

のに自分が嫌なことをして、心がゴロゴロ

086S：自分がされて嫌なことは、人も嫌がる。でも、自分もしてしまったから、もうやめようとゴロゴロした

087S：いじめようかなというふうにゴロゴロ

088T：えっ、同じ意見ある？

089S：靴を置いて逃げようかな

090T：何で？

091S：先生に言われたら怖いな

092T：先生に言われなきゃいいのかな？

093S：言われちゃうって

094S：何で、さっき、やりたいとか面白いとか思ったんだろう

095S：明日、学校行くのやめよ

096T：何で？

097S：先生に怒られる

098T：言わないかもしれないよ

099S：○○さんに反対で、逃げないで、幸子さんに謝ってゆるしてもらうほうがいい

100S：僕が嫌なことされたのに、幸子さんにももっとやったら、泣いて、先生に怒られるからそこでやめといた方がいい

101S：心の中がゴロゴロするんだけど、もっとゴロゴロしてくると、学校に行けなくなる。ちゃんと顔を見て謝る。自分もテストの時に嫌だったのに、人にもそういう気持をさせてはいけない。明日元気よく学校に行けるようにしたい

102T：誰が、元気よく学校へ行くの

103S：幸子さん

104T：幸子さんが元気に学校へ来られるということを考えたのね

105S：前、やられたことをまたやると、またやり返されるかもしれない

106S：自分も嫌な気持、幸子さんもいやな気持。やらなきゃよかった。やなことは悲しいし…

107S：神様から罰をもらうから、もうやめよう

108S：自分のしたことだから、先生にちゃんと怒られると心の中のゴロゴロが消える。決着をつける

109S：神様から罰をもらうというより、自分は最初から幸子さんにいやなことをしたのだから、自分も仕返しはだめ

110T：☆先生は、時々、さみしそうな顔をしている子を見かけます。うちのクラスじゃなくてもね。何かあったのかなと心配になります。友達とこれから仲良くしていくには、何が大事なんだろうね…

15. 美しい母の顔（5年道徳）

今日の資料は「美しい母の顔」（愛知県教育振興会明るい人生）です。

　　主人公（英子）は、母の顔にあるあざが嫌で嫌でたまりません。みにくい顔だと考えています。出来るだけ、友達に見られたくない。そんな気持ちをいつも抱いていました。

　　ある日、お母さんが忘れ物を届けに主人公の中学校にやって来ました。それが主人公にとっては、たまらなく嫌で仕方ない。「友達に見られるじゃないか、あの子のお母さんはみにくい顔をしている、と皆に噂されるじゃないか」…そう思うのでした。

　　主人公はついに母親に「もう学校には来ないでくれ」と憤慨して言うのでした。

　　それを聞いていた父親が主人公を呼んでそっと言います。「お前がまだまだ小さい時、家が火事になった。お母さんは幼いお前を抱いて火の中を逃げ出したのだ。その時のやけどが、あのあざなんだよ」と。

　　主人公は息をのみます。大きくなるまで言うのはやめようという両親の思いやりがあったのです。事実を初めて知った主人公は、今まで母親に残酷な態度をとっていたことを悔いるのでした。そして母親の顔をどんなきれいな顔より美しいと思えるのでした。

初任者のために

　今日、初任者研修の一環として、藤井先生（仮名）に向けて、英之先生による、道徳の授業が行われました。

　主に中学校向けなので長い資料です。長い資料の場合は、事前に読ませておいた上で授業を展開するといいのですが、今回はその時間はとってありません。

　導入の段階で、英之先生は『　　』母の顔と板書して、「ちょっと想像してください『　　』に入る言葉を考えてください」と発問して授業が始まりました。

158 第2部 授業の風景 ― 授業で勝負できる教師を増やしたい ―

それに対して、子ども達は『　　』に入る言葉として、「笑顔の・怒っている・料理を作る・機嫌のいい・優しそうな・寝ている・筋肉痛の・真剣な」などをあげました。

中には、「馬鹿な」と発言した子もいますが、そこは英之先生、さらっと「そんなこと言わんで」と受け流しています。

面白かったのは、「祖母に似ている」というのを、英之先生が「えっ、そばに寝ている？」と復唱したことです。このやりとりで、少し緊張気味だった子ども達の顔から笑顔が見られるようになりました。

また、ちょっぴりふざけたように「永遠の眠りにつく」と発言した子には、その発言を否定せず「どういう意味だ？　お母さんがそうなっていいか？」と問い返しています。

さらに続けて、「物事には順番がある。先生のほうが皆より先に死ぬ」という話をしています。これ以降、クラスの雰囲気は、また、ぴりっとした真剣さが感じられるように変化しました。

学級の雰囲気は教師がつくる

わずかでも授業を見るとその人の学級経営は分かると言われます。英之先生は、子どもの発言をきちんと受け止めながら、真剣に話し合う雰囲気にもっていっています。

学級の雰囲気は、やはり子どもではなく教師がつくるものだと思いました。これは、なかなか難しいことですが、この雰囲気は教師の対応で変わってきます。

今日の授業から想像するに、おそらく、英之先生は、常に子どもの意見を受け止めて聴くという対応で、学級経営をしてきたのでしょう。

資料配布後に順番に音読させ、次のように子ども達に投げかけています。

「この資料を読んで、考えたこと・気付いたこと・思ったことについて、用紙に書いてください。ちょっと時間をとります。本文の中で、気になるところに線を引いてもいいよ」と。

以下、授業記録です。

01T：まだ考えている子もいるかな？ 発表してもらいましょう
02S：忘れて風呂敷包みをもってきたのに怒られるのはお母さんがかわいそう
03S：お母さんは、顔以外の身体にもヤケドをしているかもしれない
04S：自分は何も知らなかった
05S：何で、前までヤケドしたことを知らなかったけど、あんなに怒ってしまったのだろう
06S：隠さなくてもよかったのに
07S：お母さんは自分がヤケドしても、英子を守ったのはすごいな
08S：英子を一番知っていてくれるお母さんなのに、何で自分は怒ってしまったんだろう
09S：今までヤカンをひっくり返したことにしていたけど、本当のことを聞いてびっくりした
10S：本当は火事でヤケドしたことを早く教えてほしかった
11S：お母さんは、覚悟を決め、火の中に飛び込んだ
12S：母はヤケドをしても英子のことが好きだったんだ
13S：母はヤケドをしてまで守ってくれた。母が一番優しいと思った
14S：家にも火がまわってきているのに、英子の好きなおもちゃを持って、逃げるところがすごい
15S：ヤカンをひっくり返したと言うとはすごい
16S：1歳のときにそのままお母さんが助けてくれなかったら、英子さんは死んでいるので、今生きているのはお母さんのおかげ
17T：この話めったにあることじゃないよね。実際にこういうことにあった英子さん。この物語の中の母の顔はどんな顔に見えたんだろう？
18S：ヤケドのついた顔
19S：優しい顔
20S：自分を守ってくれた顔
21S：いつもいつも守ってくれた顔
22T：実はこのタイトルは『美しい』母の顔です。これは、本当にあった話。作文コンクールに出された話なんだね
23S：（えっ、そうなんだ）（フィクションじゃないの？）
24T：後に英子さんなんて言った？

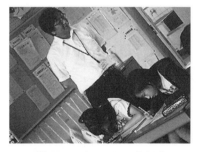

［心配してくれてありがとう］

160 第2部 授業の風景 ―授業で勝負できる教師を増やしたい―

25S：ありがとう

26T：みんなの中で、ありがとうと言いたい人いる？ 配ったプリントに、7つのありがとうを書いてみましょう

27S：産んでくれてありがとう

28S：育ててくれてありがとう

29S：仕事もあるのに、家のことをなんでもやってくれてありがとう

30S：悪いことをしたらおこってくれてありがとう

31S：ゲームを買ってくれてありがとう

32S：ごはんを作ってくれてありがとう

　　（以下略）

33T：実は、先生のお母さん入院していた。がん。1年前に手術した。今はね、医学が発達しているから、すぐ死ぬことがない。先生は結構親不孝。見舞いに行ったら、「何で来るんだ、今から退院する」って言われてね。母が「人間いつかは死ぬ」って言っていたが、どうだろう。

先生も7つを考えてみたが難しかった。3つしか出なかった。

　　1つ目、お金をありがとう。大学に行かせてもらった

　　2つ目、産んでくれてありがとう

　　3つ目、心配してくれてありがとう

先生になれなかった時、親が心配で3日間寝込んだことを知った。…みんな当たり前だと思わんでほしい。親にどこかへ送っていってもらう、当たり前じゃないぞ。迎えに来ないからって怒っている子はいない？…（チャイム）

どっぷり内容につかる

　読むだけで、胸がジーンとしてくるこの資料。中には読みながら目を潤ませていた子もいました。今回のこの資料では、どっぷり内容につからせてほしいと思います。

　だから、英之先生が、特に発問を設けずに、この資料を読んで、考えたこと・気付いたこと・思ったことについて、発表させたことはよかったと思います。

　しかし、これをさらに深めようとすると、子どもの発表の一つを取り上げて、じっくり話し合うことが必要です。02S ～ 16S の発言の中で先生方が一つ取り上げるとしたらどれを取り上げるでしょうか？ 考えて見てください。

本時のねらいは「家族愛」です。

いろいろ考えられますが、自分だったら、10S「本当は火事でヤケドしたことを早く教えてほしかった」です。教えなかったお母さんについて、主人公の英子はどう思うか、じっくり話し合います。

資料を読んで、その感想や気になった箇所から始める授業では、やはり子どもの発言を1つか2つ取り上げて、考えを深める話し合いをすることが必要だと思います。

そうすることによって、7つのありがとうの記述は、もっと精神的な面へのありがとうを表す内容になったことと思います（7つは多すぎるかな？）。

最後に、授業後の藤井先生の感想です。

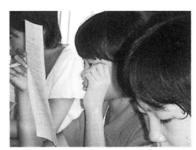

[思わず涙が…]

　　資料がいいですね、読むだけでじーんときました。子ども達に響いたと思います。
　　でも、小学生が感動したものを表現するのは難しいなと思いました。英之先生は、それを引き出していてすごいです。
　　また、授業をどうやって展開するかも参考になりました。
　　ふざけに走りそうな子への対応も余裕があるなと思いました。

16. 雨のバス停留所で（4年道徳）

今日の資料は「雨のバス停留所で」（文部科学省わたしたちの道徳）です。

　　雨の日、バス停の近くのたばこ屋の軒下でバスを待っていた良子は、バスが見えたので真っ先に駆け出したが、母は、良子を自分の場所まで連れ戻した。（軒下にはすでに数人バスを待っていた）バスに乗っても納得のいかない良子と、そんな良子に知らんふりする母。良子は自分がしたことを考え始めます。

一昨日、山口先生（仮名）から、「水曜日の4時間目に授業をやります。もし時間があれば見てください」と声をかけられました。山口先生の授業を丸ごと1

時間見るのは久しぶりです。前回よりどのように成長しているのか楽しみです。

　10月は、学級つくりの完成期です。これまでにこの雰囲気は積み上げられてきたのでしょう。特に、先生の落ち着きぶりがよかったです。子どもが考える雰囲気をうまく作り上げていました。指導の流れも随分練られていました。

　授業は、いつも通り「道徳の約束事」から始まりました。前回は学級委員の読み上げに習い、全員による復唱でしたが、今回は違いましたね。「誰か読んでくれる？」という形でした。このように固定しないほうが、より「道徳の約束事」は浸透するでしょう。

音を聞かせる

　導入、よかったです。「今回は、最初に音を聞いてほしい。心を沈めてよく聞いてね」と、雨音を聞かせる導入でした。そして「これ、何の音？」の問い。それに対して子どもは「雨」と発言しています。その発言に、「えっ、そうなの」と驚く子もいました。そして「今日はね、雨の中で、バスを待っている子が登場するお話をします」と続きます（ある子はトトロ？　…と反応）。資料の中の雨は、横殴りのひどい雨です。もう少し激しい雨音が準備できるとよかったでしょう。

役割演技は難しい

　資料を読み聞かせた後、本来、ここで教師があらすじを確認します。しかし、山口先生は「今日は、みんなに場面を思い浮かべてほしいので、先生が説明するのではなく、劇（役割演技）をやってもらいます」と座席の前の方の8人を呼びました。役割を決め話の内容を再現しました。道徳の授業の話し合いを充実させるために、資料に描かれている状況を十分把握する必要があります。そのための一つの方法です。

　ただし、今回、「教師が場面絵を活用し、子ども達とあらすじを確認する方法」と「劇化」では、どちらが状況をつかめたかは議論の分かれるところです。

　いずれにしても、状況として最低限、何をつかませれば、全員が話し合いの土

俵につくか、そのことを教師が意識することが重要です。今回は、バス停と暴風雨に近い雨から待避したたばこ屋の軒下までの距離感をつかませることが大切です。以下、授業記録です。

001T：今日は、みんなに良子さんになって考えてもらいます。バスが来たとき良子さんは何を考えたかな？

002S：やっとバスが来た

003S：一番先に並んでやりたい

004S：早くバスに乗りたい

005S：雨が嫌だな

006S：あ〜待ってるの疲れた

007T：先頭にバスが来て、お母さんがぐいと引っ張って後ろに連れられて行ったね。それで、後ろになって、席に座れなくなったね。その時の気持は？

008S：せっかく一番前になったのに

009S：何で

010S：お母さんのせいで座れなくなった

011S：一番前に行けたのに

012S：せっかく、バスが来て座れるのに

013S：何でお母さん引っ張るの

014S：別に引っ張られなかったら座れたのに何するの

015S：どうしてくれるの

016S：椅子に座れなくなって、空くまでに時間がかかる

017S：雨の中、わざわざ行ったのにこれじゃ、意味がない

018S：やっと座れるのに、何でだろう

019S：肩で引っ張られるぐらい悪いことしたの

020T：ちょっと違うって言う人いる？

021S：どうして怒っているの

022T：ちょっと、お母さんの横顔、いつもと違ったよね。これ、一番考えてほしいところだからね。黒板に書くのでちょっと考えていて

023T：みんなまとまった？ まとまっていない人はみんなの意見を聞きながら、考えていってね

024S：私は何もしていないのに、なんでそんな表情しているの？

025S：何でそんな顔してるのかな？ 聞いてみよう

026S：いつもと違って変だぞ

164 第2部 授業の風景—授業で勝負できる教師を増やしたい—

027S：一番前に行って、何で怒られなきゃいけないのかな

028S：何か怒られるようなことしたかな

029S：別に怒られるようなことしていないのに

030S：何かあったな

031S：何か不機嫌そう

032S：何か困ってるのかな

033S：何やったの

034S：何があったか教えてほしい

035S：誰のせいなんだ

036S：もしかしたら、バスに乗る他の人のことを考えて怒っているのかな（黄色
　　　のチョークで板書）

037T：じゃあ、みんなたくさん意見でたけど、お母さんはいつもと違って様子が
　　　変？ 怒ってるのか？ 聞いてみよう

038T：良子さんは、なんでお母さんはこんな顔していると考えた？ お母さんは何
　　　で怒っているのと考えた？ 何かなかったらこんなふうにならない

039S：自分の人前で恥ずかしい行動をとったから

040T：恥ずかしいことって何？

041S：順番を抜かしたこと

042T：そのことについてどう？

043S：自分が一番最後だったのに、前の人をとばしてバス停に行っちゃった

044T：意味わかる？ みんなで劇やったじゃん

045S：（お年寄りいたの？）

046T：並んでいたんだけど、良子さんはピッピッと行っちゃったじゃない

047S：せっかく最初に並んで…並んでいる…一番前に行っちゃって怒っている

048T：この意見についてどう？

049S：（指名）そんなの考えない

050S：（指名）俺も考えない

051S：（指名）…

052S：先にたばこやの屋根の下に来た人もいるのに、その人のことを考えず先に
　　　並んだ

053S：他にたばこ屋の下に並んでいた人抜かして、先にバスに行った事を怒って
　　　いる

054S：自分勝手な行動をとっちゃったから

055S：（自己中）

056T：お母さん怒っていなければよかった？

057S：（よかった）

058S：よかった

059S：良子さんはいいと思うが、回りにいる人はいいと思うかは分からない

060T：お母さんが怒らなければよかったの？

061S：（聞き取れない）そういう疑問をもつ

062S：お母さんが怒っていなくても、他の人は嫌な気持になっているかもしれない。

063T：他の人はなんで嫌な気持になるの？

064S：順番にならんでいたのに

065S：たばこ屋の前で先に並んでいたから

066S：ずっとたばこ屋の前に並んでいたのに先に行ったから

067T：では、この話から離れます。心のノート出してください。74ページ。学校や地域に、楽しくするために、どんな決まりがあるといいでしょう。時間は1〜2分

068S：地域で見つけたこと？

069T：実は、みんなが知らないところにいっぱいあるよ

070S：（先生、な〜い）

071T：はい、じゃあここまでです。一度鉛筆を置いてください

072S：図書館で静かに本を読む

073T：何で？

074S：声がうるさくて集中できない

075S：発言する人は手をあげる

076S：順番に並ぶ

077S：廊下を走らない

078S：朝には必ず挨拶をする。

079T：何で？

080S：自分でそういうきまりを作った

081S：きまった日にゴミを出す

082S：給食のときに暴れたりしない

083T：実はね、先生は約束や、きまりを自然と守っている姿をよく知ってるよ。これ教室の中だよ。（本が整理してある写真をみせる）…何でいいの？

084S：順番にとれる

085T：きれいに並んでいるとね気持いいね

166　第2部　授業の風景 ― 授業で勝負できる教師を増やしたい ―

086T：（きれいに並んでいるトイレのスリッパの写真をみせる）…何でいいの？

087S：スリッパがぐちゃぐちゃだと、次に行く人がはきにくい

088S：気付いた人がそろえる

089T：（しんちゃんが、食器を片付けている写真をみせる）

090S：はずかしい（しんちゃんのつぶやき）

100T：みんなは何で食器を片付けるのか、ちょっと考えてもらえるといいと思います

以上、これらの授業記録から何を読み取っていけばいいのでしょう。

1. 授業の流れはよかったか？
2. 発問は適切であったか？
3. 教師の子どもの発言の受け止め方はよかったか？
4. 発言を深められる箇所はなかったか？
5. ねらいが達成したか？

などが、考えられます。

　例えば、030Sの発言「何かあったかな」について、「何かって何？」と切り替えすと、発言を深めることができます。

授業記録から見えてくる

　授業記録から読み取るとき、特に大切なのは「5. ねらいが達成したか？」です。本時の授業についても記録から考えてみてください。

　また、授業記録からは、教師がどのように資料解釈していたかも見えてきます。例えば、資料後段の「いつもと全然違うお母さん」…このお母さんの雰囲気（横顔）を教師はどのように解釈したらいいのでしょうか。資料前段で、肩をぐいと引っ張ったお母さんの顔について「こわそうな顔」とあります。バスに乗ったあとも、未だにこわそうな雰囲気だったのでしょうか。解釈はいろいろできると思います。

　教師の解釈は別として、子ども達はこの雰囲気（横顔）をどのように捉えたか、授業記録を見てみます。

022T：ちょっと、お母さんの横顔、いつもと違ったよね。これ、一番考えてほし
いところだからね。黒板に書くのでちょっと考えていて。

と、あります。これに対して、032Sでは「何か困ってるのかな」と発言してい
ます。この発言を吟味してみてください。何に困っているんでしょう。こわそう
な顔とは違います。

　ここで、教師が「何に困ってるのかな」と切り替えしたら違う展開があったか
もしれません。

　授業記録からはその他いろいろ見えてきます。今日の授業で、最も、興味ある
発言は、次のつぶやきでした。

043S：自分が一番最後だったのに、前の人をとばしてバス停に行っちゃった
044T：意味わかる？　みんなで、劇やったじゃん
045S：（お年寄りいたの？）

　この045Sのつぶやきがいいです。これを取り上げる、取り上げないは別とし
て、お年寄りがいなかったら、先頭に行ってもいいという意味のつぶやきでしょ
うか。なかなか教師が予想しきれない発想です。

次につなげる

　授業後に、山口先生が、「先生、お時間ありますか？」と授業の感想を求めに
やってきました。授業展開全般について話し合いましたが、特に№067からの価
値の自覚へのもっていき方や、内容がこれでいいか課題が残ったという指摘をし
ました。授業の力をつけるには、「授業を練る⇒公開する⇒振り返る」を繰り
返し、次につなげることが大切だと思います。山口先生のさらなる成長を楽しみ
にしています。

　翌日、ユキ先生（仮名）が同じ資料で授業をしていました。山口先生が４年
生・ユキ先生が３年生。

　山口先生とユキ先生はお互いに授業を公開しました。道徳の授業は３・４年生

168　第２部　授業の風景 — 授業で勝負できる教師を増やしたい —

が中学年として一つにくくられています。しかし１年間の差はあると思います。３年生と４年生、反応は同じなのかどうか？　議論の中身はどうあるといいか？　価値の自覚にどうもっていくといいのかを二人で話し合ってみてください。

　個人的には、３年生はバス停の先頭に行くことがいいのか悪いのかの議論でいいと思うのですが、４年生は、バス停の先頭に行った事は悪いという前提で、母親の表情から何を感じ取り、何を考えたかの議論になるといいと思います。

17.　リフティング百回（３年道徳）

　ある会で、低学年の道徳に関して話をしなくてはならいので、たまたま給湯室にいた小１、小２の担任経験のある石川先生（仮名）と和泉先生（仮名）に、「低学年の道徳の課題」について聞いてみました。

　その中で、課題として上がってきたのは、以下の２つです。

　　・資料に書かれている状況がしっかりつかめない
　　・友達の意見をちゃんと聞かない

　さて、それらを話している中で、「こういう方法もあるよ」と、次のような方法を提案しました。

　　1.　資料を配布する
　　2.　資料を読む
　　3.　話し合いたい所を一人ひとりの子が選ぶ
　　4.　その中から一つ二つ取り上げて授業を進める

　とにかく、子ども達が主体的に授業に参加することをねらい、子ども達に「話し合いたいところ」を考えさせるのです。そのことによって、その資料を子ども自身の問題としてとらえさせやすくできます。そして、上記の中に、方向づけ・資料範読・価値の自覚等を位置付けていきます。

子どもがお客さんになってしまって

これは、主に高学年から中学校に適している方法です。「このやり方で、一度、試行的にやってみようか」と言ったところ、石川先生が、次の日にやってくれることになりました。石川先生は常々、「道徳の授業は子どもがお客さんになってしまって」と悩んでいます。つまり、教師の一方的な授業を意味します。さて、3年生で、初めてチャレンジするこの方法、どうなるでしょう？

資料は「リフティング百回」（文溪堂）です。

　　俊足自慢の駿は、サッカーチームに誘われ入部します。すぐにレギュラーになれると期待していたのですが、コーチからリフティング百回と聞いて、不安になります。さらに、チームメートのボールさばきに自信を失います。それを母親に話すと、母親は、駿の長所（駿足）を思い出させてくれます。それを聞き、駿は、明日もがんばろうと決意します。

以下、授業記録です。

001T：みんな自分の良い所見つけられる？　自慢しているみたいで、みんなの前で
　　　言うのは恥ずかしいかな？
002S：（ない）
003T：えっ、ないと思ってるの？　そうなの？
004S：ありそうじゃない
005T：友達の良い所なら言えるの？　誰と言わなくていいから、どう？
006S：しっかりした人が困った時に助けてくれる
007T：しっかりした友達がいるんだよね。私のことだと思っている人いるよね
008S：怪我をしたりすると、心配してくれる
009T：優しいんだよね。他にな〜い？　良い所
010S：みんなを笑わせてくれる
011T：誰だろうね？　他は？
012S：意見をたくさん言える人
013T：自分のことだな。私だなと思ってるかな。先生は、声の大きい所が先生の
　　　良い所です。声が大きいから、先生になってよかった。みんなに良く聞こ

えるでしょ。

014T：今日、みんなに読んでもらいたいのは、登場する人の良い所は何かな？ です。では、資料配ります（資料配布）。先生が読みますね「リフティング百回」…リフティングって知ってる？

015S：知らない

016T：ボールを地面に落とさないで、続けて蹴るんだよね

017S：ワンバウンドもあるよ

018T：そう。では、読みます（教師範読）。…と、いう話です。今日はね、いつもと違って、鉛筆を出して。いつもはね、先生が、○○はどう思う？ って聴くでしょ。そうじゃなくって、やってみたことがないけど、みんながね、ここの所を話し合いたいなとか、ここって、どんな気持ちなんだろうなど、気になったところに線を引いてみてください

019S：（線を引く）

020T：（机間をめぐりながら、「なるほど、ここね」「うん、ここを話し合いたいのね」「そうだね」と声をかける）

021T：（板書：リフティング100回と書いて、消し「自分のよいところ」と記す）

022T：鉛筆をしまってください。自分の引いた所を教えてほしいな。順番に聴いていきます。まず、半分（資料1ページの半分）よりこちら側ね

023S：「いつもみんな百回やってるの？」のところ

024S：浩から「一緒にサッカーやろうよ」と誘われた時の気持

025S：「駿は、小さい頃から走るのに自信があった」のところ

026T：最初のとこね

027S：浩が「1年生からやっているから、僕なら200回から300回できる…」と、聞いた時の気持

028S：すぐに、メンバーに選ばれると考えていた時

029S：まず、リフティング100回と言われた時の気持

030S：浩の言葉を聞いて、やる気がなくなってきた時の気持

031T：じゃあ、後半のほうね

032S：「やめないよ」と言った、その時の気持

033S：みんなから注目を集めるはずだったのに、なんだかいやんなってきたとこ

034S：「ただいま」のところの気持

035S：「その名の通り、駿足で入ってきたな」のところ

036S：「まだ、続けた」のとこ

037S：先生、一応、引いたけど、合体していい？

038T：いいよ。どうぞ

039S：「まだ、続けたい」から「上手くなりたい」まで

040T：ここ、多かったよね。まだありますか？

041S：「自分の足の速さに自信がある」というところ

042T：みんな、ありがとう。ほとんど全部かな、赤い線が引かれちゃった（石川
　　　先生は、手持ちの資料に赤ペンで線を引いている）。駿は小さい頃から走
　　　るのに自信あったんだよね。ここには、3本。線（赤ペン）が引いてある。
　　　じゃあ聞くね。浩君に誘われた時の気持ちだよ駿はどう思った？

043S：足も速いからサッカーもできる

044T：自信満々かな？

045S：キャプテンの座はいただき

046T：そうか

047S：誘ってくれてありがとう

048T：そうだね

049S：どんな練習するのかな？

050S：サッカーなんか簡単にできるぞ

051S：すぐに、浩君よりうまくなってやるぞ

052T：浩君が誘ってくれたのに？

053A：サッカーには自信がある

054S：サッカーに入ったら、絶対にうまくなりたい

055S：サッカー選手なんて楽勝

056S：俺にかなう奴はいない

057T：やったことないのに？　自信満々だね。では、リフティング100回と言われ
　　　たときは、何を考えた？

058S：も〜う、いきなりこんなことやるの？

059S：100回も無理だろう

060S：厳しいな

061T：そうだね。思ったより厳しいね

062S：初めてやるのに、リフティング100回はやれないな…

063T：点、点、点かな

064S：（びっくりマークじゃないの）

065S：100回なんて、難しい

066T：自信満々なんじゃないの。いきなり弱気？

067S：できる子いるのかな？

068S：何で、100回なんだ

069T：もっと、少なくっていい？

070S：うん

071S：100回以上出来る人いるのかな？

072S：今、何て言いました？（コーチに問い直すの意）

073T：信じられないという感じかな？

074S：浩君は何回できるのかな？

075S：減らしてくれればいいのに

076T：多いということだよね

077S：練習しなくっちゃ

078T：自信満々だったのに？

079T：駿君が、コーチに言われた時、浩君は見ていない。駿君に浩君は訊かれて、
　　　「僕なんか200回・300回続けられる」と言ったよね。それを聴いて駿君は
　　　どう思った？

080S：自慢しないでよ、浩君

081S：むかつく

082S：もう、サッカーやめろ

083T：誰に？

084S：浩君

085T：何で？

086S：むかつく

087T：友達だよ。もうないですか？

088S：一杯練習すれば、できるから

089S：すごいな

090S：100の3倍、4倍なんてうっそー

091S：教えてくれる？

092T：できるようになりたいんだ

093S：浩君よりできるようになりたい

094T：抜かしてやりたい？

095S：どれくらい練習したらいいんだろう

096S：俺の自信をどうしてくれる

097T：自信あったのにね

098S：みんなの注目を集めるはずだったから、頑張ろうかな

099S：僕だって練習すればちょろい

100S：どうやったら、うまくなるんだろう

101T：意見が分かれましたね。黒板に書きますね

・むかつく

・どうやったら…

・僕だって練習すればできる

みんなはどれだろう？ 自分がへたな気になって、何だか嫌になってきた駿はどんな気持だろう？

102S：僕はどうしてできないのかな？

103S：自分にもできるはずだけど、200回・300回とまでというと、嫌になっちゃう

104S：やめてしまう

105A：消えてしまう

106T：誰が？

107A：やめてやる

108T：駿君？

109S：そう。練習する価値ない

110S：入って損した

111T：一番になれないから？

112S：はずかしかった

113T：できなかったから？

114S：僕は、サッカーのセンスはないんだ

115T：足は速いけど？

116S：みんなができるのに、自分だけ出来ないからやめよ

117S：最初から入らなければよかった

118T：駿は思い出しましたよね。お母さんに「それならやめちゃう？ 駿の足が速いのを知っているんだけど」と言われた時の気持は？

119S：僕ならできる

120S：僕なら、足の速さという自慢がある

121S：絶対できるようになってみせる

122S：逆に、足が速いというのを思わないようにしよう

123T：どういうこと？

124S：(聞き取れず「自信をもっていたけど、もちすぎないようにしよう」) の意

125S：そうか、その手があったか

126T：何？

127S：足がはやっ

128S：誰よりもたくさん練習して、できるようになる

129S：もっと、足を速くしよう。筋トレしよう

130S：あきらめるのはまだ早い

131T：（板書：ここの顔どんな顔と、顔の表情）のイラストを描く

132S：一番最初と同じ顔だよ

134T：（板書を指しながら）みんな最初は、自分の良い所見つけられなかったよね。だけど、これは自分の良い所、すごいぞという所を考えてよ。ないかな？どんなことでもいいよ。みつかるよという人は？ ない？

135S：裕人君の良い所ならあるよ

136T：何？

137S：思いやりがある

138S：そうそう怪我した時

139T：あるじゃん。裕人君

140S：他にもいるよ

141T：誰かな？

142S：聖也君。足が速い

143T：駿と一緒ね

144S：それに、ドッジがうまい

145T：そう、みんなには、自分の良い所あるよね。それを伸ばしてほしいと先生は思います。では、授業を終わります

話し合いたいところに線を

　話し合いたいところに線を引く方法について、授業後に感想を聞いてみたところ、「いつもよりよくしゃべった気がする」と言っていました。

　その理由を聞くと「それは、線を引いたことにプラスして、この資料が実生活に近い内容だからだと思う」とのこと。話し合いたいところに線を引く方法にどんな効果が期待できるのかは、まだまだ検証が必要です。

　しかし、子どもが話し合いたいところとして指摘した…034S：「ただいま」のところの気持などは、子どもの鋭い感性を感じます。

　線を引かせたことについて、石川先生は「思ったより、線を引いたところが広

がってしまって、線だらけになってしまいました」また、「線を引いた箇所について発言する時に、同じ場面でも、細切れに子どもが切って発言するので、発言が重なった」と言っていました。

このことは、「線を引くのは一か所」という指示や、発言を求める時に、「だいたいこのあたりで、一緒の子は？」と聞くといいと思います。

また、何が話し合いたいか不明の子、例えば、035S：「その名の通り、駿足で入ってきたな」のところについて、その後に、「そこで何を話し合いたいの？」と切り返すといいと思います。

なるほど、ここね

さて、授業全体の感想です。45分があっという間でした。良かったのは、子ども達がそれぞれ線を引いているときに、石川先生が、机間をめぐりながら、「なるほど、ここね」「うん、ここを話し合いたいのね」「そうだね」と、一人ひとりに声をかけているところです。この声かけにより子ども達がなんとも言えない優しい雰囲気に包まれました。

次に、途中で気付いたのですが、石川先生の声は、常に笑っているのです。そして、笑顔を絶やさない。このにこやかな表情は子ども達に安心感を与えます。

今日は、全員発言しました。これは、簡単なようで難しい。「まだ、発言していない子は？」と、どの子の意見も拾おうという姿勢がよかったです。いつも発言せず、授業に無関係な一人しゃべりの多いＡも発言（No.053, 105, 107）しましたね。

子どもはよく聞いていた

子どもは友達の発言をよく聞いているなと感じたところがあります。

062S：初めてやるのに、リフティング100回はやれないな…
063T：点、点、点かな
064S：（びっくりマークじゃないの）

石川先生が 062S の発言の末尾を 063T「点、点、点かな」と言い換えたのですが、それに対して、064S がつぶやいたのが、「！マークじゃないの」です。062S の末尾にこめられた意味をよく理解しています。

子どもの発言でもう一つ。次の箇所です。

081S：むかつく
082S：もう、サッカーやめろ
083T：誰に？
084S：浩君
085T：何で？
086S：むかつく
087T：友達だよ。もうないですか？

石川先生は、普段良い発言しかないので、「むかつく」の発言に驚いたそうです。この発言は、駿（主人公）になりきっての発言です。

しかし、こういう発言を経て、駿（主人公）から離れ、徐々に自分自身に目を向けていきます。そのために必要な子どもの発言です。

焦点化する

石川先生は、授業前に、話し合いたいところに線を引いて始める方法だと国語になってしまわないか危惧していました。自主研修会で、教師が資料を読み合っても、取り上げる内容項目や中心場面がばらばらになるのに、子どもに話し合いたいところを選択させて大丈夫だろうかという心配です。

しかし、それはあまり心配しなくていいと思います。子どもに話し合いたいところと、どんな話し合いをしたいか考えさせますが、それを取り上げて、焦点化するのは授業者だからです。今日も石川先生は、きちっと取り上げて焦点化していました。

ねらいへどう向かう

今日の授業のねらいは「個性伸長」です。授業を実際にやった石川先生もそう言っていましたが、不撓不屈に陥りやすい内容です。最後に、個性伸長をもう少し意識させるために、134T に行く前に、「そうか、駿は自分のいいところを見つけたんだよね」があるといいと思います。それが、もし、押しつけになるようだったら、「駿は今回のことで何に気付いたんだろう」等の発問があってもよかったと思います。

[話し合いたいところに線を…]

私がお客さんでした

今日の授業は、子どもがお客さんでいいのか？ から始まりました。授業後に、「石川先生、子どもはお客さんじゃなかったね」と言うと、「私がお客さんでした」と返ってきました。先生が、お客さんになる授業はなかなかできません。

18. 初めての道徳（5年）

今年の3月に、音楽専科のカンナ先生が小学校の免許を取得しました。勤務しながらの取得は、大変だったことでしょう。さて、せっかく取得をしたので、音楽以外の実践が少しでもできたらいいなと考えました。

そこで、「道徳の授業をやってみようか」と、呼びかけました。カンナさんからは、「えっ、私がやるんですか」と若干、驚きがありましたが最終的に承諾をしてもらいました。

本来、道徳の授業は担任がするのが一番いいと思っています。なぜなら、道徳

は、「子どもが資料中の登場人物を借りて、自分自身の胸の内（内面）を語り合う」時間です。そうである以上、子どもを普段からよりよく知って（理解して）いなければ、発言のもつ意味を理解できず、ねらいに近づけないからです。職員集団の中で、学級の子どもをより理解しているのは担任です。

　また、道徳の授業は、常日頃からの担任と子どもとの信頼関係があってこそ、自分の感じ方や考え方を伸び伸びと表現でき、成立します。担任ではない先生が授業をやることで子ども達は身構えてしまいます。

　上記のことを十分に分かった上で、あえて、カンナ先生には「道徳で」とお願いしました。それは、教科学習では、単元で構成されていて、飛び込みで1時間だけ授業をやるには無理があるからです。それと比べると、道徳は1時間完結のケースが多い授業です。

　授業は、6月9日の4時間目、藤井先生の5年2組で行いました。

　資料は「見えた答案」（東京書籍）です。

　　お母さんの看病でテスト勉強ができなかった花子。テスト当日、途中までくると解き方が分からない応用問題がある。そんな時、顔をあげた時に偶然にも良子の答案が見えてしまう。思わず見えてしまった良子の答案を見ると解き方が分かってきた。しかし、花子は、答案を出す時に、良子に「どう、できた」と声をかけられはっとします。すっきりしないまま一日中過ごす花子。そして、次の日、先生から満点の答案が返ってきます。答案を見ているうちに惨めな気持ちになってきた花子は、もう2度としてはいけないと自分に言い聞かせます。

という内容です。

事前の自主研修

　授業に先立ち、6月4日に資料解釈を中心にした事前の自主研修会が開かれました。参加者は、カンナ先生・永野先生・竹内孝雄先生・藤井先生・山口先生・宮里先生・福富先生です。資料解釈は、一人ではなく複数でやることに意味があります。資料解釈により、中心発問は変わってきます。複数の先生で吟味することによって、資料の内容を、より深く理解することにつながります。

小学校の授業風景　*179*

　授業前に、指導案を検討することがあります。その事前検討会で、他の意見を聞いて参考にするのはいいことだと思います。しかし、共同立案には疑問があります。あくまで本人が納得し、これでやりたいと思う指導案にするべきで、本人の意思がどこかへ行ってしまうような共同立案は、避けるべきです。
　なぜなら、授業者は、その授業に責任をもたなければならないからです。
　事前研修会では、中心発問について意見が交わされました。最終的に決めるのはカンナ先生です。カンナ先生には、「道徳の授業は、他の教科よりも難しい。ぐちゃぐちゃになっちゃうかもしれないけど、それでいい。途中で立ち往生してもいい、とにかく自分の考えたことをやってみよう」と話をしました。

予想を超える発言

　カンナ先生の音楽以外の授業を見るのは初めてです。自分のクラスでないので、やりにくいだろうと思って見ていたのですが、そんなことは感じませんでした。
　例えば、指名は子どもの名前でした。よく覚えていました。また、発言しやすい雰囲気の中での授業でした。子どもが伸び伸びしていました。
　さて、授業展開ですが、大きく分けて5つの発問から構成されていました。

　Ⅰ. 日常生活で明るい気持ちになる時、また暗い気持ちになる時はどんな時か？
　Ⅱ. 花子さんが応用問題がどうしても解けなかった時の気持ちは？
　Ⅲ. テスト終了直後に、良子さんに「どう、できた」と聞かれて「はっ」として、その後一日中すっきりしない気持ちの時に花子さんが考えていたことは？
　Ⅳ. 答案を見ながら、どんなことを考えて、みじめな気持ちになったんだろう？
　Ⅴ. 自分の中で、悪いな、ずるいなという気持ちになったことある？　それに勝ったことある？

これに対して、子どもの反応は面白いものでした。
　発問のⅡでは、「迷い・後悔・諦め」などの発言がありますが、なるほどと思ったのは、№026「お母さんが熱を出さなければ」№040「妹に手伝わせればよかった」という「人のせいにする」発言です。この発言は今の子どもの特徴で

しょう。

　一方、№ 043「悪い点見せたら、お母さんの病気が悪くなっちゃう」№ 045「この点数で、変な点で、お母さんの寿命が縮んじゃう」という、お母さんの反応に思いを寄せている発言もあります。親のために頑張るという子どもは多いのではないでしょうか。

　そこで、カンナ先生のよかったのは、№ 046「お母さんのためにしているの？」です。この切り返しはよかったのですが、その後の子どもの発言は、カンナ先生が想像する発言とは違ったのでしょう。カンナ先生は、とまどってしまいます（№ 050）。こんなことはよくあることです。道徳の難しさはここにあります。カンナ先生は、その場を今までの発言を板書に整理することで、抜け出そうとしました。一つの方法です。その時に、すぐに発問Ⅲへ移るのではなく、「みんなの意見はこういうことだったかな？」と、少し間を置く事が必要です。

　発問のⅢが中心発問です。ここでは「後悔・ばれたらどうしよう・先生に言う」から「仕方ない」という発言まで、実に多様な意見が出てきました。この学級にとって、実態に合ったいい中心発問だったからです。

　さて、この発言の中で、おそらく教師の予想を超えていただろうというのは、№ 063「カンニングして、言える人が見つからないというか、相談に乗ってくれる人がいなさそうな問題だから、困っちゃう。誰かに話してすっきりする問題ではない」・№ 075「良子さんのせいにする」などです。このように、予想を超える発言が出る授業は、子どもが主体的になっているからです。

　この場面でカンナ先生は、予め用意していなかった発問を子どもの思考の流れの中で行っています。№ 094 の「見たことが泥棒だって○○君言ったよね。みんなに言おうかなというのもあったよね。○○さんも先生だけ言おうかなって言ったよね。良子さんも知らない、先生も知らない、それをわざわざ言うことできる？」です。このように、話し合いを深めるために、咄嗟に判断して発問をすることはなかなかできることではありません。

周りの人との関わりで考える

　道徳の内容項目は、4つの視点（A．自分自身、B．他の人との関わり、C．集団や社会との関わり、D．自然や崇高なものとの関わり）からできています。

　今日の授業はAの視点「誠実に明るい心で楽しく生活する（正直・誠実）」です。この視点をもとに子どもの発言を見ていると、子どもは、つくづく自分の周りの人との関わりで物事を考えるものだなと思います。

　今回の資料を「母・友人・先生」との関係で捉えています。もちろん、このことは、自然で問題はありません。しかし、最終的（価値の把握）にAの視点である以上、自分自身（この場合は花子）のこととして捉えられるとよいでしょう。

　資料で言うと「（こんなことは、もう二度としてはいけない）と、花子は自分に言い聞かせました」のところです。この資料は、花子が、良子の答案を思わず見たことを正直に話すという場面はありません。

　正直に話すことも必要ですが、それ以上に「もう二度としない」と自分自身に言い聞かせることに、この資料の意味があります。

　以上より、価値の把握のⅣの発問では、本当にねらいに迫れたかどうか、吟味が必要です。

　授業記録を読んでください。教育実習以外で初めて行ったというカンナ先生の

[初めての道徳]

道徳、子どもがよく発言しています。自分が初めて行った道徳の授業はひどかったです。確か板書は何もしなかったと記憶しています。

　最後に、№097の発言を見てください。M小の保健室のことです。M小の保健室は、何かあれば、相談にのってもらえるんだと思っているからです。以下、授業記録です。

001T：では、他のものを出している人はしまって下さい。では、始めます。日直
　　　さんお願いします

002S：起立・礼

003T：ちょっとみんなに聞くね。毎日生活しているなかで、明るい気持ちになる
　　　のは、どんな時？

004S：（500円拾った時）

005S：（複数）褒められた時・ゲームですごくうれしいモンスターが出た時・サッ
　　　カーでゴールした時・ピアノで先生に褒められた時

006T：逆に暗くなった時は？

007S：（500円落とした時）

008S：2回目の骨折・怒られた時（そんな真剣な事、言うな）

009S：喧嘩した時

010T：誰と？

011S：友達と喧嘩した時

012T：生活をする時に、明るい気持ちになったり、暗い気持ちになったりしたこ
　　　とがあると思います。今日は、「明るい心に（板書）」について、考えてい
　　　きます

013T：資料を読むね。「見えた答案」…という話です

014T：ちょっと、確認します。誰が出てきましたか？

015S：花子・良子・先生…お母さん・妹

016T：今日は、花子さんの気持ちを考えたいと思います。応用問題がどうしても
　　　解けなかった時、どんな気持ち？

017S：あぁ、どうしても解けない

018S：昨日、勉強すればよかった

019S：どうすればいいんだ。もう分からん

020S：人のを見ちゃおうかな

021S：もうだめだぁ～

022S：算数の時間に勉強したっけ

023S：このまま出そうか

024S：何で分かんないんだろう

025S：昨日のうちに勉強すればよかった

026S：お母さんが熱を出さなければ

027S：何で熱出すんだよ～

028S：こういう日に限って、こんな難しい問題

029S：諦めた

030S：お母さんの看病の間に、少しでも勉強すればよかった

031S：ほんの少しでも書いとけば

032S：勉強しとけばよかった

033S：テストは出して、できるところまでで、明日誰かと一緒に復習しよう

034S：諦めが肝心

035S：絶対。頭の中に残っているから頑張って

036S：ご褒美があるなら頑張れる

037S：お母さんがびっくりしちゃう

038T：何で？

039S：いつもいい点とってて、今日だけとれなかったら

040S：妹に手伝わせればよかった

041S：カンニングしようかな、でも見つかって先生に怒られちゃう

042S：ぼくの評判がた落ち

043S：悪い点見せたら、お母さんの病気が悪くなっちゃう

044S：カンニングしちゃおう（レッツ、カンニング）

045S：この点数で、変な点で、お母さんの寿命が縮んじゃう

046T：お母さんのためにしているの？

047S：看病したせいで、こんな変な点がついたと思う

048S：お母さんに悪いと思っちゃう

049S：お母さんが、風邪をひいたからと思う

050T：先生の頭の中、ちょっとパニクって…グルグル…板書するね。（板書）…お母さんが熱を出さなければ・カンニングしよう・どうしよう・まあ、いいか

051T：（前略）テストが終わった直後に、良子さんに「どう、できた」と聞かれて、花子さんは、はっとしたよね。そして、その日は一日中すっきりしない気持ちでしたね。花子さんは、どんなこと考えてた？

052S：（ミントガム食べときゃいい）

053S：なんで、あの時カンニングしちゃったんだろう

054S：良子さん、見てごめんなさい

055S：このこと言ったら怒るかな

056T：誰が？

057S：先生

058S：（そりゃ怒るでしょ）

059S：もしも、良子さんや先生が知っていたらどうしよう

060S：みんなにばれたらどうしよう

061S：どうしよう見ちゃった

062S：何でカンニングしたんだろう

063S：カンニングして、言える人が見つからないというか、相談に乗ってくれる
人がいなさそうな問題だから、困っちゃう。誰かに話してすっきりする問
題ではない

064T：どういうこと？

065S：誰か、友達に言ったら、シカトされたり、先生に言われたり、自分一人だ
けでモヤモヤ…気持ち悪い

066S：モヤモヤをなくすために言っちゃおう

067T：モヤモヤしてるから？

068S：謝る。良子さんや、お母さん、先生に謝る

069S：（お母さんに謝られる）

070T：良子さんに？　誰も知らんかもよ、誰も知らんこと言う？

071S：終わっちゃったし

072S：見えちゃったもん、仕方ないや

073S：（めちゃくちゃポジティブ）

074S：せめて、先生に言おうかな

075S：良子さんは、応用問題ができてなくて、良子さんのせいにする

076S：（逆切れ）

077S：今度、また同じ問題がでてきたら、どうしよう

078T：どういう意味？

079S：困るから

080S：カンニングは泥棒したのと同じ。答えの泥棒

081T：カンニングは泥棒？

082S：2つの意味で、泥棒。まず、カンニングしたことで、泥棒。それから嘘を
言ったことで泥棒

083S：（嘘は泥棒の始まり）

084S：カンニングした？　って、聞かれていないから、泥棒じゃない。嘘をついて
いないよ

085T：もう1回言って？

086S：してないよと、言ってないから

087S：勝手に見たから、泥棒じゃん

088S：見ていい？ と言って見せてもらえばカンニングじゃない

089T：これ、テストだよ…

090S：（沈黙）

091S：先生、パニくった？

092S：カンニング同盟つくれば

093S：（みんなが悪いことをすれば、こわくない）

094T：見たことが泥棒だって○○君言ったよね。みんなに言おうかなというのもあったよね。○○さんも先生だけ言おうかなって言ったよね。良子さんも知らない、先生も知らない、それをわざわざ言うことできる？

095S：おれならできる

096T：本当にできる？

097S：怖いからできない。それか、保健室の先生に言う

098S：早めに言えば、許してくれるかもしれない

099S：先生も言ってくれたからうれしい。正直に言えば…

100S：別に、良子さんのをカンニングしたんだけど、良子さんが間違えれば、カンニングにならない

101S：さっき、○○君が言ったけど、先生がうれしい

102S：先生が嬉しい。明るい心でと言うなら、素直に言ったほうがいい

103S：先生が言うと、ごちゃごちゃになる

104S：話が長くなる

105T：友達に言える？

106S：俺、言える

107T：みんな言える？

108S：いくら友達でも言えない。本当の親友なら言えるけど、いろいろあるけど、本当に信頼できる友達なら、「内緒だよ」って言うと、心が優しい人もいるけど、言われたらやだなってなって、言わない

109T：自分の中に隠しておきたいっていうこと？

110S：皆に広がるから、もしかして、いじめられるかも…。そういうふうに考えると…

111S：後でばれたら、先生の信用もなくなるし

112S：改めてそう考えると、早く言ったほうがいい

113T：なぜ？

114S：友達にも信用されなくならから

115S：（人の噂も 75 日と言うから）

186 第2部 授業の風景―授業で勝負できる教師を増やしたい―

116S：（75日も耐えるのか）

117S：（そういう知識がある人はいいけど）

118S：後から言うとすごい怒られるから、今言ったほうがいい

119S：このまま言わないと、…大人になっても、ずっと残るから、このモヤモヤは今のうちに言ったほうがなくなる

120T：（板書）ちょっと、待って、先生、言葉が見つからない

121T：次の日、答案が返って来て、その答案を見ているとみじめな気持ちになったんだよね。みじめって何？みじめって分かる？

122S：ありとキリギリスのキリギリスだよ

123S：（あ～）（え～）

124T：それ分かる？

125S：みじめって、こんなことをやっておいて、後から後悔する

126T：恥ずかしいな、情けないな。答案を見ながら、どんなことを考えて、みじめな気持ちになったんだろう？

127S：なんで、こんなことをしてしまったんだろう

128S：後悔している

129S：やらなければよかった

130T：そうだよね。では、みんなここで考えてほしい。自分の中で、悪いな、ずるいなという気持ちになったことある？

131S：ある

132T：それに勝ったことある？

133S：ない

134S：全部負けた

135S：全部負けてばっかり

136S：テストで、先生が間違えて丸が付いていたから、それを先生に言った

137S：友達から、誘われてカードを買おうと言われたけど、友達に貯金すると言って、俺はほしかったけどやめて、我慢した

138T：ずるいことして、負けてしまって、どんな気持ち？

139S：寝て、全部忘れる

140S：まぁ、いいか

141S：そんな風に考えたら、ずっと、まぁいいか、まぁいいかで終わる

142S：過去は振り返らない

143S：ずっと、心の中に残る

144T：M小に来て3年目になります。その中で、音楽のテストをやっているんだ

けど、採点ミスで◯にしてしまった。答え合わせをしたら、「先生、ここ間違って◯がついています」と言いに来た子がいました。その子の点数は下がったけど、言いにきてくれたことはとても気持ちいいな

145T：はい、今日の授業は終わります

19. 道徳の授業で大切なこと（1）

ねらいは達成された？

　豊田市立朝日小学校の現職教育へ行ったときに、教員経験3年目の先生（小学校4年生担任）から「私は、資料を通して"正直"を扱いたい。"誠実・明朗"の記述はいりますか」と質問されたことがあります。

　その時に私は「必要ないですよ」と回答しました。一般的に、1の（5）を価値項目で示すと「正直・誠実・明朗」となります。正直と誠実はなかなか線引きできないところがありますが、まったく一緒でもありません。明朗も何をもって明朗というのか、分かるようで分かりません。

　このように単語を並べるとかえってねらいがはっきりしない気がして、混乱を招きます。学習指導要領（平成20）には、このような単語を並べた価値項目の提示はなく、「正直に明るい心で元気よく生活する」と、文章表現がしてあります。

　私自身は、単語で価値項目を一くくりにするより、こちらの方が分かりやすいと感じています（道徳の教科化では短い単語表記が復活：A-②「正直・誠実」）。

　私は、この1の（5）を逆説的に「嘘、ごまかしは、暗い心になる。後ろめたさから元気に生活できない」と解釈しています。こうすると「正直・誠実・明朗」が一つの価値としてつながりがます。

　いずれにせよ、道徳の授業も教科の授業同様、ねらいをもって行われるので、ねらいが達成されたかどうかが重要です。

　公開授業が終わった後に「今日の授業はどうだったかな？」と、正直に明るい心で評価してみてください。

適切な資料だったかな？

「道徳は資料が命」という言葉があります。しかし、資料選びは大変です。なかなか子どもの実態に適した資料って見つかりません。自作資料という考えが生まれますが、自作を考える時間もなかなかありません。そこで、一つの方法として、既存の資料の一部を変えるという方法もあります。

しかし、一部を変えるより大切なことは、資料の読み込みです。何度も読んでいるうちに、この資料のどこを取り上げたらいいかが、おぼろげながら見えてきます。複数でこの読み込みをやるともっと見えてきます。もし、見えてこないなら、その資料から少し離れて校庭の木々の緑か青空を眺めて、ぼんやりと資料のことを考えていると「そうか、あれはこういう意味なんだ」と突然浮かぶ場合があります。

導入が長すぎないか

導入は授業に引き込まれていくのがいいと思っています。さて、時間的なことですが、今回の指導案の導入時間を調べたら、3分～10分の範囲でした。

個人的には、あまり導入で時間をとらないほうがいいと思います。なぜなら、大事な授業のヤマ場（中心発問）へいく前に子どもが、疲れてしまうからです。

経験の浅い先生の「導入長く、中心発問短く、最後に教師の説話でおしまい」という授業を多く見てきました。これでは、道徳の授業が、自分の生活意識とかけ離れた問題として考えられだけで終わり、まさに知識の獲得だけに終わってしまう危険性があります。

20. 道徳の授業で大切なこと（2）

多様な価値観が出てくる中心発問

中心発問は、ねらいとする価値観が多様にでてくるところです。どのように発問したらよいか一番悩むところです。ここで注意したいのは、多様な価値ではなく多様な価値観ということです。

もう1人の自分との対話「価値の自覚」

価値の自覚は、資料から離れて自分へもってくるところです。留意しなければならないのは、資料に関する話し合いと、価値の自覚がぶち切れになってしまうことです。中心発問でしっかり吟味できていれば、一連の流れの中で、自覚できると思います。

価値を自覚させるために、目を閉じて静かに考えさせることが行われることがあります。自己内対話の技法です。

昨年、孝美先生（仮名）が、現職の授業でCDをかけたのも、その技法の一つです。朝会でもやっています。児童会の役員の児童が、「よい姿勢をして、目を閉じて今週がんばりたいことを思い浮かべましょう」と声をかけています。

中心発問が、主人公に託して自分や級友と対話する場面なら、価値の自覚は、自分が、もう一人の自分と対話する場面です。

終末が難しい

終末って難しいなと思います。1時間の授業をだいなしにしてしまう可能性もあります。公開授業の中から終末段階をひろいだしてみました。

　道徳の授業の終末について（学校訪問指導案より）

- 教師の体験等を話す・教師の話（7人）
- 相田みつをの詩を朗読する（2人）
- 私たちの道徳を見て話し合う（以下1人）
- 腹話術用の人形を通して話しかける
- 生命の尊さに関する新聞記事を読む
- 病気と闘いながらも生きた母について、教師の話を聞く
- 今の自分の努力目標を書く
- 学校生活で頑張っている子の様子を紹介する
- 「うそ」にまつわる格言を聞く
- 交通指導員さんの話（テープ）を聞く
- 4月当初に書いた児童の作文を聞く
- 自分の心のある場所にに手をあてて、心の声を聞く
- 「げんきカード」で、自分が元気か確かめる
- 勇気を出せる自分になるために大切なことは何か考える

　こうやって拾い出してみると終末が楽しみです。授業が観たくなります。
　例えば、川上先生（以下登場する先生全て仮名）の「腹話術用の人形で話しかける」、その様子を観てみたいと思います。
　山田先生の「うそにまつわる格言」ってどんな格言なんでしょう。また、智子先生の「交通指導員さんの話（テープ録音）」は、わざわざゲストティーチャーを呼ばなくてもいい方法です。千代美先生の「自分の心があると思われる場所に手を当てて…」、1年生の子はどこに手をあてるのでしょうか。これも楽しみです。私たちの道徳の活用も積極的です。詩の活用もあります。
　さて、終末でやってはいけないのは、価値の押し付けです。避けたいのは、「今日は、家族愛についてやりましたよね」と念をおさなければならない授業です。
　滝本先生の指導案の中に、「価値の押し付けになるのではなく、余韻をもって終わりたい」とあります。同感です。どちらかといえば、今までの自分の道徳もこの余韻を大切にしてきました。余談ですが、映画も余韻をもって終わった映画の方が私は好きです。

中学校の授業風景

1. 漢字の学習（2年国語）

今日は1時間目に、2年2組で国語の授業を参観しました。花野先生（仮名）の授業です。本時は「複数の読み方をする漢字」を学習します。1時間、生徒と一緒に授業を受けました。

［これ、あってる？］

まず、花野先生は、授業の入り方がよかったです。しっかりとした方向付けになっています。

導入は、今日の授業にいかにのめり込ませていくかがポイントです。誰でも分かりやすい、小学校1年生で習う漢字「生」を例にスタートしています。

次に、グループ活動が、とても機能していました。普段から、グループ活動が、きちっとした指導のもと実践されているのでしょう。学び合い、教え合いの自然な姿がありました。これこそ協同学習の基礎です。

次は机間指導についてです。例えば、机間指導しながら、№1「もうちょっと姿勢をよくして。いい姿勢からいい字が生まれますよ」や、№20「下敷きが

［後で戻ってこればいいから］

休んでるよ」などです。このように、嫌味のない指導がさりげなく入ります。また、机間指導をしながらかける言葉がけが、非常に国語的で楽しかったです。例えば、№20「分からんかったら、ちょっと悩んでとばしなさいよ。後で戻ってこればいいから」です。

さらに感心したのは、生徒の様子をよく見て理解しているということです。例

中学校の授業風景　*193*

えば、№27、○○さんは、あっているかどうか不安なまま挙手をしていました。それを見逃さなかった花野先生は「なんとなくいける？」と、声をかけています。さらに、その生徒が答えた後、きちっと「すごい」とほめています。

　この他にも生徒が、勇気を出して発言した内容について、フォローをしています。例えば、№37の生徒の発言「主催者」に対する№39の「考えた人の方が近い。言い出した人。でもたいてい、やりましょうと言い出した人が主催者になるよね」がそれです。

　以下、授業記録です。

№.	教師		生徒の発言等
1	次回が漢字テストでしたね。もう少し漢字のスキルをやって下さい。 　…机間指導しながら… もうちょっと姿勢をよくして。いい姿勢からいい字が生まれますよ。おへそを真っ直ぐ。書き順を確認してね。 今日は授業の中で、漢検、いや漢字の勉強するから。		
2	はい、そこまでにします。スキル片づけて。漢検受ける人？（一人挙手）えっそれだけ？　そうか、では、漢字の勉強をしたいと思います。		
3	（板書）「生」この漢字知らん人？　小学校1年生の漢字ね。いろんな読み方があります。いくつ知っていますか？　30秒、自分で考える。		3つ。
4	3つか、まだある。はい、回りで相談。		（グループ相談）
5	では、10月25日、1と0と2と5を足して8、8番さん。横列準備。		なま
6	大きい声で。		せい
7	どんな時に使う？		中学生
8			いきる
9			しょう
10	どういう風に使う？		一生
11			き
12	どういう風に使う？	きそば	
13		（オーという歓声）	

194 第2部 授業の風景 ― 授業で勝負できる教師を増やしたい ―

14	はいどうぞ。	言われちゃった
15	ここから出てくるとファインプレー。	じょう
16	どんな時に？	誕生日
17	まだ、いける？ やるね。	生まれる
18	（板書）「産」こちらもある。お母さんが赤ちゃんを産む、鶏が卵を生むのはこっち。微妙だよね。小学校1年生で習った漢字だけど、いろいろな読みをもっています。うちの晴生は晴れの日に生まれたからこれだよ。	
19	97ページを開きます。この1ページ分を勉強します。いつものように問題があります。ノートを返してないから、教科書に書こうね。まずは自分で頑張って。前の時計で4分まで（5分間）。	（やり始める）
20	…机間指導しながら… 　分からんかったら、ちょっと悩んでとばしなさいよ。後で戻ってこればいいから。下敷きが休んでるよ。 　漢字に自信がある人はパーフェクト目指そうね。読みだけだから。	
21	もう少し時間欲しい人いる？	（挙手あり）
22	では、もう少しね。	
23	ちょっと、グループの時間とります。4人のグループね。横棒だけの部分だけを聞きません。文章全体を聞きます。他も読めるようにね。グループの確認の時間3分でいいかな？	（グループ） あってたぁ！ これあってる？
24	確認の時間、もう少しいる？ いる人？	（数名挙手）
25	じゃあ、1分。	
26	はい、相談止め。机を元に戻します。棒線の部分、読める？でも全体が読めて、文の意味も理解していきます。言葉の力がつくからね。 　では、1－0－2－5＝？ …そうそう－6。では6番誰？ 控えめに手を挙げていたのね。失礼しました。しっかり、大きな声でどうぞ。	歩合制で働く
27	正解。ねえ、歩合制って何？ じゃあ、○○さん。なんとなくいける？	働いた分だけ給料をもらう
28	すごい、かっこいい。	
29	（以下は、花野Tが問い直したところだけを記録）	
30	①　は？	拾得物を駐在に届ける
31	拾得物って何？ ○○さん。	拾った物

32		チョコレート落ちていたら拾得物
33	そうそう。○○は食べちゃうでしょ。学校風で言うと？	落し物
34	そうです。取得と拾得は違うからね。音だけでは、まぎらわしいからね。しっかり覚えようね。「拾」…これ昔の十。結婚式でお祝いのときの袋、見たことない？ 祝儀知ってる？	知ってるかも
35	ああいうところに、正式に書くときに、昔の字を使うの。まあ、慣例かな。	
36	では、次ね。	同窓会の発起人と会の運営について交渉する
37	発起人って何？ 人だぞ。	主催者
38	ああ、近いね。他に？	考えた人
39	考えた人の方が近い。言い出した人。でもたいてい、やりましょうと言い出した人が主催者になるよね。	
40	では、次ね。	夫人同伴で海外に赴任する
41	あっ、石川遼君のニュース知ってる？	(知らない様子)
42	遼君にほら、恋人発覚。幼馴染だって、同伴で海外へ行くでしょ。	
43	では、次。	無理を強いる
44	強いるの意味は？ 他の言葉で説明して。	無理やり
45	花野先生は、強いることない？ 笑顔で答えてください。	
46	次は。	乳飲み子のお守りをする
47	「ちのみこ」じゃないよ。「ちのみご」。熟語になると、下の語が濁ることが多いよ。	
48	次は？	新盆
49	どうして「にいぼん」？ 理由は？「しん」じゃだめなの？	(沈黙)
50	問題をよく読んでね。「次の漢字は、複数の訓をもつ。――線部はどう読むだろう」…「しん」は音読み。	
51	次は？	助太刀
52	助ける。	刀がついている
53	そう、武士が刀で助ける	
54	これは？	声色
55	声の調子ね。花野先生は、怒る時は怖い声。優しい時は、優しいよね。	
56	最後まで行きましたね。では、これで終わります。	起立・礼

生徒の様子は授業を映す鏡

　授業は、テンポよく、楽しく明るい雰囲気の中で、進みました。楽しくても学習規律はきちっと守られています。花野先生の人柄でしょう。

　授業には、その先生の人間性が映し出されます。生徒はそれを敏感に感じ取ります。そして、生徒の様子は、授業を映し出す鏡です。先生方も一度、自分の授業を振り返ってみてください。

2. シカの「落ち穂拾い」（1年国語）

　竹内秀充先生の国語の授業を見ました。9月に入り2回目の公開です。まずは、その熱意に敬意を表したいと思います。資料は「つながりを読む…シカの『落ち穂拾い』…フィールドノートの記録から」（光村図書中学国語1年）です。

温かいクラスにするために

　教務主任の英之先生が作成した参観カードの中に、「教室環境はどうであったか」という項目があります。まず、その視点で、教室を見渡してみると、2学期の目標が目に入りました。「想いを表す2学期」です。掲示の仕方が特徴的でした。2学期は、美浜宿泊研修・学校祭・合唱コンクールと大きな行事がありま

す。そこで、それにかける想いを目いっぱい表現できるといいなと思います。

次に目に留まったのは「みんなのいいね」です。このことについて秀充先生に尋ねてみると、「スターバックスで従業員同士、いいところを見つけて、それをカードに記入して渡しているので、それを学級でもやってみようと思って」とのこと。さらに付け加えて「さりげない自分を認めてくれる人がいるのは幸せなこと」と言っていました。「みんなのいいね」の輪がさらに広がっていくといいと思います。

[みんなのいいね]

以下、授業記録です。

No.	教師	生徒の発言等
1	漢字テスト、14番。時間は3分です。準備ができたら始めます。	
2	よーい、始め。	(漢字ドリルを)
3	第14回、漢字テスト満点？	(挙手)
4	素晴らしい。では2学期すべて満点は？	(挙手)
5	お〜素晴らしい。明日漢字スキル提出です。頑張ってください。	
6	みんな準備、早いですね。でも、今日は教科書は開かない。	
7	板書（シカの落ち穂拾い）この四角（赤のチョークで囲んだ四角）を考えてもらいます。	
8	今日もノートにメモ欄を作ってください。そして、そのメモ欄に一番好きなものを書いてください。	(一つだけ？) (もの？)
9	ものでもいいし、スポーツでもいい。	(動かないもの？)
10	これがあれば一生過ごせるというもの。	(食べ物？・給食？・日替わり定食)
11	日替わり定食ではありません。	(動かないもの？)

12	どうしても分からない人は、部活の名前を書いてください。	（生徒N：カネキ君ですか？ ※何度も繰り返す）
13	ちなみに先生は、みんなが驚くほうがいい。	（生徒N：カネキ君ですか）
14	何ですか、それ？	（生徒N：カネキ君です）
15	書けました？ 書けたらこの質問に答えてください。 　板書（その好きなもののことを説明してください）しかも詳しく。	
16	いいですか？ ここにいる人がみんな納得できるように。ここ（前）でしゃべるという想定で、しかも何を使ってもいい。例えば…。	（国語？） （生徒N：お金？）
17	もちろん、お金があればいいと先生は正直思っています。じゃなくて…	（生徒N：お金じゃなくて、金とかダイヤモンド？）
18	いやいや、自分の好きなものなら情熱をもって書けるでしょう。例えば、好きなヒーロー。アンパンマン。	
19	では、情報として説明を箇条書きにして明確にしてください。	
20	今から集中タイム。始めてください。	（生徒記入）
21	（机間指導）	
22	だいぶ書けてきたかな。面白いことを書いている子がいました。富川君。	富川：カラアゲ
23	何で好き？	富川：ジューシーで油がじわっと
24	今の説明で分かった？	（生徒N：頭に映像が浮かぶ）
25	そう、今、生徒Nが言った通り、（板書）頭に映像が浮かぶ。	
26	他？	重本：トロンボーン
27	この楽器知ってる？	（挙手）
28	絵に描ける？	（描ける）
29	そうか。じゃあ、説明してみて。	重本：メロディーが少なく、細長いラッパのような形
30	分かりやすい？	（うなずく生徒もいる） （生徒N：何か足りない）

31	では、安西君は？	安西：僕は好きなアニメで進撃の巨人	
32	僕に似ているのが出てくる。じゃあ説明を。	安西：主人公がこの教室ぐらい… （生徒N：もっと大きい） 安西：主人公がこの学校の屋上ぐらいの生物の巨人と戦うアニメ	
33	分かりやすい？	（…）	
34	詳しく説明してと言ったんだけど、さっき、ヒントとして何を使ってもいいよと言ったよね。では何を使う？	（本物でもいいの？）	
35	加えて頭に映像が浮かぶようにね。	（本物でもいいの？）	
36	何持って来てもいい。校則とかあるけど目をつぶります。		
37	（机間指導）		
38	近くの人と見合ってみよう。ヒントが隠れているかもしれないから。	（本物でもいいの？）	
39	はい、確認します。	中本：模型	
40	何の？	中本：鉄道	
41		上次：パネル	
42	どんな？	上次：ボード、 （生徒N：ホワイトボード） 上次：例えばさざえさんの家系図書くとしたらこうなりますというよう。	
43		波元：そのものの絵	
44		生徒N：模型で表現する時の、「これは○○です」という説明（口頭での説明の意）	
45	他に何か？…じゃあこっちに戻って何を使おう？	村瀬：写真	
46		生徒N：本、まんが本とか	
47	よし他？ 最後にしよう。	上次：自分の身体や手を使って	
48	身体ね。		
49	確かに模型・写真・実際のもの…頭に映像が浮かびやすくなりますよね。		
50	今日、初めて教科書を開きます。118ページ。		
51	板書（◎本文では何が使われているだろう）		
52	何が使われています？	安西：写真	
53		杉田：グラフ	

54	（板書にはグラフは）出ていないよね。	竹内：表
55		佐藤：地図
56		上次：フィールドノート
57	これは大きく言うと？	上次：写真
58		中本：文
59		上次：仮説
60	それを何と言った？	上次：小見出し
61		安西：当たり前だけど「説明」
62	ちなみにこれは何グラフ？ 数学みたいだけど。	戸山：折れ線グラフ
63	写真とか絵に共通しているのは？	（見せる。有効）
64	では、グラフや表は何を説明するために載っているの？板書（グラフ）（表） ノートに書いて下さい。	
65	（机間指導）※生徒の記述に線を引いたり、さらに詳しく書くことを促す。	
66	では、グラフって何を表している？	服部：結果です
67	何の結果？	服部：落ち穂拾いの割合の変化
68	変化の割合？ 割合の変化？	服部：割合の変化
69	失礼しました。他に何表している？	竹内：差
70	あるものと、あるものの差	
71	表は？	安西：分類するとかに使う
72	なるほど、他に？	戸山：比較する時
73	そうですね、じゃあ分かりやすくするために、写真とか模型とか言ってくれた。じゃあ、このグラフや表は何のためにあるの？	黒田：写真だと変化が分からないけど、グラフは変化が一目で分かる
74	写真はある物事を示すのには使えるけど、例えば、太一君がバスケットで勝った時のうれしさは、写真では表せない。	
75	作者は使い分けしていますよね。これって何？	竹内：説明や表し方の工夫
76	で、ちなみに何のために工夫するの？	生徒N：工夫する理由ですか？
77	そう。	生徒N：物事を分かりやすくする
78	物事を分かりやすくするために、写真や図、表を使うんだね。	

関心・意欲を引きだす

この授業で、どこまでが導入かというと難しいですが、おそらくNo.19まででしょう。ここまで、秀充先生は、生徒とワイワイやりながら授業が進みます。このワイワイは、やかましさとは違います。生徒と授業の内容に関連するにぎやかさです。うまく生徒の関心・意欲を引き出しています。秀充先生がいいのは、No.20。ここから、授業の雰囲気を変えています。ただもう少し例示を工夫するなどして、授業への入りをコンパクトにできるとよいと思います。そのためには、好きなものの「もの」を限定するとよいでしょう。

ねらいは達成された？

本時のねらいは「図表を使うことで、文の補足になったり分かりやすくなることに気付くことができる」です。この授業のよさは、生徒自らがねらいを導き出した点にあります。そして、教師はそのためのコーディネートに徹しています。よってねらいは達成されていきます。ただ、この授業のヤマ場であるNo.64以降を厚くし、さらに多くの意見を引き出すとよいでしょう。

例示が分かりにくい

No.74で秀充先生は「写真はある物事を示すのには使えるけど、例えば、太一君がバスケットで勝った時のうれしさは、写真では表せない」と述べています。この教師の例示が分かりくい気がします。「うれしさは写真の表情からの方が読み取りやすいのでは」と疑問に思った生徒がいたのではないでしょうか。ここで、秀充先生が言いたかったのは、具体的なスコアー・表・グラフから、変化を読み取ってほしいという意味だった思います。しかし、「変化を読み取るには」という言葉が抜けています。これでは分かりにくいと思います。

気になった生徒N

この授業で、気になったのは生徒N（仮名）です。先生の話に敏感に反応していましたが、発言が変わっていました。

例えばNo.12。「カネキ君」って何だろう？…教科書にでてくる？…どういう意味？…その言葉を何度もつぶやいていました。…しかし、授業後半は、そういう発言もなく授業に集中していました。気になったのは思い過ごしだったのかな。

[生徒の記述に線を引き]

授業後、職員室に戻る途中、たまたまN君を見かけました。N君はトイレのスリッパを一つひとつ丁寧に並べていました。「ありがとう」と声をかけ、その場を去ったのですが…。やはり気になり秀充先生にどんな子って聞くと、アスペルガーと教えてくれました。そして、トイレのスリッパをいつもそろえているそうです。

アスペルガーは一般的に他人とのコミュニケーションが非常に苦手だと言われます。今日の授業を見た限りでは、それは感じられませんでした。学級にもうまく溶け込んでいる様子です。きっとこれは、秀充先生の「みんなのいいね」探しの成果なのかもしれません。他の授業ではどんな様子なのでしょう。

3．字のない葉書（2年国語）

9月18日の4時間目に栗原一寿先生の国語の授業がありました。さて、今回の教材は、向田邦子の随筆「字のない葉書」（光村図書中学国語2年）です。

> 死んだ父は筆まめな人であった。
> 私が女学校一年で初めて親元を離れたときも、三日にあげず手紙をよこした。

当時保険会社の支店長をしていたが、一点一画もおろそかにしない大ぶりの筆で、「向田邦子殿」と書かれた表書きを初めて見たときは、ひどくびっくりした。父が娘あての手紙に「殿」を使うのは当然なのだが、つい四、五日前まで、「おい、邦子！」と呼び捨てにされ、「ばかやろう！」の罵声やげんこつは日常のことであったから、突然の変わりように、こそばゆいような晴れがましいような気分になったのであろう。

　文面も、折り目正しい時候のあいさつに始まり、新しい東京の社宅の間取りから、庭の植木の種類まで書いてあった。文中、私を貴女とよび、「貴女の学力では難しい漢字もあるが、勉強になるからまめに字引を引くように。」という訓戒も添えられていた。

　ふんどし一つで家じゅうを歩き回り、大酒を飲み、かんしゃくを起こして母や子ども達に手を上げる父の姿はどこにもなく、威厳と愛情にあふれた非の打ちどころのない父親がそこにあった。

　暴君ではあったが、反面照れ性でもあった父は、他人行儀という形でしか十三歳の娘に手紙が書けなかったのであろう。もしかしたら、日ごろ気恥ずかしくて演じられない父親を、手紙の中でやってみたのかもしれない。

　手紙は一日に二通来ることもあり、一学期の別居期間にかなりの数になった。私は輪ゴムで束ね、しばらく保存していたのだが、いつとはなしにどこかへいってしまった。父は六十四歳でなくなったから、この手紙のあと、かれこれ三十年付き合ったことになるが、優しい父の姿を見せたのは、この手紙の中だけである。

　この手紙もなつかしいが、最も心に残るものをといわれれば、父があて名を書き、妹が「文面」を書いた、あのはがきということになろう。

　終戦の年の四月、小学校一年の末の妹が甲府に学童疎開をすることになった。すでに前の年の秋、同じ小学校に通っていた上の妹は疎開をしていたが、下の妹はあまりに幼く不憫だというので、両親が手放さなかったのである。ところが、三月十日の東京大空襲で、家こそ焼け残ったものの命からがらのめに遭い、このまま一家全滅するよりは、と心を決めたらしい。

　妹の出発が決まると、暗幕を垂らした暗い電灯の下で、母は当時貴重品になっていたキャラコで肌着を縫って名札を付け、父はおびただしいはがきにきちょうめんな筆で自分あてのあて名を書いた。

　「元気な日はマル（〇）を書いて、毎日一枚ずつポストに入れなさい。」と言ってきかせた。妹は、まだ字が書けなかった。

　あて名だけ書かれたかさ高なはがきの束をリュックサックに入れ、雑炊用のどんぶりを抱えて、妹は遠足にでも行くようにはしゃいで出かけていった。

204　第2部　授業の風景 ― 授業で勝負できる教師を増やしたい ―

　一週間ほどで、初めてのはがきが着いた。紙いっぱいはみ出すほどの、威勢の
いい赤鉛筆の大マルである。付き添って行った人の話では、地元婦人会が赤飯や
ぼた餅を振る舞って歓迎してくださったとかで、かぼちゃの茎まで食べていた東
京に比べれば大マルにちがいなかった。

　ところが、次の日からマルは急激に小さくなっていった。情けない黒鉛筆の小
マルは、ついにバツ（×）に変わった。そのころ、少し離れた所に疎開していた
上の妹が、下の妹に会いに行った。

　下の妹は、校舎の壁に寄り掛かって梅干しのたねをしゃぶっていたが、姉の姿
を見ると、たねをぺっと吐き出して泣いたそうな。

　まもなくバツのはがきも来なくなった。三月目に母が迎えに行ったとき、百日
ぜきをわずらっていた妹は、しらみだらけの頭で三畳の布団部屋に寝かされてい
たという。

　妹が帰ってくる日、私と弟は家庭菜園のかぼちゃを全部収穫した。小さいのに
手をつけるとしかる父も、この日は何も言わなかった。私と弟は、ひと抱えもあ
る大物からてのひらに載るうらなりまで、二十数個のかぼちゃを一列に客間に並
べた。これぐらいしか妹を喜ばせる方法がなかったのだ。

　夜遅く、出窓で見張っていた弟が、「帰ってきたよ！」と叫んだ。茶の間に座っ
ていた父は、はだしで表へ飛び出した。防火用水桶の前で、やせた妹の肩を抱き、
声を上げて泣いた。私は父が、大人の男が声を立てて泣くのを初めて見た。

　あれから三十一年。父はなくなり、妹も当時の父に近い年になった。だが、あ
の字のないはがきは、だれがどこにしまったのかそれともなくなったのか、私は
一度も見ていない。

　という話です。第一時の今日は、本文を読み、初発の感想を発表させます。以
下、授業記録です。（◎よかったところ　▼改善点）

No.	教師	生徒の発言等
1	はい、始めます。	・起立、気をつけ、礼
2	はい、お願いします。	
3	漢字スキルを出してください。シルバーウィーク後テストします。しっかり勉強してください。	
4	板書：「字のない葉書」 　　　全文を通読して感想を書こう	
5	後1分ぐらいで終わります。	

6	漢字の時間おしまいです。	
7	明日からいよいよシルバーウィークになります。部活忙しいかもしれませんが、宿題があります。1分間スピーチの原稿を作ること。読む練習も重ねてください。裏に評価の基準が書いてあります。読んでおいてください。	
8	そのプリントしまってください。	
9	後もう一つ、お待たせいたしました。漢字100問テスト返します。90点はセーフです。間違えた漢字10回ずつ書いてきてください。	
10	(呼名、テスト返却) ▼指名されても返事がない。指導したい。	
11	点数確認して。	
12	それでは今日から新しいところやっていきます。	
13	教科書・ノートと閉じてください。今から一枚紙を配ります。	
14	これ何ですか?	早田:葉書
15	察しがいいですね。葉書です。	
16	今から、字のない葉書を書いてほしいと思います。家族へ向けて、今の自分の調子を書いてください。字がないので、ひらがな・カタカナ・漢字・アルファベット。数字は使いません。◎導入OK	(生徒思案中)
17	(机間指導)	
18	縦に使ってね。どうしたら伝わるか? 誰々へもダメだよ。	島崎:(えっ、どうするの?)
19		加山:(調子だよね)
20		森口:(そうそう)
21		島崎:(えっ、伝えられなくない?)
22	書けた?	
23	はい、それまで。周りの人のを見て、その人の調子を当ててください。	(僕の気持ちは…)
24	この人の気持ちが分かったと言う人?	(挙手多数)
25	随分いるね。それでは、ノート開いて今日の目標を書いてください。	
26	じゃあ書けたらペンを置いてください。はい、それでは教科書108ページを開いてください。 ▼全体的に指示が多すぎる。	(光希は開けず)

206　第2部　授業の風景 ― 授業で勝負できる教師を増やしたい ―

27	今から、先生が一通り読みます。もちろん、この中にみんなが描いたように、字のない葉書がでてきます。	
28	いつものように、読みにくい漢字にはふりがなを、意味が分からないところには線を引いてください。	
29	（範読）	（▼光希、ページ探し続ける）
30	はい、以上が全文になります。割と短かったので読みやすかったと思います。	
31	授業に入る前に確認したいことがあります。	
32	板書：「随筆…自分の体験などを自由な形式で書いたもの」いろいろなジャンルがありますがこれは随筆というジャンルです。自分の体験などを自由な形式で書いたものです。エッセイとも言います。	
33	みんながよく読む小説とどう違うのか比べてみましょう。	
34	板書：「小説…作者の構想を基に虚構の物語として書かれたもの」これを小説といいます。 　▼随筆と小説の説明を省略し、その説明は次回にする。本時は、感想を多く発表させたい。	
35	今回、字のない葉書は随筆なので向田邦子さんは体験したことが書いてあります。	
36	皆さんにも読んでもらいます。はい、全員起立。 　▼この時点で座る指示をしたい。	
37	大きい声で読んでください。 　▼大きい声で読ませる必要はない。味わって読む方が、自分なりの感想がもて、本時のねらいに適する。	
38	板書：「初めて読んだ感想」	
39	あっそうだ、読み終わったら座ってください。	
40	しっかり最後まで読めましたね。すばらしい。◎ほめ言葉がいい。	
41	どうでしょう？　みんなにも、授業の初めに字のない葉書を書いてもらいました。少し質が違ったかもしれませんが、感想を書いてください。	（感想記入）
42	（国語辞典配布）　▼予め配っておく。何故なら感想を書き始めているのに気が散るのではないか。	
43	板書：「語句チェック」	
44	（机間指導）	

中学校の授業風景　*207*

45	書き終えた人は教科書に線を引いたところを調べてください。	
46	時間をたくさん取るので、ゆっくり書いてください。	
47	はい、そろそろ書けましたか？　まだ、書いている人もいますが、何人かの人に感想を言ってもらいます。途中書きでもかまいません。	
48		大崎：手紙は普通文字で表すのに、記号で書くってなかなかないこと。記号でも相手にきちっと伝わるのかなと思いました。それと、疎開しても父親は娘に対して送っていたので、親子の愛が感じられるなと思いました
49		上山：父親というものは、子どもにあまり自分の心を伝えることができないんだなと思った
50		岩野：父親の性格が少し分かりにくかったです。家族に手をあげるような父なのか、礼儀正しい父なのか分からなかった。妹が書いた葉書から最初はよかったものの、だんだん苦しくなっていったことが分かるし、戦争はとても苦しく大変なんだろうなと思いました
51		井川：戦争のことは自分が体験していないから想像ができないけど、いろんな話から本当にあったことなんだなと身近に感じました。下の妹の葉書からそんな過酷さが伝わって、この家族はみんな支え合って、寄り添い合って、すごく仲のいい家族に感じられたから妹の黒鉛筆で描かれた丸（○）が読んでいて、すごく辛かったです
52	▼もっと多くの生徒に感想を言わせたい。	加山：自分が書いた葉書とは違ってこう書いてと言われた葉書でも伝わり方がそれぞれ違うなと思いました。父は普段、暴君だが手紙や妹を泣きながら肩を抱いたという場面から、本当は子ども、家族思いの優しい父なんだなと思いました
53	はい、いろんな多くのことを書いてくれました。父のことをどう思ったか、父がどういう人か分からない、ということなどが書かれていました。次回は、父に焦点を当てて、父の言動を手掛かりに見ていきます。	
54	はい、では終わります。	・起立、ありがとうございました

教師はよくしゃべる

きちっと規律よく授業を受けさせようとすると、指示が多くなります。余分な指示がないか、授業記録を読み、振り返りたいものです。一般的に教師はよくしゃべります。どの授業においても教師の発言回数と生徒の発言回数の逆転を図ってほしいです。

［今から字のない葉書を書いて…］

授業の流れの分断

本時のねらいは初めての感想（初発感想）をもつことです。よってまずそれに集中させたいです。授業記録を見ると、生徒が各自読んだ後、№32～随筆と小説の違いの説明がありました。これによって、授業の流れが分断されています。これを最後にもってこれないでしょうか。また、№42で国語辞典を配布していますが予め配布しておいてはどうでしょう。そうすることにより、教材の世界にどっぷりとつかることができます。

感想の発表のさせ方

ただ、感想を言わせるのではなく、その後の授業構想と関連付けていくといいでしょう。

今回の教材では、父を中心に、筆者、妹、当時の社会状況等が書かれています。そこで、「父に関することで感想をもった生徒は？」「妹について感想をもった生徒は？」などと、生徒の感想を分類しながら発表させていきたいです。そして、「次回はこの感想を取り上げながら、父の人物像に迫っていきましょう」とつなげたいと思います。

どんな授業だったかは、指名した5人の感想から分かります。しかし、もっと多く指名してほしいと思います。

栗原先生は導入で一枚の紙を配布し、№16「今から、字のない葉書を書いてほしいと思います。家族へ向けて、今の自分の調子を書いてください。字がないので、ひらがな・カタカナ・漢字・アルファベット・数字は使いません」と投げかけています。一瞬生徒の間にクエッションマークが広がりました。それにより、生徒に何が始まるのかなと、引き付けることができました。

さて、この導入がその後の授業で使われることになります。生徒が本時で書いた字のない葉書と、文中の妹が描いたマル（○）とバツ（×）を比較するのです。

今を生きる生徒と戦時中では置かれた環境が違います。栗原先生は、それをクローズアップしていくことでしょう。そのことが、№41における栗原先生の「どうでしょう？ みんなにも、授業の初めに字のない葉書を書いてもらいました。少し質が違ったかもしれませんが、感想を書いてください」の「質」という発言から分かります。さて、この後どのようにこの単元が展開されていくのか、楽しみです。

4. 新聞記事を使って（3年社会）

今日の1時間目、3年生の社会科の授業を参観しました。青井先生の授業です。授業の内容は、生徒が夏休みに作成した、新聞の切り抜き作品（B紙にまとめたもの）を基に発表するというものです。

テーマは「東日本大震災・原発・地デジ完全移行・熱中症・猛暑・エコ自動車・中国鉄道事故」など、さまざまです。質の高い内容が多かったです。

原発の発表では、浜岡原発の防潮堤の高さと福島原発を襲った津波の高さを比較しながら、「危険は分かるけど、本当に停めて電力は大丈夫なのか」と、述べ

［円高、どこまで続く］

ていました。

また、地デジ完全移行の発表では、「緊急 地震速報」の表示に3秒間のタイムラグが起きることを、問題点として指摘していました。さらに、地デジの移行によって、廃棄されるブラウン管について、リサイクルできるかどうかを問題にしていました。

特に、晴山君（仮名）が発表した「円高、どこまで続く」は、分かりやすかったです。円高の意味から、円高がなぜおこるのか、そのメリットとデメリット、そして、日銀と政府の介入。短い時間に要点をまとめた発表は、すばらしかったです。内容を一部紹介します。

> 円高について、黙っているわけではない。企業・政府が対策をたてる。トヨタは1円円高になると300億円の損失。そのため、日本で組み立てる部品を海外から輸入するなどしている。「政府も日銀と協力して円を売り、ドルを買うなど行っている。しかし、それは一時しのぎ対策にしかならない

と述べています。

3年生は、まだ、経済の分野に入っていませんが、この発表資料は、これからの授業に役立てることができるでしょう。

自分で調べたことは、より身につきます。学習指導要領（平成20）では、「社会事象について、考えたことを説明したり、自分の考えをまとめて論述したり、議論などを通して考えを深めたりすることを重視した」とあります。この授業がそうです。生徒は、評価表に評価しながら発表を聞いていました。この発表をもとに質疑が行われ、話し合いがもたれると、この授業はさらに輝きをますします。

公民の内容は、新聞に網羅されています。新聞の内容が理解できれば、学力としては、かなり身についたことになります。いい取り組みです。青井先生のこの取り組みをぜひ続けてください。そして、来年はNIE（Newspaper in Education）にチャレンジしてください、

[食い入るように聴く]

指示棒を使って一生懸命、説明する生徒、一番前の席で、食い入るように発表を聞く青井先生、発表し終わった生徒に一番大きな拍手を送る青井先生が、印象的でした。

5. どうして動物園のサルは人類にならないのか（1年社会）

今年赴任した山本宙先生は、どんな授業をする先生なのでしょう。そこで1年6組の授業を飛び込みで見せてもらいました。教科は1年生社会の歴史、人類の誕生です。

以下、授業記録です。（◎よかったところ　▼改善点）

No.	教師		生徒の発言等
1	はい、始めましょう。		・起立、机と身だしなみを整えてください。今から5時間目の授業を始めます（はい）お願いします
2	お願いします。前回は、歴史を計るものさしについて行いました。時代は1～17あったよね。今日から17の時代区分、順番にやっていくわけでございます。		
3	一番最初の時代、何ですか？		小原：旧石器時代。
4	旧石器時代はどういう時代か、そして人類はどのように誕生してきたかをやります。		
5	人類の祖先は？		綾川：サル
6	いや、サルじゃないと言う人いますか？		（挙手なし）
7	サル、見たことある？		（うん、うん）
8	どこで？		坂口：動物園
9			村口：大池公園
10			神本：山
11	どんな？		神本：野生のサル
12		中本：旅行に行ったら、サルが風呂に入っていた	
13	一緒に？	中本：見ただけ	
14		村口：スキー場で見た	

212　第2部　授業の風景 ―授業で勝負できる教師を増やしたい―

15	動物園のサルもいずれ、人類になるんだ。なると言う人？ ◎いい投げかけ。		（挙手なし）
16	では、ならない？		（全員挙手）
17	えっ、おかしくない？ 私達の祖先はサルなのに、動物園のサルはならない。何でだろうね。 ◎生徒の頭の中に？ マークをいくつもつけた。表情から分かる。生徒は考え始めた。		
18	板書：どうして動物園のサルは人類にならないのか？		
19	まず、個人の意見をノートに書いてください。少し時間をとります。（机間巡り）		（ノートに記入）
20	◎「どうしてだ？」「分からないな」「何故だ？」と生徒に投げかけながら机間巡り。OK		
21	さあ、ちょっと難しいかな？ どうでしょう？ では聞いていきます。	村口：昔は人が少なかったけど、人が増えたことで、サルとヒトがはっきり分かれてしまったから	
22	◎授業全体の雰囲気が非常によい。山本宙先生の雰囲気が柔らかいからであろう。	賀谷：サルは動物園に住むところがあって、自分で住むところを探す必要がなくなったから	
23		林口：昔は、進化の時代が過ぎて、人間になる特別のサルがいなくなった	
24		田岡：昔いたサルが人間になったのは、生きていくために進化したから。生きていくことが簡単な動物園のサルには進化が必要じゃないから	
25	今、4人の人の意見を聞いてみました。じゃあもう少し考えてもらいます。今の私達と動物園のサルはどこが違うか考えてもらいます。		
26	板書：人類とサルの違い（机間巡り）	（ノートへ記入）	
27	それでは、1分。隣近所で見たり聞いたりしてみてください。		
28	では、何が違う？	原口：食べ物	
29	例えば、何が違う？	原口：その辺に落ちているものを、サルは食べる	
30	いいですね、いいですね。	矢島：しゃべれない	
31		原本：人は器用だけど、サルは不器用	
32		黒口：4足歩行	
33	ちなみにどっちが？	黒口：サル	
34		金本：サルは読み書きができない	

35		大空：人は服を着ているけど、サルは着ていない
36		佐々：身体の大きさや、考えが違う
37	みんなに発表してもらいたいけど、最後一人にしようか。	大鳥：食べ物が調理できない
38	動物園のサルは人類にならない理由を、サルと人類の違いから見ていくと、じゃあ、なぜ、人は落ちているものを食べない？　なぜ、しゃべれる？　なぜ、こういうこと（板書に書かれていること）ができるようになったのか？	
39	今日のテーマは 板書：人類の誕生 　　人類はどのように誕生し進化したんだろう	
40	さぁそれでは、人類がどのように誕生して進化していったか、教科書16・17ページを開きましょう。	
41	板書：人類のおこり	
42	人類がどのように誕生したかは、はっきり分かっていません。17ページ△◇○マーク、つまり骨が出土したところです。地図を見てもらうと、どのあたりに集まっているでしょう？	
43	△は？	村口：猿人という人の上
44	ページの左右上下で言うと？	村口：真ん中やや左
45	◇マークは？	篠山：左斜め下
46	○マークは？	金本：左斜め上
47	人類は様々な場所で骨が見つかっています。その骨からいろんなことを知ろうという研究が進んでいます。	
48	サルはサルと言わずに、類人猿（板書）と言います。 ▼類人猿を人類と間違えてしまわないか。	
49	いきなり、人となったのかな？　そうではありません。	
50	人類が生まれたのは、今から約500万年前とします。そのもととなる人類を地図でチェックしてもらいました。△を見ていくと、人類誕生は、印×、そのアフリカで生まれた人達、18ページの左に載っているのが私達人類の祖先、猿人と言います 板書：猿人（500万年〜100万年前） ▼ここの説明がよく分からなかったのではないか。	
51	あるタレントが、車に乗って、ほら…（こういうTV、CMである）	（止まーる猿人）

214　第2部　授業の風景―授業で勝負できる教師を増やしたい―

52	止まる猿人。猿人は500万年前から100万年前まで生きた。そして、さらに時が経つにつれ、原人へと徐々に進化していきます。 板書：原人（180万年～20万年前）	
53	次が新人。サルから、私達人間になっていきます。 板書；新人（約20万年前以降）	
54	サルから徐々に人間へ長い年月をかけて進化していく。いきなり変身していません。	
55	では、先ほど皆さんにあげてもらいましたが、なぜ人類はこういうことができるようになったのか？ 板書：なぜ、人類はこういうことができるようになったのか？	
56	それでは時間をとりたいと思います。（机間巡り）	（ノートへ記入）
57	考え方のヒントです。一つあげるとするとなぜ、しゃべれるようになったのか？　なぜ二足歩行になったのか？　これを考えると、この問題に近づくことができます。▼ヒントを出さずに考えさせたい。	
58	意見交換してください。	
59	はい、それでは聞いていきます。	久山：脳の大きさが大きくなったから
60	何で大きくなったの？	久山：成長したから
61	いじめている訳じゃないよ。例えば？	久山：しゃべれるようになった、言葉とか
62	なるほど、もう少しいきましょう。	勇人：いろいろな発見をしたから
63	例えば？	勇人：道具を使うようになった
64	もう一歩突っ込んだ質問するね。何で使うようになった？	勇人：食料とかを集めるために
65		林口：えっと、進化する途中に、見たり聞いたりして学んで、こうしたらよくなると思ったから
66	もう一人いくか。	黒野：僕たちの成長と一緒で、育っていくうちに歩けたり、しゃべれたりするようになっていった
67	さあ、この中で、いろんなことができるようになったというところから、見えてきます。（チャイム）次の時間は、その原因を探り考えていきましょう。	起立、机と身だしなみを整えてください。これで5時間目の授業を終わります（はい）ありがとうございました
68	ありがとうございました。	

発問が素晴らしい

　山本宙先生の授業を初めて見たが、いい授業でした。声の大きさ、生徒への働きかけなど、いろいろいいところがありました。その中でも特によかったのは発問です。

　この発問づくりは授業づくりの中核です。今回、山本宙先生は「どうして動物園のサルは人類にならないのか？」と投

[授業のためのノート]

げかけています。この発問が実によかったです。生徒は一生懸命考えていました。

　上記のような発問をつくることができるのは日頃の教材研究の賜です。山本宙先生の授業のためのノートが素晴らしいです。

温かい雰囲気

　授業は、非常に温かい雰囲気で進みました。右の写真は、授業後に教科連絡を生徒が聞きに来ている所です。授業中も終始この笑顔でした。

　同じ単元でも、いろいろな授業のやり方があります。宙先生と和磨先生では、アプローチの仕方が違いました。ぜひ、本校が目指す「考え、話し合う」授業の実現に向けて、切磋琢磨し競い合ってほしいと思います。

[表情が温かい]

216　第2部　授業の風景―授業で勝負できる教師を増やしたい―

6. 白銀比（3年数学）

　11月17日の5時間目に、授業を参観しました。授業者は音川先生（仮名）です。学級は3年1組。単元は「図形と相似」、25時間完了の13時間目です。本時の目標は、「計測したり、辺の比を求めたりして、白銀比について知ることができる」「文字を用いて、条件から比例式を作り、コピー用紙の辺の比を求めることができる」の2つです。

　白銀比は、聞きなれない言葉です。今日の授業では、生徒がこの聞きなれない白銀比を導き出していきます。

　以下、授業記録です。

No.	教師	生徒の発言等
1		起立、礼。
2	黒板に「封筒・数研の申込用紙・賞状・級訓「ノビえもん」・カレンダー・名刺・便箋」を貼る。	
3	今日は、この（7つの形）の共通点を探します。	
4	立野君	立野：四角形
5	大村君	大村：長方形
6	他のクラスでは「紙・字をかける物」など出ましたよ。	
7	大村君のを採用します。	
8	これら（7つの長方形）は、2つのグループに分けられます。近くの4人で話し合ってください。	（グループでの話し合い）
9	大村君	横長（よこなが）
10	これだけ沈黙状態では…	
11	後藤君	後藤：長方形が長細いスマート系とぽっちゃり系がある
12	晴山君	文字が書いてあるのと書いてないもの
13	数学的に言うと、後藤君になります。封筒。級訓・名刺…こっちの長さ？　横と縦の差が大きい。封筒は縦が長い？　賞状より細長い。この細長いというのはどうやったら比べられる？　近くで相談して。	
14	服部君	服部：横－縦
15	藤本君	藤本：縦と横の長さの比
16	一丸君	一丸：どちらかに合わせて、大きい方を縮小してみる
17	山下君	山下：藤本君と一緒
18	じゃあ、各班でやってみる？（5グループ）	（グループで活動：折ったり測ったり）

19	電卓を貸します。スピードアップします。	
20	さあ、いろいろな方法を考えてくれたけど、共通点は見つかってこない？	
21	ヒント、（黒板に図を書きながら）7÷2＝3.5　12÷4＝3	
22	一つの班だけ、見つけられた。吉田さん、前で説明して。	吉田：すべての長さを測って、縦を1として、横がいくつになるか
23	どういう式？	吉田：長い方÷短い方＝1.4
24	1.4は四捨五入した？	吉田：小数点第2位を四捨五入
25		吉田：数研・賞状・カレンダー・便箋がそうなる
26		吉田：短い方が1、長い方が1.4、どれも1対1.4になるので相似（拍手）
27	では、この用紙が1.4以外に、どんな関係にあるのか、グループで話し合ってください。	（グループでの話し合い）
28	池田君	池田：ある形に折ったら、カレンダーの大きさになった
29	服部君	服部：差が3の倍数になった
30	そうなるんですね。よく見つけましたね。荻原さん、どうぞ。	荻原：小さい順に1：2：4：8と2倍になっていく
31	面積のこと？	荻原：そう
32	逆に見ると、面積が2分の1になるよね。では、（賞状の用紙を見せて）短いを1、長いをXとして、Xを求めてください。この状態からどうやってXを求めるのか、グループで、はい相談。	（グループでの話し合い）
33	ヒント、一枚でやると難しい。何枚か使用して。	（きた、きた、きた）（$\sqrt{2}$って、1.4じゃねぇ）（やった～）
34	晴山君、説明つく？　では、前に出て来て	晴山：1：X＝X：2　$X^2＝2$　$X＝\pm\sqrt{2}$　マイナスは合わないので、$\sqrt{2}$
35	電卓で、$\sqrt{2}$は？	1.141421356…
36	1：1.4このことを何と言うの。はい、大村君。	大村：黄金比
37	黄金比というのを聞いたことあるよね。しかし、これ、1：$\sqrt{2}$を白銀比といいます。では、白銀比の秘密です。	
38	A3・A4・A5・A6…一回折ると相似の図形ができる。これはロール紙（画像提示）から作られている。	（お～っ）
39	白銀比は、阿修羅像・五重の塔…白銀比を見ると日本人は落ち着く。もっとも美しい形と言われています。キャラクター（キティちゃん等）もそうです。	
40	先ほど大村君が言ってくれた7つの長方形の中で、名刺は、黄金比になります（この後、黄金比の説明）。	

数学は、本校が目指している「考え、話し合う」授業にはなりにくい教科です。しかし、学習指導要領（平成20）の数学の目標には「数学的活動を通して、数量や図形などに関する基礎的な概念や原理・法則についての理解を深め…数学的活動の楽しさや数学のよさを実感し、それらを活用して考えたり判断したりしようとする態度を育てる」とあります。

［やった〜］

ここにある数学的活動の過程で重要なのは、生徒が目的意識をもって主体的に取り組むことです。学習指導要領の主旨をきちっと解釈すると、数学は、教師の説明を一方的に生徒が聞くという授業ではありません（時には必要な場面もあります…）。授業の中に生徒が目的意識をもつように「考え、話し合う」場面を作ってほしいと思います。

［○○だから○○になって］

さて、今日の音川先生の授業には、学習指導要領の主旨が十分に生かされ、本校の目指す「考え、話し合う」授業が実現されています。

まず、「生徒が目的意識をもって主体的に取り組む」についてですが、これは、授業過程の課題により、実現されていました。いい課題（No.8・13・32）でした。これらの課題をグループで話し合ったり考えたりして解決することにより、相似の概念を学んでいきます。No.34の晴山君（仮名）の説明は見事でした。

次に、数学的活動の楽しさですが、生徒の表情が物語っていました。生徒の真剣に考える表情や、No.33の「きた、きた、きた」「√2って、1.4じゃねぇ」「やった〜」という、つぶやきからもそのことがよく分かりました。

特に後半がよかったです。数学と実際の生活が関連付けされていました。例えば、今日扱った、1：1.4の用紙が、すべてロール紙につながっているということがそうです。さらに、ロール紙から、A4サイズができていることや、A5・A6サイズとの関連の説明では、生徒から「お～っ」という歓声が出ました。このように、生活と関連付けることで、数学がいきいきしてきます。

また、音川先生は、白銀比の例に、阿修羅像の画像を見せています。そして、「白銀比を見ると、日本人はみんな落ち着く」と説明しています。さらに、アニメのキャラクターを例にあげています。すべて数学は現実の世界とつながりをもっています。抽象的な概念が、実生活とどうつながっているのかについて、授業の中で触れられれば、今回の授業のように、数学は面白くなります。

7. 一次関数（2年数学）

9月18日の朝、山下恵太先生の数学の授業（2年4組）の指導案が職員室に配られていました。新任としての授業公開です。

さて、今回は、比例 $y=ax$ のグラフを利用して、$y=ax+b$ のグラフを書けるようにすることをねらいます。

以下、授業記録です。（◎よかったところ　▼改善点）

No.	教師	生徒の発言等
1	はい始めます。	・起立、気をつけ、お願いします
2	皆さんが見に来ていますが、いつも通りやっていきましょう。では、レスキュー（復習プリント）2分半、よ～いスタート。	（プリントを行う）
3	あと、1分。	
4	はい、止め。答え合わせをしてください。	
5	菱形の面積ね。	
6	では、今から今日使うワークシート（グラフ用紙）を配布するので名前を書いてください。	

7	今日ね、ワークシートのここを使います。今から切り取ってノートのめあてを書いた下ぐらいに貼り付けてください。 　▼この作業が省略できないか。	（うん？） （貼る？）
8	今日はここね、このグラフしか使わないので、失くさないようにしまっておいてください。	（柳生：ノート忘れた）
9	貼れたら顔上げてください。じゃあいったんこっちを向いてください。一緒に書いてください。板書：「一次関数のグラフ」今日のめあては一次関数のグラフを書こうです。はい、書けたら顔をあげてください。 　▼指示多い。	
10	今日は一次関数を書く前にグラフ自体の復習をします。	
11	縦の線を何と言いましたか？ 　▼グラフ黒板に記した白の線が見えにくい。	前本：y 軸
12	じゃあ横の線は？	古川：x 軸
13	縦が y 軸、横が x 軸。この交わる点を…？	島川：原点
14	最初の点なので 0。	
15	みんなのプリント、1 メモリが何と書いてないので 1 とします。	
16	じゃあ、この平面上にいろんな点がとれると思うけど、その点を何といいました？	吉野：座標
17	例えば、座標とは x と y が交わったところとります。 　x.y（1，2）…1 コンマ 2 と言ったらどこをとりますか？　前に出て来て…	小田：（前に出て）
18	そうですね、今からみんなに考えてもらいたいのはこのグラフです。y=2x、では今から y=2x のグラフを書いてください。	
19	すぐ書ける子はいいんですが、書けない子のためにヒントをあげます。 $\begin{array}{c\|ccccccc} x & -3 & -2 & -1 & 0 & 1 & 2 & 3 \\ \hline y & -6 & -4 & -2 & 0 & 2 & 4 & 6 \end{array}$ 　この表がヒントです。富岡君、黒板にやってください。	富岡：（前に出て）
20	皆さん、こういうグラフになりましたか？	
21	このグラフちょっといけない所があるんですけど？	阪田：一番下まで書かれていない
22	そうです、端から端まで書かなくてはいけない。富岡君、書く時、どうした？	富岡：点を打って

23	うん、富岡君は点を打ってから結んでくれました。この点は何かと言うと表（No.18）に現れている。表のペアxが1の時、yは2を通ります。そこでここに点を打つ。一次関数のグラフを書く時は、点をとっていけばよかった。	
24	では、y=2x+3のグラフならどうなるか？ 表を使って、ペアを見つけて座標点を決めて書いていってください。 $\begin{array}{c\|ccccccc} x & -3 & -2 & -1 & 0 & 1 & 2 & 3 \\ \hline y & -3 & -1 & 1 & 3 & 5 & 7 & 9 \end{array}$ ▼yの値は生徒に答えさせるとよい。	（生徒作成）
25	はい、いったん顔をあげてください。(板書しながら)0と3なのでここ。1と5なのでここ。2と7なのでここ。	
26	いいですか。では、これからが本番。この①のグラフ（y=2x）と、②のグラフ（y=2x+3）、この2つを見て気付いたことを出来る限り多く書いてください。◎よい課題を出している。本時のヤマ場である。	（生徒記入）
27	（机間指導）	
28	（①のグラフだけを見て気付いたことでも、②のグラフだけを見て気付いたことでも大丈夫です） ▼じっくり考えさせたい。この山下先生の補足はいらない。	
29	（どんな小さなことでもいいですよ） ▼じっくり考えさせたい。この山下先生の補足はいらない。	
30	はい、顔を上げて。ではどうぞ。	松本：①は原点を通って、②は原点を通らない
31	①が通って②は通らない。	
32	これ書けた人？	（多数挙手）
33	他？	佐橋：2つのグラフは平行
34	確かにそうだね。これ書けた人？	（多数挙手）
35	みんな書けた。他？	山下：①の式はyの座標が偶数。②の式はyの座標が奇数
36	すごい、そこに気付いたんだね。確かに全部奇数になっているね。永橋さんがいいこと書いていたのでどうぞ。 ◎ほめている。また机間巡視時に生徒の意見を拾い、それを授業に生かしている。	永橋：両方とも直線
37	そうですね、どちらも直線。	
38	山下さんのを書いた人？	（挙手なし）

39	永橋さんのを書いた人？	（挙手複数）
40	ありがとう、他にある人？	黒田：①のグラフは②のグラフに比例している
41	どういうこと？ 詳しく。◎切り替えしOK。	黒田：①が1つ上がると、②もあがる
42	どこが？ ▼y＝2x を x、y＝2x＋3 をyとすると、このxとyは、比例していないと、言い切る必要あり。	黒田：原点から次の点にいった時のyの値。 ▼黒板で説明させたら
43	比例と言うより、同じように動くということ？	黒田：（うん）
44	黒田君の動きを誰か詳しく説明できる？ ◎意図的指名…机間指導中に指名する事を決めていた。	沢柳：②と①の x 座標が同じとき、②の方が、①より常に3大きい
45	さっき黒田君が言ったこととつながりません？ 今言ったことは x 座標が同じところの y 座標を比べた時 x＝1 のところを見ると②は3つ上にある。x＝2 の時も3つ上にある。さっき、黒田君が①が動くと②も同じように動くと言ったこととつながる。	
46	さて、いろんな意見を出してくれました。今日の大事な所をまとめていきます。	
47	このグラフの形、直線です。直線なので、今まで y＝ax＋b と言ってきたんですけど、これからは直線 y＝ax＋b と言います。こいつら、直線 y＝2x、直線 y＝2x＋b という名前になります。▼こいつらは不適切な表現	
48	その次、①は原点を通るけど、②は原点を通らない。①が原点を通っている時②はどの座標を通っていますか？ 本杉君。	本杉：原点より3つ上の場所
49	それを何と言いますか？	本杉：0コンマ3
50	この3って、式に書いてあるんですけど。y＝2x＋3、これが何を表していたか？ y 軸上にある b のことを切片と言います。	
51	この切片は何と言うかというと、戸高君。	戸高：切片は y 軸上の交点
52	そうです、y 軸上で交わる点、交点を表しています。	
53	で、まだ終わりません。2つのグラフは平行ですよね。そこで一次関数、書けるのになぜやっているかというと、＋3ずれるというのを利用して②が書けるからです。	
54	どう利用する？	田島：えっと、切片をつける
55	それで？	田島：3を原点として、y＝2x のグラフを書く

中学校の授業風景　*223*

56	これ（①のグラフ）を利用した？　▼利用している。	田島：…
57	だったら、$y=2x-5$ は、①のグラフからどうすればいい？	山下：y軸から-5ずつ、座標からそれぞれ-5する
58	そうですね。グラフの書き方のまとめをするよ。$y=ax$ のグラフを b ずつずらせば、グラフは書くことができる。 ▼そして、2点をとれば、直線は書ける、と補足したい。	
59	教科書59ページ問1を直接、教科書に書き込んでください。次回続きをやり、ます。	
60	はい、では終わります。	・起立、礼

さらに分かりやすく

　本時のヤマ場はNo.26以降です。ここでは、生徒が気付いたことの説明を行っていきます。授業では、言葉だけで説明をしていましたが、大切な事柄については、黒板に置かれているグラフ黒板を活用しながら、前で説明させたいです。その方が下位の生徒にも視覚を通して理解させることができます。

［よし、黒板で説明して…］

考えさせる場面

　考えさせる場面が設定されていました。No.26です。そこに時間をたっぷりかけていることはよかったです。
　ただ、そこの場面での課題は、山下先生自身も言っていましたが、No.40の黒田君（仮名）の発言「①のグラフは②のグラフに比例している」の取り上げ方です。山下先生も「どういうこと？　詳しく」「どこが」と切り返していましたが、明確になりませんでした。この発言をどのように扱うのか。今回の授業は比例の延長線上にあります。黒田君の「比例している」という発言がなぜ違っているの

[うん、いいねぇ〜]

かを、時間をとって説明する必要があります。黒田君の発言から比例の定義が揺らいだ生徒もいることでしょう。

ただし、その後に、机間指導の時点で把握した沢柳さんを意図的指名したことはよかったです。

山下先生の成長を感じることができた授業でした。声の大きさもよかったです。自信がついてきた証でしょう。

なんといっても教師は教えるプロです。学ぶ楽しさを味わうことができる授業を目指し、数学好きな生徒を増やしてほしいと思います。

8. かたくちいわし（2年理科）

学校へ来たら、「授業公開第一弾」と書かれた指導案付きのプリントが机上にありました。山中先生の理科（2年）の授業公開です。そうか、教務主任自らの授業公開か…勇気がいるものです。ましてや、教育課程の番人である教務主任が率先する。聞くところによると、4年連続で、トップバッターを務めたとのこと。まずもって、その山中先生の姿勢に敬意を表したいと思います。

授業は、「1年間、よろしくお願いします」から始まりました。単元は「動物の生活と種類」。本時のねらいは、「動物の世界に興味をもつ」です。

最初の発問は「動物とは何？」です。

S01：生き物
S02：呼吸する（T：すばらしい）
S03：骨がある（T：いいね、いいね。本当は「ほ〜ね」と言うつもりだったんだ）
S04：血がまわっている（T：血らんかった＝知らんかった）
S05：心臓がある
S06：死ぬ

S07：動く（T：うん、いい答えだ）
S08：年をとる（T：それは、先生に言った？ 花野先生と同じ28歳だぞ）
S09：生きている
S10：五感が働く（T：ほお〜、五感分かるか？）
※五感＝視覚・聴覚・嗅覚・味覚・触覚

［うん、いい答えだ］

テンポよく指名が行われ、それに生徒が答えていきます。上記（　）は、山中先生のコメントです。時に、そのコメントが笑いを誘い、全体の雰囲気を和ませています。

さて、この導入段階における生徒の短い発言ですが、前の生徒の発言を受けています。S04〜S07は、連想ゲームのようです。生徒は、「なるほど、A君はそのように考えるのか」というように、他の生徒の発言から学びます。本校が目指す「考え、話し合う」授業の大切さはそこにあります。

山中先生も、「なぜ、動いているのか？ なぜ生きているのか？ 他の人の意見を参考にして考える。そして話し合う。そうすると理科は面白くなるぞ」と、学ぶとは何かについて端的に伝えています。

次に、山中先生は、「先ほど、村田さんが、『五感』と言ってくれたけど、それを総動員して、いきなりだけど、解剖するぞ」と、宣言しました。生徒の反応は「エ〜ッ」です。

T11：今日は新鮮な魚を用意しました
S12：イヤーッ
T13：解剖するのは、カタクチイワシです
T14：魚は、動物か動物ではないか？
S15：分からん
T16：それ（分からん）もいいぞ、いろんなことを考えることが大事、するとな、脳も活性化する
S17：泳いでいる
T18：ということは？

［解剖するカタクチイワシ］

S19：動く
T20：（ワークシートと白紙の用紙配布）いろんな動物がいる中で、佐々木君を解剖するとまずいので、人とカタクチイワシを比べます。共通点と違う点を書いてもらう。その後、お待ちかねの解剖。その時に使うのが白い紙。それが手術台。解剖と言うと、きゃ～というのが女の子。しかし最後に心臓がつぶれたと笑って言うのも女の子、先生の教師経験から言うとね。

[メスはみんなの爪]

次は、カタクチイワシの登場です。

T21：それでは、カタクチイワシさんに登場していただきます
T22：（煮干しの袋を見せる）
S23：活きよくないじゃ～ん

授業は、まず、解剖前のカタクチイワシを観察し、人との共通点と相違点を、ワークシートに記入し、その後、グループで話し合います。

いよいよ解剖です。

T24：メスはみんなの爪、ピンセットもみんなの爪です。ようは手でやれ。簡単に説明するぞ。背中の方から割れます。まず、頭をとる。背中を爪で割る

理科室には、

S25：何これ？ 肝臓？
S26：ねえねえ、心臓がないんだけど

などの声が、あちらこちらから聞こえます。

[何これ？ 肝蔵？]

今日の授業は、今年度初めての授業ということで、オリエンテーション的な意味も含んでいました。山中先生は、随所で「なぜそうなっているのか」「物事には理由がある」など、考えることの重要性を強調していました。素晴らしい授業

でした。それは、生徒の表情からも分かりました。

9. リンゴが落ちる（特別支援・理科）

　特別支援の授業を見ました。授業者は成田先生です。生徒が本当に楽しそうにしている様子が分かりました。こんな表情を見せてくれる授業、どんな授業だったのでしょう。教科は理科。単元は運動とエネルギー。ねらいは「重力の変化により、物体の運動の違いに気付く」です。

　以下授業記録です。

〈復習〉
　成田Ｔ：前回の授業いなかった人もいるので、復習ね。何習ったかな？　たいき。
　たいき：重力。浮力…
　成田Ｔ：ちょっと、前の復習ね。ここに水の入ったペットボトルと水の入っていないペットボトルがあります。同時に落とすね。どう？
　○　○：同じ。
　成田Ｔ：うん同じ。落ちる速さ同じだよね。
　成田Ｔ：でも紙のようにヒラヒラしたものは違うよね。空気の抵抗を受けるから。

〈導入〉
　成田Ｔ：では一つ動画を見てもらいます。
　　　　　〈富士急ハイランドのジェットコースターの映像〉
　かつや：わ〜こわ〜。
　らいと：一回乗ったことある。
　かつや：わ〜。
　川　原：やだ〜。
　らいと：あ〜もう死ぬ。
　吉　井：落ちたくな〜い
　成田Ｔ：どう、怖い？　落ちる速さ分かるかな。（ジェットコースターを疑似体験させることで、落ちるスピードを実感させる）

〈学習テーマ提示〉

成田T：それでは、今日の学習テーマです。（掲示）吉井君、読んで。

吉　井：「物を落としたら速さはどうなるか調べよう」

成田T：この人、知っていますか？ニュートンです。

律　希：万有引力

律　希：重力を発見した人。

[リンゴがびゅーん]

〈引きつけ合う力〉

成田T：リンゴ落とすよ。

らいと：そのリンゴ、おもちゃ。

成田T：はい、落としました。先生は地球がリンゴに落ちたように見えたけど。

律　希：それはおかしい。

成田T：おかしい？

成田T：ニュートンは、すべての物体は引きつけ合っていることに気付いた。すごいね。

成田T：リンゴと地球…引っ張り合っている。…そんなのおかしいじゃない？

成田T：ニュートンはこう言った。すべての物体が引きつけ合っていると。

成田T：すべての物体が引きつけ合っているなら、吉井君にリンゴがぶつかっていく。びゅーん。

全　員：（笑い）

らいと：ヒェー。

成田T：先生の口にリンゴがびゅーん。

全　員：（笑い）

成田T：らいととリンゴが引きつけ合っている。

らいと：先生〜。

成田T：何で、地球だけに向かっているの？

成田T：物体が重い方が物体をひきつけ合う力は強くなる。リンゴ軽い、地球はとっても重い。地球に引っ張られる。ニュートンがそんなことに気付いたのは300年前。

らいと：すごっ。

成田T：じゃあ重い地球と月だったらどう？　月ってたぶん重いよね。持ったこと

ないけど。両方とも重いので、月と地球はぶつかる。でも、ぶつからない何で？

生　徒：…

成田Ｔ：何で？

生　徒：遠い。

成田Ｔ：そう、遠いから。安心して寝られるよね。寝ている間にぶつかることはない。

成田Ｔ：さっき律希君が言ってくれましたが、これが万有引力の法則。これ、高校レベルかな？　難しい。では、本題に入ります。

〈ボールを落とす実験〉

成田Ｔ：今日はね、ボールを落として撮影し、スローモーションで見てみるね。あそこにカメラがあるでしょ。

らいと：本当だ。やったぁ。

成田Ｔ：やる前に、予想してもらいます。①速さは変わらない　②だんだん速くなる　③だんだん遅くなる。プリントに３択で予想してください。まず、名前を書こうか。

たいき：①

吉　井：①

かつや：①

川　原：①

成田Ｔ：みんな①か？　先生のお手伝いをらいと君に頼もうかな。

らいと：えっ、俺。

成田Ｔ：じゃあ、らいと君、ここに来て。ボールを落とします。このボール、先生の子どもが遊んでるやつね。

成田Ｔ：準備ができたら、合図するから。

成田Ｔ：じゃあいい？　落としてください。

成田Ｔ：では、こちらにつないで100分の１で、再生するね。

生　徒：（パソコンの映像を見る）

成田Ｔ：正解は？　では、川原君。

川　原：②

成田Ｔ：はい、③だよね。

かつや：えっ、③？

成田Ｔ：ごめん。②だね。

〈重力の違い（電子黒板）〉

成田T：これ月ね。

生　徒：へぇ〜。

成田T：これ火星ね。

生　徒：月ぽいね。

成田T：これ使ってシミュレーションするね。重力と言う言葉、初めてか？　地球の重力が1だと、火星は0.4。月は0.16です。ここに、輪っかがあります。これをね、ペンでシュッと動かす。

生　徒：消えた、

生　徒：（笑い）

かつや：あれれれれ

吉　井：行方不明になっている。

成田T：じゃあね、順番にやってもらう。

生　徒：（順に、電子黒板で操作）

成田T：地球は？（実演）

生　徒：動きにくい。

成田T：火星は？（実演）

生　徒：ちょっと動く。

成田T：やや動きやすい。

成田T：月はどう？（実演）

生　徒：よく動く。動きやすい。

成田T：無重力だと。

生　徒：ワ〜っ。

吉　井：（実演中のつぶやき）重力を最大にしてよ。

律　希：（　〃　）重力を最大にすると重いよ。

吉　井：（　〃　）重力をなくすとどうなるのかな？

成田T：じゃあ、軽くしようか。

吉　井：面白いよ。

律　希：ちょっと、スムーズになった。

律　希：（無重力で飛んでいくのを見て）宇宙ゴミ、まじ危険だから。

吉　井：（ブランコの実演で）これ危ないよ。

かつや：これ、怖い。

生　徒：（ドミノ倒しの実演で）ほのかにふわふわしている。

[電子黒板を操作]

生　徒：（　　　〃　　　）ビューン。

成田Ｔ：みんなよくがんばりましたね。

らいと：（手を叩き拍手）

生　徒：（拍手）

成田Ｔ：まとめです。重力が小さくなると、落ちる速さは？　プリントに書いてく
　　　　ださい。

生　徒：（プリント記入）

成田Ｔ：さあ、どうなる？　吉井君。

吉　井：遅くなる。

成田Ｔ：みんなどう？

生　徒：遅くなる。

成田Ｔ：今日の授業はどうでしたか？

生　徒：面白かった。

成田Ｔ：じゃあよかった。では、プリント集めてもらおうかな。はい、終わりま
　　　　す。

生　徒：起立、礼。

　授業は、水の入ったペットボトルと水の入っていないペットボトルを落とし
て、落下の様子を観察するところから始まりました。次に、YouTube のジェッ
トコースターの動画（落下の様子）を視聴させ、今日の授業に対して関心をもた
せています。生徒は、動画にくぎ付けで、落下し始めると声をあげていました。

　また、電子黒板の画面上で「地球・火星・月」における重力の違いを、全員に
操作をさせ疑似体験させたのは、よかったと思います。生徒の様子からは、自分
の順番が来ることが待ち遠しくてしかたがないという気持ちがよく伝わってきま
した。

　今日の授業は、いろいろな工夫がされており、それが生徒の集中力の持続につ
ながったと思います。

　例えば、ボールの落下をデジカメで撮影し、スロー再生し、落下速度の変化を
視覚的にとらえさせようとしたのも、その一つです。ただ、結果は、100 分の 1
秒での再生だったからでしょうか、少し分かりにくかったと思います（NHK テ
レビのようにはいかないよね）。

　あっと言う間に過ぎた 1 時間でした。

10. Mr. 小島、最近いいぞ（3年英語）

　廊下を歩くと、粟津先生の声が聞こえてきます。勢いのある元気な声です。授業は3年生の英語。中3の英語となると、少し難しく感じる生徒もいることでしょう。さて、苦手な生徒は、どのような気持ちで粟津先生の授業に臨んでいるのでしょう。苦手な生徒の気持ちになって授業を参観しました。

　授業は、すでに10分ほど過ぎたところでした。黒板に誰かの写真が貼ってあります。粟津先生は、以前のUnitでも、導入に、ピッチャーマウンドへボールを運ぶ「ベースボールドッグのエルフ」の写真を使っていました。今回も、その時同様、生徒の興味関心を高めたうえで、授業が始まったことと思います。導入部分を見ることができず残念でした。

［自信をもって、あってるから］

　授業はちょうどフラッシュカードによる英単語の学習のところでした。フラッシュカードには、figure（図）example（例）era（時代）introduce（紹介）system（方式）など、表に英単語、その裏に日本語が書いてあります。
　フラッシュカードを見せ、日本語から英語、英語から日本語、英語のスペルと、実に軽快に授業が進みます。このテンポが実にいいです。

　figure（図）の説明では、この綴りはfigure skating（フィギュアスケート）と同じことを理解させるために、回転ジャンプを見せています（回転不足で減点）。
　生徒は先生が何をやっているのか分からなかったようで、それを察した粟津先生は「バスケットじゃないぞ。真央ティー（浅田真央：バンクーバーオリンピックフィギュアスケート銀）」と、補足しています。生徒からは、「真央ティーって誰？」と、突っ込みが入っています。もちろん、生徒からは笑いが起きました。生徒と粟津先生の関係の良さがここからも見えてきす。

粟津先生は、フラッシュカードの単語を全員に言わせたり、列ごとに指名して言わせたりしていきます。そして、その時に生徒に対して、さまざまな言葉をかけていきます。
　例えば、声の小さい生徒には「自信をもって！　あってるから」、その他、「excellent」「That's right.」「perfect」「good」などです。
　また、「Miss 榊原、がんばれ」「Mr. 小島、最近いいぞ」とも、声をかけています。
　特に、「最近いいぞ」という言葉はいいですね。「最近いい」ということは、以前の様子を知っているということです。小島君にとって、粟津先生は、自分のことをよく分かっていてくれる（よく見ていてくれる）先生ということになります。
　授業中にかける何気ない言葉が、生徒と先生の信頼関係を築きます（ということは、また、その逆もありえます）。

　さらに、テープを聞いて、プリントに括弧の穴埋めをしていくところでは、机の間を回りながら、スペルの違っている生徒に対して、「よし、音は聞き取れているぞ」と、指導をしていきます。
　これもいいですね。生徒は、違っているから「×」と言われるのではなく、「どこどこまでは、できているんだ。あと少しだ」と背中を押してもらえます。
　私もこのような先生に出会っていれば、英語に対するアレルギーはなくなっていたと思います。英語の苦手な自分も、もっと受けてみたくなる授業でした。
　なお、生徒の声が、粟津先生の声より大きくなることを願っています。

　さて、粟津先生の授業を参観した英語科の清水先生と愛子先生、一生懸命メモをとっていました。何を感じましたか？　その感じたことを、自分の授業で実践しましょう。もし分からないことがあれば、粟津先生をつかまえて、教えてもらいましょう。
　さあ、清水先生・愛子先生、粟津先生

［よし、聞き取れているぞ］

に負けない授業をやってください。そして、粟津先生に「おっ、最近いいぞ」と言われるように、なってください。

11. 初任者研修（1年と英語）

6月27日（水）は終日、初任者研修が、本校で開催されました。その研修で、西尾先生が1年生の英語の授業、そして、山中先生が理科の模擬授業を公開してくれました。今回は、西尾先生の授業を紹介します。

西尾先生の公開授業は、市内の校長会議があったため、参観することができませんでした。残念と思いきや、山中先生が、前半20数分ですが、ビデオを撮影してくれていたおかげで、観ることが出来ました。ただ、残念なのは、やはり録画では、臨場感が半減です。

［テンポよく進む］

テンポを大切に

西尾先生の授業は、温かい雰囲気の中で授業が進んでいました。参観した初任者のA教諭は、感想用紙に、

> 和気あいあいとした雰囲気であるにも関わらず、授業のテンポは驚くほど速く、1時間の授業によくこれだけの活動を取り入れることができるなと感動した。自分の授業は、西尾先生と比べると、非常に密度が薄いと感じた

と、記しています。この驚くほど速いテンポにも理由があります。生徒に少しでも多く発音させたいという意図からです。

また、B教諭は、西尾先生の生徒の気持ちに寄り添う先生の細やかな心遣いに

ついて、

> 机間指導の時に"分からない人"と聞きがちであるが、西尾先生は"困っている人"と聞いていました。是非、取り入れていきたいと思います

と、記しています。鋭い指摘です。「分かる」「分からない」は、その人の能力差を直に聞いていることになります。そこで、西尾先生は、「困っている人」と聞いているのでしょう。そうそう、生徒は困っているのです。助けなくては…なるほどと納得です。

ほめることの大切さ

さて、奈美子先生は、この授業をどのように感じたのでしょう。立ち話し程度ですが、その授業の感想を聞いたところ「感動しました」とのこと。後日、何に感動したか聞くつもりでしたが、その機会が持てませんでした。でも研修センターに提出した感想から、それが分かりました。感想には、

> 西尾先生の授業参観で、"ほめる"ことの大切さを学びました。これも頭では分かっているつもりですが、そう簡単にできるものではありません。自分のクラスには思い入れが強すぎて、いつの間にか『これはできて当たり前』と考え、勝手にハードルをあげてしまいます。そうすると上手くいかないことばかりに目がいき、生徒の些細な成長を見つけてほめてあげることが、疎かになってしまいます。その瞬間、瞬間で、叱るのではなく、"ほめることはできないのか"ということを常に念頭に置いて行動したいと思いました

と記しています。自分自身を振り返ることのできている感想です。

話は変わりますが、「生きる力」という理念は、学習指導要領（平成20）に引き継がれました。西尾先生の学級経営の柱は、その「生きる力」の根底に流れる自主性をいかに育てるか、だと思います。教室の前面には「次、何が始まる？」と自主性を促す言葉が掲示してあります。この自主性を育てる教育は、教師主導で行う教育と比較して、時間がかかります。そこで、大切なことは、教師が「待つ」ことです。西尾先生は、この「待つ」ことが非常に上手な先生だと思いま

す。経験の浅い先生に見習ってほしいです。

　授業が学校を変えます。新しく本校に来た先生方が、新しい風を吹き込んでくれることに、期待をしています。

12. ペンギンは AIKO よりかわいい（2年英語）

　今朝、学校へ来ると「2年英語1〜4組公開授業を行います！」のプリントが机にありました。橋本愛子先生の授業公開です。そのプリントにはさらに

> 聞くとき、ノートを書くとき、発音するとき、活動に取り組むときを、子どもに切り替えさせられるようになりたいです。最近、文法を面白いというような授業ができていなかったような気がするので、子どもの笑いのある授業ができたらいいなぁと思います（以下略）

とあります。ここには、授業に対する視点が2つ書かれています。1つは、生徒がきちっと切り替えられるようにけじめをつけること。もう1つは、文法をいかに楽しく学ばせるかということです。いい視点です。

　では、この視点を中心に、授業がどのように展開されたか、簡単に様子を伝えます。最初は、いかに楽しく学ばせるかです。

［いかに楽しく学ばせるか］

2年生の先生、顔写真で登場

　導入では、蟹井先生と青井先生の顔写真が登場しました。愛子先生は「さて、青井先生の身長は何センチ？」と背の高さを比べました。次は、智史先生と富田先生の登場です。「さて、どちらが年上？」と、予想をさせました（富田先生こ

と、Tommy の年齢は伝えない約束になっているとのこと)。楽しそうな授業展開が期待されるいい導入でした。生徒は、どんどん授業に入り込んでいきました。

分かりやすい今日の授業のポイント

普段の授業からそうなのでしょう。本時の目標や、学習のポイントの説明が分かりやすかったです。例えば「今日の目標は、2つものを比べる言い方を学びます」と明確に伝えたところがそうです。また、板書の「Today's Point」もよかったです。

今日の授業は比較級の第1次です。比較級にしたときの形容詞がどのように変化するかがポイントです。愛子先生は、3つの原則（①er をつける ②y を i に変えて er ③最後を重ねて er）を分かりやすく示し、その練習をさせました。プリントもよかったです。

気になる生徒Ａ

次は、けじめをつけさせるという視点です。この視点を考えた時、気になる生徒は A 君です。A 君に対して、どのように愛子先生が関わるのかを中心に参観しました。

A 君はノートを出さずに何かよそ事をしているようでした。そんな A 君のところへ愛子先生は、1 時間の授業の中で合計 7 回、声をかけに行っています。雰囲気は、注意をするというより、心配で見に来たという感じで、A 君の所へ行きます。「さて、A 君はどうするのかな？」と思って見ていたんですが、なかなか手強い A 君。すぐには、できません。しかし、愛子先生は、あきらめません。最後のところで、プリントをやり始めました。愛子先生の粘り勝ちです。

A 君は、何故、やり始めたのでしょう？ 想像するに、愛子先生の粘りの他に、プリントの中に、2 年生の先生の顔写真が全員登場していたからだと思います。そのことに関心が向いたようです。

次頁がそのプリントです。2 年生の先生たちも含めて、次頁にあるイラストを使って比較級の作文をするのです。

その中で愛子先生は、他のクラスで、こんなのがあったよと、次の文を例示しました。

それが、*Penguin is prettier than Aiko.* です。「ペンギンは愛子よりかわいい」か…。なかなかいいですね。

2年生は、学年一丸となって、けじめをつける指導を重ねているところです。私は、楽しく、そしていい授業をすれば、けじめはついてくると思っています。自転車の両輪の関係です。それをこの授業で見せてもらいました。

授業後、愛子先生のメモが職員室にありました。「今日は、参観、本当にありがとうございました。今日の授業を明日へつなげていけるように頑張ります」です。これを読んで、「伸びよう、学ぼうとしない人は子どもとは縁のない人」教育者大村はまの言葉を思い出しました。

［プリントに登場する2年生の先生］

13. トゥ・イドゥ・ドゥ（1年英語）

今日は過去形の第1次の授業を佐藤奈美子先生に見せてもらいました。授業は、ナルト（人気アニメ）に、なめこ栽培（ゲーム）の画像から始まりました。生徒が興味をもっていることをリサーチしからの導入、生徒を引き付けることに成功しました。

以下、授業記録です。（空欄＝教師・S＝生徒）

No.		授業記録
1		Stand up. Good morning, everyone.
2	S	Good morning, Ms.Sato.

中学校の授業風景　*239*

3		Sits down.
4		How's the weather? （外を見ながら）
5	S	It is sunny.
6		What day is it today?
7	S	It is in February.
8		What is the date today?
9		It is February 8.
10		（ナルトの画像を見せながら、昨日これ見た？） What is this?
11	S	ナルト
12		では、このゲーム知ってる？　やったことある？　What is this?
13	S	なめこ栽培ゲーム
14		私が昨日したことを英語で言うと…
15		I watched Naruto.
16		I played Nameko Saibai game.
17		私は、何をしたって言ったかな？ 音に気をつけて聴いて。
18		Once again watched Naruto.
19		I played Nameko Saibai game.
20		今までと違った？　相談タイム５秒。
21	S	（相談）
22		何か気が付いた？
23	S	play…played
24	S	watch…watched
25		play…「ドゥ」と…「トゥ」と…
26		私、いつの話をした？　今日？　昨日？　明日？　（板書）
27	S	昨日。
28		私は昨日テレビを見た。今までに、I watch TV. この表現は習いました。
29		私はテレビを見ましたは、過去の表現。過去の表現は「ドゥ」、「トゥ」… ed となります。
30		では、Please open your textbook to page 41.
31	S	41 ？
32		Sorry, sorry. p.53
33	S	（ワーク）
34		（机間巡り）後、15秒待ちます。
35		（板書：Point ！）
36		Look here. Put your pen down.
37		一般動詞の過去形、一般動詞って何？　相談タイム５秒。
38		Stop please. どんなのが一般動詞？
39	S	Play
40		他？

240　第2部　授業の風景 ― 授業で勝負できる教師を増やしたい ―

41	S	Come
42		する、来る、寝る、食べる、勉強するなど、動作を表すものだったよね。
43		動作を表す言葉に、何かを付ける。
44		ed を付ける。「～した」になる。どれくらい前なのか、過去の表現が付く。
45		I played tennis yesterday.
46	S	（復唱）yesterday yesterday played played
47		（紙でかくしながら）
48		バスケット？
49	S	I played basketball yesterday.
50		野球は？
51	S	I played baseball yesterday.
52		ではね、彼はテニスをしますは、なんと言う？
53	S	He plays tennis.
54		そう。I なら play、He なら plays と主語によって変わった。
55		しかしね、過去形は変わらないんだよ。He played tennis yesterday.
56		彼女は？
57	S	She played tennis yesterday.
58		Ken は？
59	S	Ken played tennis yesterday.
60		主語によって変わることがない。久乗君と河合先生が、昨日テニスをした。
61	S	（笑い）Mr. Kunori and Mr. Kawai played tennis yesterday.
62		彼らは？
63	S	They played tennis yesterday.
64		発音、Very good.　全部、ed 付けるだけでいいの。
65		でも、何でもかんでもじゃなくて、例外もあります。過去形の作り方、何種類かあります。
66		〇〇君、Put your pen down.
67		（板書を示しながら）子音字って何？　5秒相談タイム。
68	S	母音じゃない。
69		母音って？
70	S	o　u　e　i　a
71		何で、その順番？
72	S	（笑い）
73		子音は、a　i　u　e　o 以外の文字ね。
74		後で、プリントを配るけど、want は①～④のどれ？
75	S	one ①
76		like は？
77	S	two ②
78		enjoy は
79	S	three ③

①　動詞に ed
②　e で終わる動詞に d
③　子音＋y で終わる動詞に y を i に変えて ed
④　stop ⇒ stopped

中学校の授業風景　*241*

80		ひっかかりましたね。この流れだと、③と思ったでしょう。
81	S	one ①
82		そう、y の直前を見るのがポイント。study は？
83	S	three ③
84		そう、今回は引っかかりませんでしたね。stop は？
85	S	two ②
86	S	先生、visit は？
87		visited、訪問するという意味ね。つけ方はこれだけしかない。では、読み方はどうだろう？
88		全部、du と読んでいけばいいのかな？　では、読んでいきます。（いくつかの動詞を読む）Be careful.
89		読み方は違いましたか？　最後の ed のところ、違うか違わないか？
90	S	違う。
91		Good.　ではどう違うのかな。自分たちで、口に出して言っていきましょう。Repeat after me.
92		（いくつかの動詞で練習）
93		今、みんなの発音聞いたけど、すごく良かったです。Very good.
94		分析すると何種類？
95	S	3 種類。
96		Watch like wash チ・ク・シトゥの発音
97		これ写さなくていいよ。
98		穴埋めにしたプリントを配るので、ノートに貼ってください。糊のない人は家でね。
99		まず、穴埋めしましょう。
100		では、問題配ります。Here you are.
101		そうだ、そうだ。吹きだしにしたポイントを忘れていました。もう少し、分かりやすく説明しようと思っていたんだ。
102		じゃあプリントね。
103		（机間巡り）
104		早いね。早い人には、問題を与えます。過去形の単語の後に、発音を書いてください。 トゥ・イドゥ・ドゥ…
105	S	先生、トゥ・イドゥ・ドゥでなくて、記号でもいい？（トゥ・イドゥ・ドゥ＝T・ED・D の記号で）
106		いいよ。あとで回答を配布します。
107		※前田退席（来客のため）…その後、佐藤先生は、念のため、①もう一度動詞の過去形の発音練習（カードを使って）②絵を使って、文章を英語で言う練習（I watched TV yesterday. など）を行っています。

①　動詞の語尾の息が抜ける音（無声音）⇒トゥ
②　動詞の語尾が td ⇒イドゥ
③　それ以外の動詞 ⇒ドゥ

ス・プ・フ・ク・シュ・チュ

音に気をつけて

英語は、自分が習った時と随分変わってきました。英会話の要素が多く導入されたり、ヒヤリングを重視したりする点です。それを感じたのは、№17です。佐藤先生は、「音に気をつけて聴いて」と、投げかけています。このように、この授業は音の違いを感じさせることから入っています。自分が習った頃は、現在形と過去形の動詞の違いをedがついて

[発音を記入していく]

いるというように、文法的に捉えさせる指導でした。なるほど、音の違いか…、英語の先生には当然なことだと思いますが、何か新鮮な感じがしました。

相談タイム5秒

授業の様子の中で、№20・37に「相談タイム5秒」というのがあります。この5秒はどのような経過をたどって、5秒になったのでしょう？ あまりだらだらやると、集中力がなくなるからでしょうか？きっと、いろいろ試行錯誤する中から5秒になったと思いますが、やはり、5秒では短くて、相談できません。

生徒の良いところを見つけて

授業の中で、佐藤先生はR君へのフォローを随所でしています。R君は英語が苦手です。机間めぐり（№34・103）でも、必ずR君の近くへ一番先に行きます。そのおかげで、R君は意欲的に取り組んでいました。

[真剣に]

今回の授業で、取り入れることができれば、生徒同士で問題を出し合うことがあってもよかったと思います。一人の生徒が現在形を言う、それに対して相手が過去形を言う。そして交代するというような感じです。

　佐藤先生は、No. 64とNo. 93では、「発音、Very good.」「今、みんなの発音聞いたけど、すごく良かったです。Very good.」とほめています。授業の中で、できる限り多く生徒の良さをみつけることが大切です。

　我々教師は、どうしても指導するということで、できていないことに目がいきがちです。英語もこの時期になると個人差がでてきます。なんとか、ほめながらその個人差を埋めていってほしいと思います。

もっとよい授業をしたい

　佐藤先生の授業は、非常に分かりやすかったです。1年生は、本格的に英語に出会います。特に分かりやすさが求められます。学校評価に、分かりやすい授業かどうかについてのアンケートの結果が、教科別に示されています。英語は昨年の66.6％から、75.0％にアップしています。今日の授業も非常に分かりやすかったです。他の先生も、この学校評価の数値を気にしてください。

　佐藤先生、さらにいい授業を目指してください。授業公開を知らせるプリントには、

　　　「もっとよい授業をしたい！」と思いながらも、忙しい毎日に追われる日々を送っておりましたが、先輩方の素晴らしい授業を拝見させていただき、「自分も頑張らねば！」という思いになりました。未熟者ですが、できる限り多くの先生方に見に来ていただき、ビシバシとご指導いただきたいと思っております。なにとぞよろしくお願い致します。佐藤

とありました。新任として、初めての中学校勤務、そして初めての担任としての1年が終わろうとしている佐藤先生。この1年間、大変だったと思います。授業公開のお知らせの中に「もっとよい授業をしたい！」という一文がありますが、大切な事です。

　「もっとよい授業をしたい！」と、新任の時に抱いたこの思いをいつまでも大

切にしてください。

14. 帰れソレント（3年音楽）

　髙山先生（仮名）による音楽の研究授業がありました。1年生の福祉実践教室の挨拶をしてから、授業を観にいったので、途中からの参観です。

　この単元では、「曲想の変化」について学びます。その最終時です。教材はイタリアのカンツォーネ（歌・歌謡曲・民謡の意）、「帰れソレント」。グループごとに歌詞の内容から一番伝えたい気持ちをセリフで考えさせた後、その気持ちを「帰れソレント」の歌詞にのせます。楽譜に音の強弱・伸ばすところ・テンポ等を記していきます。

　少し横道にそれますが、ソレントと言えば、ソレント半島南岸に世界遺産のアマルフィ海岸があります。映画、「アマルフィ女神の報酬」の舞台です。なお、この続編が「アンダルシア　女神の報復」。両方とも観ましたが、織田裕二の演技は別として、音楽とそこにでてくる景色はよかったです。

話し合いのある音楽の授業

　ちょうど音楽室に行った時は、「帰れソレント」のCDを聴くところでした。歌はパヴァロッティ。パヴァロッティと言えば、「ドミンゴ」「ホセ・カレーラス」と共に三大テノールとして有名な歌手です。2007年9月に死去。そのニュースが世界中に流れたのも、ついこの前のような気がします。パヴァロッティの自由な表現を聞かせ、感情をこめた表現のヒントにしています。

　さて、授業ですが、感動的でした。何に感動したかというと、生徒が、楽しそうに話し合っていたからです。なかなか、話し合いが位置づけられた音楽の授業を観ることはありません。本校の重点努力目標に「考え、話し合う授業」とあります。それが実践されていました。なかでも中学3年の男子生徒が、一生懸命、

話し合っていました。一部紹介します。

 男子1：まず、ここはフェルマータにしよう
 男子全：(笑い) いいね
 男子2：ここからいきなりアップ気味
 男子3：ここからか！
 男子4：でも、ここは元に戻したほうがよくない？
 男子1：よし、このフェルマータ消してよ
 男子5：このあたりにフォルテシモ
 男子?：そうくるか！
 男子全：(笑い)
 男子2：最後にデクレッシェンドで

[このあたりにフォルテシモ]

　この授業は、学習指導要領（平成20）の改訂が意識されています（新旧対照表参照）。表現について、「イメージや曲想をもち…」「自由な発想」という言葉に変わっています。それが意識されたいい授業でした。

旧（平成10）	新（平成20）
カ　旋律の反復、変化や対照による曲の構成を生かして表現すること。	カ　表現したいイメージや曲想をもち、様々な音素材を生かして自由な発想による即興的な表現や創作をすること。

　今日の授業で、よかったところがたくさんあります。その中でも、髙山先生と生徒のやりとりは、面白かったです。例えば、歌詞の内容から一番伝えたい気持ちをセリフで考えさせる場面の発表の時のやりとりです。

 髙山：さあ、どんなセリフを考えましたか？ ちょっと聞いてみます
 A班：また、一緒にこの風景をみたいな
 髙山：こんなこと言われたら、先生だったら一生ついていっちゃいます
 生徒：(え〜っ、笑い)
 B班：帰ってきてくれよ
 C班：君が、海の向こうにいても、ずっと待っている

髙山：すごーい
生徒：(笑い)
D班：帰ってきて、カムバック
髙山：イタリア語で何て言うのかな？
E班：私のことを忘れないで、ずっと、そばにいてほしい
F班：一人にしないで
髙山：う〜泣けてくる
生徒：(笑い)

　髙山先生のコメントに、生徒は大喜びです。このやりとりだけで、髙山先生と学級のよい関係がみてとれます。

　一緒に参観した早川先生が、「音楽の授業ってこんなに楽しんだね、自分達の時は歌え、笛、吹けという授業だったよね」と言っていましたが同感です。自分の中学校時代の授業が、もし、今日の髙山先生のような授業だったら、もっと、音楽が好きになったと思います。

　最後は時間がなくて残念でした。時間があれば、話し合いの後、グループごとに別室で一度歌ってみて、そして、全体に発表できるとよかったと思います。

15. ジャポンにひらめきを得たジャポニズム（1年美術）

　今日は、榎本幸子先生の美術（1年生）の授業に参加しました。鑑賞の授業です。内容は、日本の芸術、特に浮世絵が西洋の作品にどんな影響を与えたかを考

【イラスト榎本幸子】

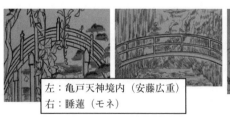

左：亀戸天神境内（安藤広重）
右：睡蓮（モネ）

左：東海道五十三次名所図会石楽師
　　　　　　　　　　（安藤広重）
右：タンギー爺さんの肖像（ゴッホ）

えます。授業は、富士山の版画を見せるところから始まりました。

以下、授業記録です。

No.	教師	生徒の発言等
1	（欠席確認・資料集等、忘れ物確認）	
2	今日は鑑賞（板書）をやります。	
3	（一版多色刷り版画の作品を見せながら）何か分かる？	（富士山、東海道五十三次）
4	この絵は？	（浮世絵）
5	そうです。今日は、この浮世絵ともう一つの絵を比べます。	
6	資料集104ページを開いてください。	
7	この作者は誰？	…
8	ヴィンセント・ヴァン・ゴッホ。	
9	代表作ひまわり、知ってる？	あぁ〜
10	この絵は、タンギー爺さんの肖像という題です。	
11	何が描かれてる？	（桜、富士山）
12	それにこの女性は、芸者。	
13	では、資料集の「浮世絵が海外の作品にどんな影響を与えたか」を誰かに読んでもらおうかな。川端君。	（資料を読む）
14	そうそう一時期、ヨーロッパは、日本ブーム。	
15	日本のものを持っているとトレンディ。万博に日本の作品を送ったことから始まった。資料集No.104・No.105のガラス工芸（トンボ型）など、すごい繊細だということで影響を与えた。	
16	ヨーロッパに印象派、（線を引いてくださいね）というグループがあったんだけど、この人達に影響を与えた。この時期、日本は幕末から開国した頃。その頃、ヨーロッパでは、チューブ型の絵の具が売られるようになった。それまでは、家で絵の具を練っていた。だから、外で描いていない。チューブ型になり外へ出始めた。一日中風景を眺めた。その景色は、太陽が動くと違って見えた。光によって、ものの見え方は違うんだと気付いていった。そんな印象派の画家は、新しいものを取り入れることに抵抗がなかった。日本のものも取り入れた。浮世絵がそう。	
17	浮世絵は、新聞や冊子、または、歌舞伎の、今でいうアイドルの写真を買うのと同じような感覚で普及していった。高いものじゃない。壁に貼ったり、飽きたら丸めて捨てるという扱い。例えば、陶器を新聞で丸めるように浮世絵で包んだ。ヨーロッパに陶器が渡って、茶碗を包んだ浮世絵に目が止まった。浮世絵は、貧しい画家の目にも触れた。ゴッホも貧しい。だから、タンギー爺さんの肖像にも浮世絵が登場する。	

248 第2部 授業の風景 ― 授業で勝負できる教師を増やしたい ―

18	今日は、印象派の画家にどんな影響を与えたかを考えていきます。（プリント配布）	
19	資料集105のNo.8と9、No.10と11を比べて鑑賞します。 　何か似ているとこないかな？　こんなところ影響を受けたんじゃないかな？　ということを想像してください。	
20	まず始めに名前を書きましょう。	（プリント記入）
21	（机間めぐり）	
22	後、1分。よし、OK、聞いてみよう。	
23	では、No.8と9。	橋の位置が似ている
24	そうだね。どういう風に似てる？	半分より上にある
25	うん、そうだね。もしみんなの意見を聞いて、なるほどと思ったことは、色を変えて書き込んでいってください。	
26	うん。	丸い橋
27	そうだね。	どっちも風景
28	うん。	自然のものがたくさん描かれている
29	どういう風に？	木や草の部分
30		木が垂れ下がっている
31	あるね。	池がある
32	他に見つけた人は？	…
33	あのね、他のクラスで、上の方が明るく、下の方が暗いという意見があった。	（なるほど）
34	私が見つけたことを一つ。浮世絵に赤の文字があるよね。実はモネにも文字があります。分かりますか。	（ここだ）
35	では、2つ目のペア（No.10と11）の共通点を探してください。これ取り入れたんじゃないかなというところを探してね。	（プリント記入）
36	では、どうぞ。	人がいる
37	うん。	文字が描いてある
38		浮世絵とフランスの手前のお人物が似ている
39	なるほど。	どちらもバックが暗い
40		顔の形が似ている
41		全体的に色が薄い
42	ロートレックはわざと薄さを出したと思うんだね。	…
43		はっきりしている色と、ぼやけている色がはっきりしている
44	なるほどね。他に気付いたことない？	男の人のポーズが似ている
45	いいね。他は？	陰がない

| 46 | オッ、本当だ。私、初めて気付いた。へぇ〜っ。 | |
| 47 | じゃあ、ここまでにします。日本の絵がたくさん影響を与えていたと思います。では、今日の授業でこのように作品を比較して、感じたことや考えたことを書きましょう。 | |

非常に、テンポの良い授業でした。

授業は、規律の中にも笑いがあり、生徒はとても楽しそうに受けていました。自分も興味深く、楽しく授業を受けました。

自然な応対

榎本先生の人柄がよく出ているのは、№46だと思います。「オッ、本当だ。私始めて気付いた。へぇ〜っ」と、生徒の意見に対して、自然に応対しています。発言した生徒は、榎本先生のこのような反応がさぞかしうれしかったことでしょう。

生徒は授業の最後に感想を次のように書いています。

- 自分ではあまり見つけられなかったけれど、みんなの意見を聞いて、「あ〜なるほど！」と思いました。よく絵を見て見ると共通点がたくさんあって似ていると思います。日本の絵の影響で外国の絵がこういう風に描かれるのはとてもすごいことだと思いました。日本の浮世絵がどのようにして外国に伝わったかよく分かりました。

- 作品を比較すると、共通点と違う点がハッキリ分かった。共通点はとても似ていて分かりやすいところもあった。違う点は、描いた人の個性がとても出ているのが分かった。日本の絵と西洋の絵に共通点があると知ってとても驚いた。

- なんでもうまくなるためには、うまい人のまねをしてみることが大事だ

[オッ、本当だ。初めて気付いた]

と思います。自分に合うものはどんどん吸収していけば、もっとよくなると思います。だから、どんなにうまい人も足りない部分があると思うので、それを少しでもうめていける人がうまい人だと思います。

・一度見ただけでは何も感じなかったけど、よく見ると共通点がたくさんあり、日本の文化は面白いなと思ったし、海外までいってそれをもとに絵を描いてくれるなんてすごいよいことだと思いました。作品を別々に見ても何も感じないけれど、比べてみて初めて分かることもあるんだなと思いました。また、日本の絵と海外の絵を比べて、日本が海外から得たものを探してみたいなと思いました。

[どういう風に似てる？]

この感想からも、どんな授業だったかを想像するのは難しくありません。

さらに調べたくなる

生徒もきっとそうだったと思いますが、授業後に自分もいろいろ調べたくなりました。調べるとそこには、「当初、浮世絵は美術品としてヨーロッパ（西欧）に輸出されたわけではなく、江戸時代末期、日本の伊万里焼が輸出される時に、その包装紙として使用された浮世絵が目にとまった」と書かれていました（そうか、先生が言っていた陶器の茶碗とは、伊万里焼だったのか）。

また、ゴッホもマネも浮世絵の収集家であったこと。モネの作品には、浮世絵の中でも、北斎や広重の題材や構図からインスピレーションを受けたと思われるものが多く見られることが分かりました。

[…探してみたい]

16. 柔道一直線って知ってる？（2年体育）

　元気よく「お願いします」の声で、寒い武道場に、生徒が入ってきます。柔道の授業、気合十分です。この気合の源は、河合先生です。

［道着を着せてあげる］

　柔道というと、私の世代は「柔道一直線」…知らない方のために説明すると、「主人公は、一条直也。彼の父親は、東京五輪の柔道で敗れ命を落とす。直也は車周作の指導のもと、"地獄車"、"海老車"などの技をあみだし、外国人や日本のライバルと戦う」という師弟の絆がテーマの内容（放映は、漫画じゃなくて、テレビドラマ）。

　このドラマに描かれていたのは、男の柔道の世界。時代も変わりました。今日の授業も共修で、男女合同の授業です。
　以下、授業記録です。

	授業の様子
河合T	チャイムがなる前に整列は終わっているんだぞ
	はい始めます。では、姿勢を正して黙想
	黙想中に目があくなんて、おかしいですね○○君
生　徒	（クスクス笑う）
河合T	モジモジし過ぎですね○○君
生　徒	（クスクス笑う）
河合T	互いに礼、先生に礼、正面に礼
	身なり・持ち物に不備のある人
生　徒	長い下のジャージ忘れました
河合T	○○は、ハーフパンツでやれるところまでやって、危ないところはやらせません
	準備運動、はい、立って
生　徒	（ほんの少しザワザワ）

252　第2部　授業の風景 ― 授業で勝負できる教師を増やしたい ―

河合T	はい、ストップ。**左座右起を忘れずにやれた人？　やり直し** ※左座右起とは、左足か座って、右足から起立すること。武士道の考え方からそのようになっています
生　徒	（ラジオ体操第2）
河合T	はい、体操係戻って 今日のポイントを説明します 受け身のポイントは何だった？　○○君
生　徒	おへそを見る
河合T	いいね。おへそを見る。他は？
生　徒	頭をつけない
河合T	そう。まだあったよね
生　徒	L字（受け身の型をアルファベットで表現すると）
河合T	（笑いながら）L字だめじゃん
生　徒	（笑う）
河合T	受け身はJ文字。それと背中をつくときに…？
生　徒	たたく
河合T	（見本を見せる「受け身」）こちらから見たらJです
生　徒	お～っ！（拍手）
河合T	さあ、やってみましょう
生　徒	（練習「受け身」）
河合T	○○君、頭ついちゃだめだよ ○○君、もう少し手をきちっと いいか、へそを見るんだぞ もう一つ大切な指示をします。足を揃えない。いいね この当たりの女の子、いいですね ストップ、確認、足、交差してる？　もう一つ頭ついていたらだめ 誰か、ゴロゴロしているようにしか見えない人がいるぞ
生　徒	（笑い）
河合T	はいやめ、正座 今日は、前受け身と前回り受け身をやります この受け身は、鼻をぶつけないために肘から指先で止めます。先生のようにフランス人のように高くてもぶつけない
生　徒	（笑い）
河合T	（見本を見せる「前受け身」）
生　徒	（練習「前受け身」）
河合T	前受け身は、前から倒れた時、背負い投げのような時（生徒を相手にやって見せる）、できないよね。こういう時に前回り受け身をします （見本を見せる「前回り受け身」）
生　徒	お～っ！（拍手）

中学校の授業風景　253

授業は、正座から始まりました。準備運動のラジオ体操の子どもの掛け声がとても大きい。指導の賜です。体操中、河合先生は、手の上げ方や、声の出し方をチェックして回っています。先生の指導ごとに、全員の掛け声もいっそう大きくなっていきます。

［姿勢を正して黙想］

必要に応じてきちっとストップさせてから指示をしています。いいですね。柔道では、名古屋の事故があって以来、安全がより強調されています。それにも配慮されています。

また、きびきびした動作がきちっとできるように、しつけをしていきます。短い言葉で、すぱっとやり直させていくところなどは、実にその指示が気持ちいいです。

［左座右起］

授業記録から、今日の授業のよさが伝わってきます。今日のポイントの説明も非常に分かりやすかったです。河合先生の髪型が、武道場にマッチしています。そうか、柔道の授業のために坊主頭にしてきたんだ…。

［受け身はJ文字］

17．銀河鉄道999（2年体育）

横井彩加先生の体育、ダンスの授業（発表会）を見ました。曲は「銀河鉄道999」。

横井先生は、自分で購入したばかりのビデオカメラ（三脚は壊れていましたが）

で、その発表会を撮影しながらの授業でした。後で聞いたのですが、3年間記録して卒業式の前に見るそうです。生徒も喜ぶことでしょう。

いいところを…

横井先生の「チームのいいところを記入していきましょう」という指示のもと、評価シートが配布されました。

［今日は、発表です］

1. チームガイム
2. No.1
3. Let's ダンソン
4. 555の夜
5. 5 wactch
6. チームバロン

発表順がホワイトボードに書かれています。全部で6グループ、横井先生の「間違っても続けてください」「拍手をするなど、温かい雰囲気で行いましょう」という声かけから、発表会はスタートしました。

全体的には、動作を止めるところはしっかり止まるとよかったと思います。個人的に動きのきれいな生徒が4人いました。全体のまとまりでは、№4（555の夜）でした。生徒もそう感じていたようです。後で見せてもらった生徒記入の評価シートからもそのことがうかがえます。

例えば、酒井さんは「ポーズのところでも工夫があり、フォーメーションがとてもたくさんあったのでよかったです。

［ここがいいよね］

また笑顔だったのでよかったです。速い動きでもみんなが揃っていたのですごくいいと思いました」と記述していました。他の生徒では、「チームワーク」「立ち位置の工夫」などを評価する記述もありました。よい点を書く評価シートは、よかったと思います。

改善点ですが…

① 安全に対する配慮がもう少し必要です。舞台が降りてくる近くをランニングするのは危険です。
② もう少し発表会らしくしましょう。椅子を用意して観客席を作るなどです。マイクを使ってもよかったと思います。また、チーム名は8つ切りの画用紙に自分たちで描かせたらどうでしょう。
③ スタートとラストをはっきりさせるといいでしょう。時間配分も大切な要素です。

最後に、やっぱり横井先生は明るいですね。ダンスが不得意の生徒も一生懸命取り組んでいました。恥ずかしさがぬぐいきれるともっとよかったです。

18. 運動やスポーツの必要性、そして楽しさとは（1年保健）

1年生の廊下を歩いていたら、大きな声が聞こえてきました。「おっ、叱ってるぞ」と、見てみると山本篤司先生です。教科連絡を怠った生徒を指導しています。「やることをきっちとやれ」「最近1年生全体だらけていないか」と篤司先生。そうだそうだと頷きながら、この叱った後にどうやって授業に入るのかと思い、1年1組・2組の男子、保健の授業を参観することにしました。

[さっぱりと叱る]

授業は、スポーツテストの結果を整理した後、保健体育ノートを配布し、名前を記入するところから始まりました。

今日は初めての保健の授業。以下、授業記録です。

256　第２部　授業の風景 ― 授業で勝負できる教師を増やしたい ―

No.	教師	生徒の発言等	
1	教科書のない人、多いので保健ノートで説明する。		
2	パラパラ見て３分。何か気付いたことない？	庄司：表紙の裏の保健編、体育編に分かれている	
3	こんなことするんだって分かったかな？		
4	１学期は、体育編26ページから32ページ、スポーツの楽しさ・移り変わりを学習していきます。		
5	意見を言う、聴く、しっかり相手を見て友達の意見を聴く、指示をしっかり聴くことが大切。（保健体育の教科書・ノートの使い方、ルールの説明）		
6	板書：「運動やスポーツの必要性と楽しさを知ろう」		
7	これが今日の課題です。		
8	板書：「H15 38.5」　読んで。	泰造：38.5	
9	ここに％を付けます。	S：（体脂肪率）	
10	約38％のイメージつく？	○○：10人中４人	
11		S：（体重じゃない？）	
12	板書：「H18 44.4」　読んで	五郎：44.4％	
13	板書：「H21 45.3」	S：（体重じゃない）	
14	板書：「H24 47.5」何か気付いたことは？	片本：増えている	
15	何が？	片本：％の数字が増えていっている	
16		友也：Hのところが３ずつ増えている	
17	Hとは？	（平成）	
18		川口：平成。	
19	３年ずつ増えているのは何だろう？	正男：全人口を100とした時のスポーツ人口	
20	鋭い。さあ、どうでしょう。正解率60％かな。		
21		泰造：オリンピック選手の割合	
22		（40％いるの？）（40％もいない）	
23		○○：スポーツが好きな人の割合	
24		渥美：スポーツをしていない人の割合	
25	二人の意見は逆だよね。	川口：スポーツの習い事をしている人数の割合	
26	いろいろな意見が出ました。数字から予想していくことがとても大切。今みんなの意見は近いものがありました。		
27	実は、これは週一回運動をしている人の割合です。		

中学校の授業風景

28	でも全人口ではない、成人、つまり20歳以上。これを聞いてどう思う？	S：（いいんじゃない）
29		庄司：年々スポーツをする人が増えている
30	増えているからどう？	庄司：スポーツをやっている人が増えている。それは少子高齢化で60歳以上の人のスポーツ人口が増えているからと思う
31		泰造：今は、共働きが多いのに、昔に比べ増えているのは、テニスとかオリンピックのことが多く報道されるようになって、それを見て、自分もやろうと思い増えてきている
32	オリンピックも関係しているんじゃないかという考えね。	
33	成人、1週間1回どう？ 今みんなは、どれくらい？	（週4〜5回）
34	多い？ 少ない？どう思う？	知章：子どもだと少ないと思うけど、成人なので、働いているので少なくない
35	そうか、週1回、約48％、こんなものじゃないかと思う人？	（多数挙手）
36	少ないという意見は？	荒尾：半分もいっていないのだから、成人は多くいるのに、週一回は少ないじゃないかと思う
37	実は、これは文部科学省で出されているデータです。これによると、成人全体のスポーツ実施率は少しずつ伸びています。しかし、週3回を30％ぐらいにしたい。	
38	（チャイム）	
39	みんなはどう？ 20歳をこえて、週3回スポーツできる自信はある？	
40	自信がない、何でないのかな？	
41	これで終わります。	

後はさっぱりと

指導の仕方（叱り方）にその先生の個性がでます。いろいろなタイプがあります。指導すべき内容にもよりますが、篤司先生は、がつんと叱って、後はさっぱりとしています。それが大切です。今日の授業も、さっと切り替えて授業に入っ

［スポーツ人口の変化は？］

ています。

　また、篤司先生の声はよく通ります。非常に言葉がはっきりしています。叱る
とき同様、指示も的確。さすが体育の教師です。

生徒の発言は面白い

　今日は、ある数値を提示し、そこから考えさせる授業でした。生徒を考えさせ
る土俵にのせていきます。生徒がスポーツの必要性をどのように捉えるか、興味
深い授業となっていました。

　生徒の発言は面白いです。例えば、

- ・スポーツをやっている人が増えている。それは少子高齢化で60歳以上の人のス
　ポーツ人口が増えていると思う（No. 30）。
- ・今は、共働きが多いのに、昔に比べ増えているのは、テニスとかオリンピック
　のことが多く報道されるようになって、それを見て、自分もやろうと増えてき
　ている（No. 31）。

等の発言です。これらの「少子高齢化」「共働き」などの発言から、スポーツを
ライフワークの一つとして捉えていることがうかがわれます。

　さて、次時はどのように展開されたのでしょう？…続きがみたくなる授業でし
た。

　いい授業を見せてもらいました。でも、「篤司先生の力はこんなものではない
んだろうな」と思います。もっともっと、考えさせて話し合わせてください。さ
て、授業中、生徒Sはどんな場面にも反応し、つぶやいていました。生徒Sは
どんな生徒なんでしょう。今度は生徒Sを何度も意図的指名するとよいと思い
ます。

19. 着衣泳（3年体育）

　3年生女子の体育を参観しました。指導者は自称トムクルーズこと3年生主任の大川浩司先生です。本日は、プールにて着衣泳を行います。これから夏休みに向かいます。水の事故の確率がグーンとあがります。いざ、おぼれそうになったら、どのように対処するのかを学びます。

　授業は、気温35度超えの中、始まりました。

［ジャージが脱げそう］

　大川先生はフリップを使って説明していきます。いい方法だと思います。日陰で説明できるともっといいでしょう。今はプールに日陰がないので、将来的には低学年用のプールをなくして、日よけを作ることを考えています。

浮いて待て

　さて、もし水難事故に遭遇したら、「生命を守る方法」のポイントは「浮いて待て」です。大川先生は、水（1.0）と人間（0.98）の比重の違いから、人間は自然に浮くことを説明していきます。なるほどです。

　準備運動を終えて、いよいよ着衣泳に挑戦です。生徒は、プールに入るときには「ジャージが脱げそう」、プールから出る時には「あがりにくい」「すごく重い」「ジャージが足にくっつく」などの感想を述べていました。衣服を着たまま泳ぐことが、どれだけ不自由であるかを実感できたことでしょう。

　次に、「浮いて待て」の際の基本姿勢「背浮き」の説明がありました。その後にライフジャケットを着用し背浮きを体験しました。

　次はライフジャケットの代用としてペットボトルを使って浮く練習です。

　最後は、何も使わずに、背浮きの練習をします。大川先生から、その際のポイントとして、肺を大きく膨らませ、浮き代わりにするという説明がありました。

[背浮きの練習]

また、靴は脱いだ方がよいかどうかについては、靴が浮き代わりになるという説明があり、大川先生によるその実演がありました。うまく浮くことが出来た大川先生には、生徒から自然と拍手が起きました。

その後、生徒は30秒の背浮きに挑戦しました。最後に授業のまとめです。人がおぼれていた時の対処法です。

T：ペットボトルなどがあれば、投げ入れます
T：一番やっていけないのは？
S：中に入って助ける
T：そうです。中に入って、一緒におぼれてしまうケースがあります。中に入れるのは訓練を受けた人だけです
T：入らないで、どうする？
S：人を呼ぶ
T：119番です。海なら118番。118番は日本における海上での事件・事故の緊急通報用です
T：他には？
S：浮くものを投げる
T：そして「浮いて待て」と声をかけます
T：それでは、水の事故がないことを願って、今日の授業は終わります

　海外では「U̇i̇ṫėṁȧṫė」の日本語とともに、着衣泳の理念が浸透しつつあります。特にアジア各国では、たくさんの子ども達が溺れる事故が多いため、それを防ぐUITEMATE（日本語では浮かんで待っていろを意味する）のトレーニングを受けています。

20. 笑いのある授業（2年保健）

　昨年12月、養護教諭の松永先生が、学校保健委員会で「笑い」をとりあげてくれました。笑いは身体にいい影響を与えます。では、授業での笑いはどうでしょう。笑いにもいろいろ種類があります。例えば誰かをバカにしたような笑いがありますが、それは許せません。そんな時は、授業を止めてでも指導が必要でしょう。

　さて、クラス全体に心地よい笑いが湧き起こる時があります。いい笑いです。先生のユーモアに生徒は笑います。この笑いは全員がその授業に集中しているから起きるのだと思います。そんな笑いは、教師と生徒の間に良い人間関係ができているから起きるのでしょう。

［ユーモアにあふれて…］

　今日の6時間目に、そんな授業を見ました。河合先生の2年1組・2組男子の保健体育の授業です。保健の授業は難しいなと思います。なぜなら、時間としては少ないのに、多くの内容を伝えなければならないからです。自分が中学校の2年生女子の体育を受け持っていたときがそうです。今思えば、保健の教科書を表面的になぞっただけの授業だったと反省するばかりです。

　さて、そんな保健体育の授業を河合先生はどのように行っていたのでしょう。それは、笑いのある授業でした。

捜索願いを出せ

　河合先生は、授業を始める前に重光君（仮名）のボタンがないことを、問題にしていました。

　　河合T：「重光、ボタンがないな。捜索願い出せ」（爆笑）

重光君：「…」
河合君：「どうする」
重光君：「粟津先生（生徒指導担当）にもらいます」
河合Ｔ：「ただでか？」（爆笑）

このような形で授業に入ります。服装の乱れを授業の前に見つけて指導を入れています。中学校では、担任だけでなく、複数の教師の目で、乱れを見て、指導を入れることが大切です。

河合先生の指導のいいところは、言葉です。「重光、ボタンがないな」の後に、「つけてこい」と言わずに、「捜索願い出せ」と言ったところです。ねちっこくなく、ユーモアを交えて指導をしています。同じことを言うにもいろいろな言い方があります。そこに人間性が出ます。なぜなら人は言葉で思いを伝えるからです。

重光、リベンジする？

次に教科書のあるページを生徒に範読させた場面のことです。

河合Ｔ：「誰か、読んでくれる？」

挙手をしたのは、先ほどボタンで指導を受けた重光君です。

重光君：（教科書を音読しながら笑い出す）
河合Ｔ：「重光、毎回、読んでいる途中に笑い出すけど、これ、どこが笑える？どこがツボ？」（爆笑）
重光君：「みんなが見る」
河合Ｔ：「見てないし」（爆笑）「この読み方、ひどいね。全然分からんから、誰か読んで」「重光、リベンジする？」
重光君：（教科書を音読）
河合Ｔ：「はい、ありがとう」

［音読しながら笑い出す］

中学校の授業風景　*263*

このやりとりが、非常にユーモラスです。そして、河合先生のいいところは、重光君にリベンジさせているところです。失敗は誰にもあります。再度チャレンジする機会を与えることは大切です。

普通じゃない走りもできるんだな

今日は体力について学びます。自分で、どんなトレーニングをしているか聞いた時のことです。

　　河合Ｔ：「自分で、毎日と言わず、自分で何か決めてトレーニングしている人いる？　部活以外でね」
　　松口君：「夜、走っている」
　　河合Ｔ：「どれくらい？」
　　松口君：「20分、有酸素運動に変わるくらい」
　　河合Ｔ：「よく、知ってるな。では尚弥君」
　　尚弥君：「普通に走ったりしている」
　　河合Ｔ：「普通に走る？　じゃあ、普通じゃない走りもできるんだな？　今度見せてもらおう」（爆笑）

生徒への発言の切り返しが、笑いを生んでいます。生徒は、先生が何を言うかを楽しみにしている様子が、学級全体から伝わってきます。

今日の授業は、体力の高め方についてです。最終的なまとめとして、体力を高めるための運動プログラムを各自作ります。

そう言えば、最近、自分は運動不足。肩もまだ痛いし、体力が落ちてきている。今日の河合先生の授業を基に、自分も運動プログラムを作ってみようかと、一瞬、頭をよぎったのでした。

21. より安全に配線をつなごう（2年技術）

本日、2年3組にて、赤塚理先生による技術の授業を見ました。

赤塚先生は、この資料を通して、「テーブルタップ（延長コード）の安全な使い方」を考えさせます。授業は、大学生の一人暮らしの話から始まりました。

以下、授業記録です。（◎＝よかった▼＝改善点)

[テーブルタップ]

No.	教師	生徒の発言等
1	はい、始めます。	・起立、気をつけ、礼
2	先週、うちの弟に会った。前話したよね。名前知ってる？	…
3	ヒロシ。大学の時、一人暮らし。一人暮らしだといろいろいる。アイロン、冷蔵庫、電子レンジ…など。	
4	今日はそれを使う時の安全を考えていきます。	
5	（板書：○○○○○ o ○）何か分かる？ ▼導入で生徒をひきつけることができたが、もっと中学2年にふさわしい導入があるはず。	…
6	10秒、隣同士で、相談してみて。10、9、8、7、6… ▼カウントは必要ない。	（えんちょうコード）
7		（違う、小さい○が違う）
8	（板書：㋑……㋑）◎ good	（テレビマップ）
9		（字数が足りない）
10		（ラップ）
11		（トップ）
12		（アップ）
13	実はこれ（現物提示）です。みんなは延長コードと言うよね。正式にテーブルタップと言います。	

14	みんなの家にない人いる？	（ある、ある）
15	これを安全に使えなくて、大人の人でも火事をおこした人がいます。	（へぇ～）
16	では、教科書120ページを開いてください。	
17	誰か読んでください。	（挙手なし）
18	今日は7日、では7番。	（今日あたってる）
19	じゃあ、誕生日は？	（9月4日）
20	う～ん、では13番。	長島：（範読）
21	拍手。▼拍手は必要ない。	（拍手）
22	テーブルタップには、定格というのがあります。これ以上だと危ない。熱をもち火事になります。教科書のページ絵をみてください。	
23	（板書；電圧125V、電流15A）と書かれています。これ以上だと危ないよという意味です。	
24	中にはこんな表示（板書：Wワット）もあります。これは消費電力です。どれくらい電気を使うかを表しています。	
25	（板書：電力W＝電圧V×電流I）で計算できます。W表示で、これ以上電力をかけてはだめということです。	
26	安全に使えるための計算があるのでついてきてください。	
27	（板書：ex、冷蔵庫にテーブルタップをつけます。冷蔵庫600W、指し口がもう一つあるので、アイロン900Wをつけたい。さて、安全かな？	
28	どうですか？ 比べる時には単位をそろえます。小学校でもやったよね。定格の電圧は？	（125V）
29	定格の電流は？	（15A）
30	だから、125×15をやればいいかというと、そこにトラップがあります。	
31	日本のコンセントの電圧は何ボルトでした？ 前回やりましたよね。	…
32	あれ？ あれ？ プリントで、やりましたよね。見つけた人、手を挙げます。10。9。8。7…分かった人は周りの人に教えてあげてください。 ▼カウントは必要ない。	（少し挙手あり）
33	沖野君。	沖野：100V
34	そうでしたね。電圧は125Vだけど、日本は100Vにしかならない。だから（板書：100×15＝1500W）です。	

266 第2部 授業の風景―授業で勝負できる教師を増やしたい―

35	このテーブルタップは、1500Wまでしか使っちゃだめということになります。よって、600W＋900Wで、これは使えます。しかし、1500Wぎりぎりなので、本当だったら、定格よりも低いものを使いたい。だから、○ですが、はな○ではありません。	
36	では、例題。パソコンの電力200W、レンジの電力1000W、これは安全に使用できる？	（挙手多数）
37	松井さん。	松口：安全に使用できる
38	そうですね、合計で1200Wだから、これは、はな○。	
39	では、これからがメインです。（プリント配布）、名前を書いて、すぐに内容を読んでください。	
40	（拡大コピーした課題を提示）この部屋に、より安全にコンセントを配線してほしい。指し口10個。全部で13個の電化製品。テーブルタップを使わずコンセントを使う場合はその頭に○をつけてください。コンセントを使うのは、さしっぱなしにしておかなければならない製品。例えば、冷蔵庫。コンセントがささっていないとアイスは溶けてしまうよね。電話はどう？	（本日の課題を知る）
41	はいでは、10分間自分で考えて、その後、班で話し合って、一番いい答えを出してください。◎考える時間を確保している。 ▼個人の考えを発言する機会がほしい	（個人思考） ↓ （グループ）
42	はい、始めて。	
43	（机間指導）◎生徒をよく見ている。	
44	手をいったん止めて。何回も質問があったのが、普通のコンセントについてですが、そこにさす時は、Wは考えなくていいです。	
45	（机間指導）	
46	（パチンと手を叩いて）はい、前向いて。	
47	田村さんがいいことを言ったので、皆さん聴いてください。何と言ったかというとね、「先生、これって部屋の快適性も考えるんですか」ってね。◎生徒に最初からその視点を伝えていないため、生徒から質問の形で、その視点がでてきた。生徒自ら気付くようにしているので良い。	
48	いいことに気が付いた。その通りです。	
49	4人一組のグループを今日も作ってください。 ◎いつもこうやって話し合わせているのだろう。	（グループでの話し合い）
50	（机間指導）	

51	一度、こちらを見てください。だいぶうまってきましたね。1班からテーブルタップ使わなくていいかという質問がでました。Dコンセントを見てください。ここでは、必ずテーブルタップが必要になってきます。だから、電話・TV・DVD…どれを直接コンセントにつなぐか、どれをテーブルタップにするか考えます。次回は、この続きからやっていきます。そして、どうしてそうつないだかなど、理由を言えるようにしてください。	
52	では終わります。	・起立、気をつけ、礼

安易なグループでの話し合い

知的好奇心をくすぐる授業は面白いです。今日の赤塚先生の授業は課題を追求していく楽しさがありました（No.40）。たった1本のテーブルタップ（延長コード）を基にこれだけ考えさせることができるのかと感心しました。

グループでの話し合いを取り入れている先生は多くいます。とりわけ公開授業でよく見かけます。しかし、実のとこ

［これで本当に安全かな？］

ろ、話し合いになっているグループをみることはあまりありません。安易にグループにしてみただけで、目的もはっきりしない場合が多いのです。本当にここでグループが必要かどうかを考えて授業を計画してほしいです。

さて、赤塚先生の今日のグループ学習はよかったです。授業記録では分かりづらいですが、生徒同士、話し合いがよくできていました。どうしてそうなったかというと、しっかり個人の意見をもたせてから、グループで話し合わせているからです。時間にして10分強、個人で考えさせています。しかし、グループで話し合わせる時間を個人発表にして、多くの生徒の考えを知る時間にしてもよいと思います。

次回が、授業のヤマ場です。どのような授業が展開されるか、この続きが楽しみです。

22. アジの三枚おろし（1年家庭）

　1年生の伊藤紀江先生の家庭科の授業を見ました。アジの三枚おろしの授業です。生徒に分かりやすく手順が示されていました。おいしく食べるためには下準備が欠かせません。これだったら、手際よくすすみます。
　グループに分かれての活動で、なかなか記録としては残しづらいものがありました。そこで、主に写真による紹介とします。

授業は、生徒を師範用の調理台に生徒を集めるところから始まりました。

指示が的確なので生徒も動きやすい。実演はさすが。生徒が「お〜っ」と言っていました。

説明が分かりやすい。生徒は先生の説明に集中していました。

Let's try アジの三枚おろしのレシピや、ミッションカードの役割分担が分かりやすい。

イラストが得意な紀江先生。手順が分かりやすくイラストで描かれています。

調味料コーナーです。このように机ごとにいろんな工夫がしてあります。

ここは鰹節の分量を量るコーナーです。真剣そのもの。

きれいに並んだアジ。自然界の色って本当に美しいです。

紀江先生の師範の部分の記録です。

No.	教師の実演（生徒の反応）
1	シッポの方から、ウロコに包丁があたるように切っていきます
2	じょり、じょり、じょり
3	反対側、右からやります。左利きの人はこうなります
4	手を切らないようにね
5	ウロコが気になる人は、シッポの方からサッサッサッとね（すごい）
6	次に、頭を落とします。こっちにすると身が残っちゃいます
7	骨も切ることになるので、力を入れて（わあ〜）（かわいい）（笑い）
8	ここまで切ります
9	すると内臓が現れます（ギャー）
10	お腹を出したら一度洗います（手で？）
11	そうです。手で洗います
12	あんまり洗うと、身がしゃびしゃびになってしまいます（そうか）
13	三枚におろすには、上の方を滑らしていきます
14	はい、これで三枚、斜めに包丁を入れます
15	ここに、あばら骨があるが包丁を下に入れて、…こうですね（うまい）
16	はい、切れました（拍手）
17	何か質問ある人？　できそう？
18	では、できたら呼んでください

　女子生徒が、男子生徒の慣れない手つきに、心配そうに「大丈夫？」と、声を掛けます。

　紀江先生は、グループを回り、生徒に声を掛けていきながら、注意する点をアドバイスしていきます。魚をさばくことが初めての生徒も多くいたことでしょう（自分もやったことありませんが…。中学生の頃は男子は技術で女子は家庭、共修ではなかった）。男子生徒は調理実習を楽しみにしていたようです。ある男子生徒は、「こんなことやったことがない。用意が大変、でも楽しみ」と言っていました。楽しみにしているのは、生徒の表情からもよく分かりました。

2時間続きでしたが、進路関係の訪問者があり1時間しか見ることができませんでした。生徒が食べている表情はどうだったでしょうか？ 見たかったです。きちっと準備されたいい授業でした。紀江先生の表情もとてもよかったです。

23. 道徳の授業における調査結果

先生達の道徳の授業に関する記述式の結果（原文のまま）が出ました。これらの悩みを克服する方法が見つかれば、道徳の授業は、もっと面白い時間になるはずです。そして、これらを解決していくことが、本校の目標である生徒の言葉磨き・心磨きにつながります。

〈調査結果〉

	Q3 質問項目	記述
1	・授業の組み立て方が分からなく、授業がうまくいかない	・導入、展開をどのようにしたらいいか分からない ・なかなか深まらない ・ねらいに結びつくもっていき方が分からない
2	・どのように資料を取り上げれば、深く考えさせられるのか分からない	・どの生徒を対象にするか悩む ・発言から広げる工夫をしていきたい ・指導書だけに頼りすぎる。プレゼンの資料準備など工夫が足りなかった ・生徒が興味をもちやすいものを取り上げることが多く、幅広く内容項目を取り上げることができなかった
3	・発言を多く取り上げたいが、生徒が考え話し合う時間が少なくなってしまう	・話し合いまでもっていけない。意見の伝え合いで終わってしまう ・ワークシートに頼りきってしまうことがある ・話し合いの仕方が難しい ・まとめ方、焦点化ができていない ・一問一答式になりやすい ・生徒の話し合いの場が少なく、発表を聞くことで終わることが多い ・内面の問題なので発言することばかりに意味があるとは思わないが、なかなか広がりをも

中学校の授業風景　*271*

		たせられない
4	・自分なりの意見を見つけさせるなど、発問の仕方が難しい	・生徒は正解を探そうとして、いい子発言をしてしまう事がある ・発問の内容を検討するのに時間がかかる ・考えをなかなか深めることができない ・どんな発問がねらいにつながるのか分からない
5	・考えさせる発問のコツがつかめない	・読解になってしまうことがある ・発問の内容を検討するのに時間がかかる ・指導書通りにやっている ・資料の読み込みが不十分になる ・どんな発問がねらいにつながるのか分からない
6	・多様な発言を引き出す発問がうまくできない	・中心発問の設定に悩む ・生徒は正解を探そうとして、いい子発言をしてしまうことがある ・切り返しの発問ができていない ・切り返しが難しい ・一部の生徒の限定的なキャッチボールになっていることがある ・多様な発言を引き出す発問は考えられるが、その発問でねらいに達するのか分からない
7	・ねらいとする価値を深められない	・深めるというイメージがつかめない ・切り返しの発問が難しい ・自分自身、途中でねらいが見えなくなる時がある
8	・終わりに「こういう気持ちは大事だね」と押しつけてしまう	・やりがち（Cの視点でなりがち） ・どこかで、生徒自身に気付かせたい ・最後に良い方向へもっていこうと強引にしてしまう ・教師の価値観にもっていこうとする傾向にあった ・さらっと終わってしまう
9	・表面的な授業になりがちで、深く考えさせることができない	・発問が難しい ・切り返しの発問が難しい ・資料によって出来たり、出来なかったりする ・自分の意見をプリントに書かせた方が良いかもしれない ・教師の価値観にもっていこうとする傾向にあっ

272 第2部 授業の風景 ―授業で勝負できる教師を増やしたい―

		・た
		・深めるということがどういうことなのか分からない
10	・発言が決まった生徒に偏る	・挙手ではなく、指名しています
11	・自分の気持ちが表現できず、じっと考えている生徒の対応に困る	・さらっと、次に流してしまう ・「また後で…」と他の子に切り替える
12	・授業を振り返ると、生徒の大切な発言を聞き逃している	・自分で気付いていないだけかもしれません ・板書ができない
13	・授業が教師対生徒の形になってしまう	・生徒の意見を取り上げながら発問への切り替えが難しい ・学び合いができていません ・コの字型にすることで、少しよくなる
14	・多様な価値観を引き出す意見のキャッチボールをさせることができない	・話し合いが難しい ・切り返しを工夫したい
15	・発言に対してどう切り込むと話し合いが深まるのか即座に判断できない	・いつも悩んでいます ・意見の方向が焦点化されない ・方向性が分からなくなる
16	・どの程度ねらいが内面的に深まったか把握が難しい	・どこまで深めればいいのか難しい ・子どもの変容に気付いてあげられていません ・授業後にモヤモヤが残る
17	・ついつい「道徳の授業」をつぶしてしまう	・行事の時間にならないようにと常に思っている ・短く終わらせてしまう。 ・気持ち的に逃げてしまうことがある ・道徳的な話はしているが、資料でやっていない時もある
18	・「道徳の授業」の準備の時間がとれない	・何をどう準備したらいいか分からない ・新聞記事を多用している ・時間がかかってしまいます ・一度資料を決めて考えるが、なかなかうまくいかず、次の資料を考えるなど時間が多くかかってしまう ・忙しさにかまけて、準備不足の授業が多かった ・深めたいと思うと多くの時間を費やしてしまう

次に、本校の先生達の道徳の授業において何に悩んでいるか、自由に記述してもらった結果（原文のまま）です。

〈悩み自由記述〉

教師名	自由記述
NM	・ありきたりなスタイル（生徒が模範解答を知っている）になってしまう → 本音を引き出せない
NT	・インターネットや書籍に掲載されている授業が多くなってしまい、オリジナルの授業を考えらえない
HK	・生徒の実態に合った教材を探して、授業に組み込むことが難しい ・どのような資料を使えばよいのか ・生徒の内面にどのようにアプローチをしたらいいのか ・終末でどのようなまとめ（？）をしたらいいのか ・具体的な道徳の授業のイメージがつかめない
TY	・生徒の意見を引き出すことはできると思いますが、結果のまとめ方をどうしていいか悩みます
OK	・生徒同士の話し合いにならない
NM	・価値に迫るための資料選び
YY	・ねらいとしている価値を深めることが難しい ・準備になかなか時間がとれないのが残念
NS	・3学期にエンカウンターを取り入れました。学級の雰囲気もよかったので、多様な価値観の交流と、話し合いの実践になりました。しかし、これは学活なのでしょうか ・読み物資料でボリュームがとても多い読み物の扱いに抵抗を感じてしまいました
ES	・考えを深めさせるために"ゆさぶり"をかけるが、思うようなところにもどってこない。どうやって、落としどころにもってこればよいか悩む ・意見が出ず、強制的に全員あててしまうことが多い。意見交換になっていない ・とにかく意見を引き出せない ・教師側が授業をしたと、自己満足に終わってしまう
KM	・最初は意見が出ていても、授業が進むにつれてどんどん静かになっていってしまう ・自分の考えの押し付けになっているような気がする ・中立の立場をとることが難しい
KT	・価値観を深めていくことが難しいと感じています ・生徒の変容をどう捉えていくのが課題です

OM	・挙手する雰囲気にできない ・ワークシートを使わずに、自分の考えをどうやって発表させるか
HK	・特別支援の子は、個人差が大きく教材の準備が難しい ・視聴覚教材等を利用したい ・昨年より道徳の授業を充実させていきたい
SM	・指導書に基づいて授業をしている。次々と話の内容にそった質問に対して、考えを書かせるだけで、つまらない授業になってしまう気がする。かといって、グループで話し合う形式にしても、だいたい同じ意見しか出ず、それ以上深く考えさせる授業展開ができない
AU	・ワークシートを活用して進めていると、授業後に生徒の感想がしっかり書けていることに気付くことが多い。授業内に引き出せると、もっと考えを深めていけると思うが、なかなかその場では見つけられないことが多い
SY	・個々の生徒の直面している課題やクラスの傾向と教材・道徳的価値・道徳の授業がマッチしていない ・教育相談では本音を話せるのに道徳ではかまえてしまう。あるところで踏みとどまって内面までえぐって発表させることができなかった ・教材研究の不備、授業方法の工夫のなさを実感している
TM	・自分自身がねらいを見失ってしまう時がある…生徒の意見を聞いていて、自分自身の考えが揺らぐ時もある ・深めるための発問をどうしたらよいか分からない ・授業中に「本当にこの進め方でいいのか」と考えてしまう ・資料の理解不足でよく方向性が分からなくなる。もっと、準備に時間をかける必要がある。しっかり深めてから授業をしたい

24. 思いやるとは（3年道徳）

　2011（平成 23）年 3 月 11 日、午後 2 時 46 分に発生した東日本大震災。その影響で米沢・東京方面の修学旅行を関西方面で進めてきました。しかし再検討の結果、今年の修学旅行は、東京のみに変更になりました。準備時間が少ないにもかかわらず、3 年生の先生達のおかげで、素晴らしい 3 日間でした。

　2 日目は、ディズニーランドへ行きました。修学旅行の修学とは、学んで知識を得ることです。では、そこで何を学んでくるのでしょう？

中学校の授業風景　*275*

　ディズニーランドのコンセプトの一つに「来場者（ゲスト）に対して、いかに、幸せと夢を用意するか」があります。そして、そこで働く人（キャスト）には、そのためにどのように行動するかが徹底されています。

　修学旅行へ行く前に、各教室（3組はバスの中）で10分から15分、時間をもらい、以下の話をしました。ディズニーランドのコンセプトを実現しているキャストの行動に注目してほしかったからです。資料の内容です。

　　　ある日、東京ディズニーランドのレストランに若い夫婦がやって来ました。キャストは二人用の席に案内し、注文をとりました。夫婦は、それぞれ食べるであろう食事以外に、『お子さまランチ』を注文しました。

　　　しかし、お子さまランチは、八歳までの子ども以外には出せないという決まりがありました。キャストは、悩んだあと、「決まりです。大人にはお子さまランチを出せません」と、断りました。

　　　そう言われた夫婦は、とても淋しそうな顔をしていました。その顔がどうしても気になったキャストは、お子さまランチを、誰が食べるのかを尋ねました。

　　　すると、若い夫婦はこう答えました。「今日は、昨年亡くなった娘の誕生日なんです。体が弱かったせいで、娘は最初の誕生日を迎えることもできませんでした。おなかの中にいるときには、主人と三人で、ここのお子さまランチを食べに行こうねって約束していたのに、それも果たせませんでした…。それで、今日は、娘にお子さまランチを頼んであげたくて、参りました」

　　　この話を聞きキャストは、考え込んでしまいました。しばらくして、このキャストは、夫婦を四人用のテーブルへ案内し、子ども用の椅子を用意しました。そして、「どうぞ、ご家族でごゆっくりとお楽しみください」と、お子さまランチを出しました。

生徒の感想の抜粋です。

　　　来週、僕たちはディズニーへ行くけど、そこでは、ただ遊びに行くのではなく、ディズニーを心から感じたいと思いました。目で見えるものだけではなくて、心から受け止められるものがあるのではないかと思います。

　　　印象に残っているのは「どうぞ、ご家族でごゆっくりとお楽しみください」というところです。ちゃんと「家族」という言葉が使われているので、夫婦の気持ちをしっかり受け止めていると思います。

最初は、規則を守って、キャストは対応していました。私はこれはすごく大切なことだと思います。どのゲストに対しても平等でなければならない。これがゲストに対する愛情だと思います。しかし、この夫婦に対する対応には、また違う愛情が込められています。規則を守ることは大切です。でも人間的に夫婦の気持ちを受け止め、そのうえ子ども椅子も用意しています。このキャストの判断は間違っていないし、ゲストを思う愛情は素晴らしいと思いました。

　僕はこの話を聞いて、「自分はこういうキャストのような人間になれるのか」と、自分の心に訴えかけてくる内容でした。この話は、人生を生きていくうえでの教えになります。もうすぐ、ディズニーへ行きます。ただ遊ぶのではなく、しっかりと周り全体を見て、何かを感じながら、思いっきり楽しんできたいと思います。

　さて、このレストランは本当にあるのか、修学旅行中に調べてみました。インフォメーションで聞いてみると、

　　これが、どこまでが事実か確認することができません。しかし、ディズニーランドのキャストならこのよう対応は、当然、考えられます

という返答でした。ランド内にはたくさんのレストランがあります。探し回った結果、この話にぴったりのレストランを見つけました。それが以下の写真です。

【左から、メニュー・店内（子ども用椅子）・レストラン入口】

　5月17日、ディズニーランドは、雨が降ってきました。レストランを探し終えて歩いていると、生徒に呼び止められました。
　話を聞くと、夕飯のセットを買ったんだけど、手を滑らして落としてしまった…だけど、近くにいたキャストが、にこっと笑顔で「大丈夫ですか」と声をかけ、新しいのに取り替えて、持って来てくれたとのこと。

「よかったね」と言うと、ある生徒が「先生、お子さまランチだね」と言いました。そうか、お子さまランチか。この夕食のセットの出来事とお子さまランチの話には、共通点があります。…思いやりとはこういうことだなと思った瞬間でした。

〈参考までに〉
5月8日、フジTV「Mr.サンデー」放送。3月11日のあの地震が起きた時のこと。浦安市では、震度5強。駐車場等が液状化・JRもストップし、陸の孤島となり、ディズニー園内に閉じ込められた人は約2万人。建物の外に避難しているところに冷たい雨が降り出す。その時のキャストの行動…商品を包む大きな袋を客に配り、カッパ代わりに使い、雨を避けるように指示。空腹を予想し、売り物のクッキー等を無料で配布。

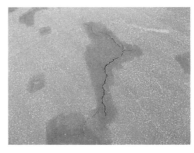

【液状化の補修跡】

25. ドラえもんの最終回（2年道徳）

火曜日の3時限目、校内を回りました。寒さのため、各教室の廊下側の窓は閉まっています。2年の廊下を通ると、笑い声が聞こえてきました。
座席はコの字型。道徳の授業です。1時間、参観することにしました。

思いをもって授業に臨む

扱っている資料は、「～僕が勝手に考えた～ドラえもんの最終回」。この資料を使おうと思ったきっかけを高梨先生に聞いてみました。すると、

「小さい頃、ドラえもんを読んで涙を流した。同じ話を大人になってから読んだけど涙がでなかった。2組の生徒はどう感じるだろうと思って、とにかくドラえも

んを扱いたかった。インターネットでドラえもんの資料を探した。インターネットには、ドラえもんのいろいろな最終回がでてきた。その中で、この資料の終わり方は、みんなも知らないと思って選んだ」

[生徒はどう感じるだろう]

とのこと。授業は思いをもって臨むことが重要です。高梨先生が、「自分の涙の正体は何だったのか」「みんなはどう感じるだろうか」、それについてみんなと話し合いたいと思ったのは、とても純粋なきっかけだと思います。

終末で分かる授業者のねらい

道徳の授業で最も大事なのは、ねらいをはずさないことです。ねらいは内容項目で示されます。学習指導要領の解説にその一覧があります。本時のねらいは何でしょう？ 一覧を資料の横に置き、見比べながら考えてみてください。その際に、登場人物の誰を追うか決めて、その登場人物の言動を書き出してみると分かってきます。例えば、のび太について書き出してみると、

[のび太にとって、ドラえもんの存在は…]

> 動かなくなったドラえもん…不安になる…タイムマシンでドラミの所に行き助けを求める…電池切れが原因だと知る…電池交換によりドラえもんの中からのび太の思い出が消えることを知る…のび太はこのままでよいと決断…青年になり、しずかと結婚…ドラえもんを直したい一心で、研究者になる

となります。終末に用意する別資料は、本時の授業でねらいとする内容項目との

関連で選択します。高梨先生が本時に何をねらったかが、より具体化されるところです。

　この終末には、歌詞が用意されていました。ケツメイシの「仲間」です。よって、高梨先生のねらいは、ここにあるのでしょう。この詩は、以前にも使ったそうです。生徒がガラスを割った時の指導後に「別に怒ってなんかいないよ」で始まるこの歌詞を配布し読ませたそうです。

　授業の最後は、各自がその歌詞を読みながら、そのCDを聞いて終わりました。高梨先生の余韻をもった授業の終わり方がいいですね。こういう終わり方は好きです。生徒は、曲がかかってから、その歌詞の中に入り込んでいきました。よくあるのが、説教じみた説話で終わる授業です。それでは失敗です。

　　　…泣きたきゃ泣けよ　涙も汗もいつかは報われる　信じて行けよ　いつまでたっても変わらない　お前はオレたちの仲間　悲しい時だけに泣くんじゃないだろ　オレ達は共に立ち上がり　共に喜び合い支えあう涙の日々よ　お前はそこで諦めるのか？　ここまで来たのにやめるのか？　悔しかったらそっから立ち上がれ　越えてきたただろ　お前のやり方で　忘れるな…〈ケツメイシ「仲間」より〉

　以下、授業記録です。

No.	教師	生徒の発言等
1		明夫：（資料の前半、音読終了）
2	ありがとう。	（拍手）
3	みんな、分かった？　どういうこと？	（耳がないからだめなんでしょ）
4	陸、どう？	陸：電池切れ。
5	他に大事な事言っていなかったかな？	（直すと、記憶がなくなっちゃう）
6	そう、そこ大事。みんなに聞くね。直す？　直さない？	（挙手）
7	直すが少し多いかな？　直す、直す、えっと〜、冴、何で直す？	冴子：元気になってほしいから直す
8	他は？　空さん。	空：思い出がなくなるのは嫌だけど、元気になってほしい。それに、今までの思い出は記憶としては消えても、心のどこかに、絶対残っているから
9	愛ちゃん、どう？	愛：いったん壊して、それから作り直す

280　第2部　授業の風景―授業で勝負できる教師を増やしたい―

10	そうか。はい、大紀どうぞ。	大紀：ドラえもんを直して、また。1から思い出を作る
11	1からやり直すのね。	
12	夕、どう？	夕：直さない
13	理由は？	夕：う～ん何となく
14	良人。	良人：思い出がなくなるのは嫌だから、直さない
15	敬ちゃんは？	敬子：直さない。思い出をなくしたドラえもんといるのは辛いから。今までのドラえもんと比べちゃったりするから直さない
16	○○。	○○：便利な道具として使うなら復活させてもいいけど、のび太的には、思い出が消えるのは嫌だ
17	直すよって言う人、何で直す？　気持ちが変わったら、変わっていいよ。秀介。	秀介：直す。自由に使えるし、ドラえもんと生活ができるから
18	では、配ったプリントの裏に、「直す・直さない」の理由を書いてください。	（プリントの裏へ記入）
19	机間指導（いいよ。いいよ。それ書いてください）（みんな書いてね）	
20	では、改めて聞こうかな。結構、直さないが多いかな。はい、学。	学：直す
21	何で？	学：ずっと、ドラえもんと生きていたいから
22	記憶がなくなっても？	学：うん
23	では、恭平。	恭平：直す。ドラえもんを、道具を使って記憶を戻した状態にすればいい
24		（拍手）
25	良人。	良人：今まで積み上げた記憶を消したくないから。電池を変えない
26	拓は？	拓：直す。学と一緒で、ドラえもんと生きていられる方を選ぶ
27	和奈。	和奈：直す
28	何で？	和奈：ドラえもんと一緒にいたいから
29	夕。	夕：直さない。のび太が成長してから記憶が残るように直す
30	紗理奈。	紗理奈：直す。ドラえもんの記憶がなくなるのは嫌だけど、ドラえもんのことを思うと直さなければいけないと思う。ドラえもんには害がないから

31	和奈。	和奈：思い出は消えるけど、また思い出は、また作ればいい。直さなくって放置しても意味がない
32	吉田さん。	吉田：直さずに放置しても、また、話ができるわけじゃないから。直す。ドラえもんと一緒に暮らしたい
33	重野さん。	重野：直す。怖いから
34	新しいね。放置しておくと怖いか。	
35	じゃあ、この後、のび太はどうすると思う？ 電池交換しちゃうという人？	（挙手）約60%
36	では、交換しないという人？	（挙手）約40%
37	○○さん、何で交換しなかった？	○○：ドラえもんが、ドラえもんでなくなっちゃう
38	明夫、最後まで読む？	明夫：…
39	感情移入できる人？	（花井先生）
40	夕、うまい？	夕：漢字読めん
41	あまり難しい漢字ないよ。	
42	じゃあ、先生が読んでみます。（教師範読）	
43	ここからは、みんなに質問はありません。ここまでで何を思いましたか？ プリントに書いてください。	S：（プリント記入）
44	では、最後、誰かに聞いてみます。	
45	学。	学：ドラえもんとのび太の友情は素晴らしいと思った
46		（学、泣いてない？）
47		学：あくびだって
48	素直にそうだよね。では、女の子にも聞いてみます。高本さん。	高本：あんなにダメ男だったのび太が、ドラえもんのために、ひたすら努力をするなんて、誰も想像できないはずなのに、ドラえもんは、そんなのび太が必ず直してくれると信じて暮らしていた二人の絆に感動した
49	ありがとう。では、プリントの裏、みんなに昔、一度配ったよね。その詩を読んでください。読みながら、このCDを聞いてください。（CD：ケツメイシ「仲間」）	

迷いの部分に人間性が映し出される

今日の授業は、教師の発言が抑えられています。教師の発言が少なく、生徒の発言が多い授業がよい授業だと思います。教師は、ついついしゃべりすぎます。高梨先生の発言量を参考にしてください。

授業は、ドラえもんを「直す・直さない」の二項対立の形で進みます。この形で大事なのは、授業者が、「直す・直さない」の両者の間で迷うという第3の選択肢を念頭にもっていることです。道徳の授業で大事なのは、この迷い（第3の選択）の部分で、そこに人間性が映し出されます。

さて、今日の授業の中で、よかったところはたくさんあります。まずは、高梨先生の生徒への接し方です。温かさが伝わってきました。

○○とは少し違うけど

生徒では、No.23の恭平君の意見に対して、自然と拍手が起こったところがいいです。共感的な学級ができていることが分かります。

また、No.26の拓君の発言「学と一緒で…」のところ。拓君に言われて、学君はうれしかったことでしょう。授業の中で、「○○と、一緒で」とか「○○とは少し違うけど」という発言がでることはよいことです。こういう発言は、他の生徒の発言をよく聞いていないと生まれません。

今日の授業で面白かったのは、No.45の学の発言に対して、誰がつぶやいたかは分かりませんが、No.46の「学、（感動で）泣いてない？」です。学君は照れ隠しでしょうか、「あくびだって」と反応しています。ことの真偽は不明ですが、私はこの話に感動した涙だと思います。学はそういう生徒です。

さて、生徒は、この時間に何を学んだのでしょう。

最後に生徒の感想を載せます。

・ドラえもんの耳を直していたらのび太は、ずっとダメな人間だったかもしれな

いから、博士はのび太の未来を考えて、ドラえもんを直さなかったかもしれない

・直さないと選択したことは、のび太の行動は、人生を大きく変えるものでした。ドラえもんとの思い出が大切だからこそ、直せないし。思い出って偉大

・のび太を成長させるために、ドラえもんは耳を直さなかったんだと知りました

・いつも支えてもらった、ドラえもんに対して、のび太は恩返しだと思ってやったんだと思いました

・ドラえもんののび太を信じる気持ちとのび太のドラえもんを大切に思う気持ちに感動した

・ドラえもんは、自分の命をのび太に託してて、本当の親友って、2人のことを言うんだと思いました

・ドラえもんがのび太を信じたから、二人はここまで来られたと思う。絆ってすごい。自分にものび太のように、ぐっと変われる時がくるといいな

・ドラえもんを直さなかったのは、ドラえもんと、のび太の絆が相当深かったからだと思う

・この少年の時の、のび太を信じられるのがすごい

・ドラえもんは、事実を知りながら、のび太君と一緒にいたのは悲しいです

・ドラえもんが壊れてのび太は生まれ変わった。人は気持ちがあれば変われるんだということが、分かりました。気持ちって大切だと思いました

・人間は大切な人のためならがんばれるんですね

・のび太を信じて待っていたドラえもんは、すごいと思いました。二人が再会したときは感動した

・二人はこんな固い絆で結ばれていたんだなと思いました。人は、誰かのためにとか、誰かを思って何かをすると気持ちが、大きく成長するんだと思いました

・のび太は、ドラえもんという存在があったから、のび太は成長できたのではないかと思う

今日の授業は、時間が短く感じました。

教室は、高梨先生の優しさあふれる生徒への投げかけによって、穏やかで、和やかな雰囲気に包まれていました。

きっと、高梨先生は子どもの頃、テレビの前にちょこんと座って、ドラえもんを見て、目に涙をいっぱいためていたんだろうと思います。

[ドラえもんを直す？　直さない？]

26. 風に立つライオン（2年道徳）

作詞・作曲　さだまさし

突然の手紙には驚いたけど嬉しかった
何より君が僕を怨んでいなかったということが
これから此処で過ごす僕の毎日の大切なよりどころになります　ありがとう　ありがとう

ナイロビで迎える三度目の四月が来て今更、千鳥ヶ渕で昔君と見た夜桜が恋しくて
故郷(ふるさと)ではなく東京の桜が恋しいということが自分でもおかしい位です　おかしい位です
三年の間あちらこちらを廻り
その感動を君と分けたいと思ったことが沢山ありました

ビクトリア湖の朝焼け　100万羽のフラミンゴが一斉に翔び発つ時
暗くなる空やキリマンジャロの白い雪　草

[志高く生きることは難しいのだろうか]

原の象のシルエット
何より僕の患者たちの　瞳の美しさ

この偉大な自然の中で病と向かい合えば
神様について　ヒトについて　考えるものですね
やはり僕たちの国は残念だけれど何か
大切な処で道を間違えたようですね

去年のクリスマスは国境近くの村で過ごしました
こんな処にもサンタクロースはやって来ます
去年は僕でした
闇の中ではじける彼等の祈りと激しいリズム
南十字星　満天の星　そして天の川

診療所に集まる人々は病気だけれど
少なくとも心は僕より健康なのですよ
僕はやはり来てよかったと思っています
辛くないと言えば嘘になるけど　しあわせ
です

【イラスト榎本幸子】

あなたや日本を捨てた訳ではなく
僕は「現在（いま）」を生きることに思い上がりたくないのです

空を切り裂いて落下する滝のように
僕はよどみない生命(いのち)を生きたい
キリマンジャロの白い雪　それを支える紺碧の空
僕は風に向かって立つライオンでありたい
くれぐれも皆さんによろしく伝えて下さい
最後になりましたが　あなたの幸福を
心から遠くから　いつも祈っています　おめでとう　さよなら

　シュバイツァにあこがれて医学の道を志した柴田紘一郎医師という人がいます。その柴田氏と懇意にしていたさだまさしさんが、彼の体験に感動し歌を創りました。それが、「風に立つライオン」です。詩は、ナイロビに来てから３年目で初めて届いた彼女からの手紙に対する返事という形で書かれています。それ

が、この資料（あかつき出版）です。

　この詩に出会ったのは、平洲中学校に勤務していたときです。社会科の授業で扱いました。「風に立つライオン」の詩を見て、すぐに想像したのは、小学生時代にテレビで視た手塚治虫原作の「ジャングル大帝レオ」です。若い人は知らないと思いますが、これは日本で初めてカラーテレビで放送されたアニメです。それは1965年で、第一回の放送を近所の友達と一緒に視ながら、感動していたことを今も覚えています。

　さて、話がそれてしまいましたが、この詩を使って白岩先生が、道徳の授業をしてくれました。これを使っての道徳は難しいですが、その挑戦がうれしいです。この詩の難しさの一つは、いろいろな切り口を考えることができることです。どこに視点をあてるか、白岩先生も迷ったことでしょう。大自然に視点をあてることもできます。生命尊重でもいいでしょう。先生方も、自分が考えた視点で実践してみてください。自分だったら、やはり白岩先生と一緒で、この人の生き方に視点をあてたいと思います。「風に立つライオンでありたい」と願う主人公の生き方を、みんなで考えたいと思います。

無気力な生徒Aに向けて

　白岩先生の授業の主題名は「志高く生きる」。ねらいは、「志し高く理想の実現をめざして、自分の人生を切り拓こうとする意欲を養う」です。

　白岩先生が、この授業を通してとりわけ考えさせたいのが生徒Aです。無気力で、進路相談でも自分の将来を何となくしか考えられない生徒A。白岩先生は、そんな生徒Aに柴田医師の生き方をぶつけたいと考えました。生徒Aの反応はどうでしたか？（発言・ワークの記入内容は授業記録にあります）

　授業は、CD（風に立つライオン）のイントロを聴くところから始まりました。生徒は、太鼓の音に耳を傾けて聴いていました。

　次に、この詩の背景の説明です。ここに時間をかけ過ぎでしたね。事前に、「次

回、柴田紘一郎という人をモデルにした詩を扱うからね、この人はね…」と、この人について、概略的に知らせておいてもよかったと思います。

　発問は主に３つで構成されていました。その３か所でワークへの記入が位置づけられていましたが、１か所に絞った方がよかったです。

　発問１は、彼女を置いてまで、主人公がアフリカへ旅立つときの気持ちについて考えます。中心発問では、主人公のケニアでの生活を支えたものは何だったのか考えます。そこには、その補助発問として、風に向かって立つライオンという姿から、主人公の生き方を考えさせる問いが用意されていました。最後の価値の自覚の発問では、ここまでに考えてきたことを基に、将来の自分へメッセージを書いています。

　では、授業記録です。（▼＝改善点　※生徒Ａの様子）

No.	教師	生徒の発言等
1	いつも通りやりましょう。では、始めます。お願いします。	・気をつけ、お願いします
2	今日のテーマ「風に立つライオン」（板書）をやります。	
3	今日の舞台はこんなところです。ちょっと聞いてください。	（CD「さだまさし」風に立つライオンのイントロ部分のみを聞く）（生徒は聴きいっている様子）・太鼓の響く音（軽い笑い）
4	今日の主人公、柴田紘一郎。宮崎県のお医者さん。60過ぎています（画像）。この人の若い頃が題材。小さい頃に祖父からもらったシュバイツァの伝記に感銘し、医者を目指した。そんな柴田医師、30歳の時、「自分は、シュバイツァに憧れたんだ、このままでいいのか」と自分に問いかけ、家族・恋人・同僚をおいて、ケニア行きを決意します。　このケニアの村は、電気・ガス・水道・病院もない医者もない。村には、柴田医師だけ。6時に起きて、身支度をする。すると、現地の人の列がもうできている。一人ひとりを診ていく。昼に休憩2時間。夜寝るまで働く。	（柴田医師の画像）

288　第2部　授業の風景 ―授業で勝負できる教師を増やしたい ―

	やっと、慣れてきた頃、恋人から一通の手紙が来ます。柴田医師が返事を書きます。（風に立つライオンの詩を貼る）これは、その話を聞いたさだまさしさんが、是非歌にしたいと、お願いして創った歌詞です。	
5	（範読）	
6	今日は柴田医師の気持ちについて順に考えていきます。	▼気持ち⇒生き方の方がよい
7	〈発問1〉日本を旅立つ時、どんな気持ちだったでしょう？いろんな気持ちがあったと思うけど、考えられるだけ書いて下さいね。プリント1に書いて。	（プリント記入） ▼ここは書かなくてよいのではないか （生徒のつぶやき）よどみないってどういう意味？ ※（生徒Aのワーク）「家族とかと離れるのはつらいけど、現在を生きることに思い上がっている自分は嫌で、必死に生きたいから行こう」
8	（メモしながら机間めぐり）	▼メモを生かすなら意図的指名があってよい
9	みんなに聞いていきたいと思います。	▼生徒Aを指名したい
10	島君。	・本当に行こうか
11	迷う。	・うん
12	何で迷うの？	・医療も発達していないし…同じことができない
13	東京と同じことできない。	
14	志保さんは。	・アフリカへ行って、いろんな人の命を救ってやりたい
15	うん。松君。	・日本を離れたくない
16	そうか。伴君。	・何とか成し遂げようという気持ち
17	ほのかさんは？	・行きたいけど、行きたくない気持ちもある
18	行きたくないのはどうして？	・恋人。家族を置いていくのは淋しい
19	今、みんなが言ってくれたように、日本を旅立つ時、複雑な気持ちもあったね。	
20	〈発問2〉しかし、いざ、実際に医療に携わってみて、柴田医師は、「主人公は辛くないと言えば嘘になるけど幸せ」と言っています。アフリカで不安を抱えて生活をしてきた柴田医師を支えたものは何なのか。2に書いてみてください。	（プリント記入） ※（生徒Aのワーク）「アフリカでの異文化を見て新たな発見、日本では味わえない人を救っている素晴らしさを感じられるから」

21	（机間巡り） 　はい、たぶん一つだけじゃなくて、いろんなものがあったと思うけど…早田君。		・美しい自然やアフリカの人々からもらった感動
22	早田君は、美しい自然を見たら幸せな気分になると言っているけど、翔太君はなる？		・なる
23	松岡さんは、どう思ったのかな？		・患者さん
24	患者さんって、思った人どれくらいいるのかな？		（挙手）
25	結構いるね。柴田さんは医師として、患者を助けるために行ったのに、患者に支えられたの？		・患者
26	患者って、東京にもいるよね。日本の患者とアフリカの患者って、何か違うのかな？　田上君。		・ケニアの人の真っ直ぐな魂をもらったから ▼真っ直ぐな魂って、どんな魂？と問いたい。
27	田上君の言ったこと分かるかな？　敬君どう？		・その通り（笑い）
28	詳しく言うと？	・治療したケニアの人の笑顔
29	晴山君は？	・敬と同じで、患者さんたちの笑顔に支えられた
30	沼さんは？	・アフリカの大自然
31	○○君は？	・恋人との思い出。LOVE（笑い）
32	○○さん？	・家族の支えがあった
33	○○さん？	・同僚の支え
34	一人で行ったよ。	・がんばれよって、応援してくれたと思う
35	○○さん。	・シュバイツァの本
36	持って行ったということ？	・読んだんじゃないの
37	〈発問3〉いろいろなものに支えられて辛いけど、幸せと感じるようになった。そんな主人公は、「僕は風に向かって立つライオンでありたい」ってあるよね。これは、どういう姿？　3に書いてみて。		（プリント記入） ※（生徒Aのワーク）「大変な事（これが風）がいろいろあっても、ライオンのように強くいる人間になりたい」
38	では、聞きます。中村君。		・どんなことにも向かっていく勇姿
39	伴君。		・人の先に立って守れる人
40	みかさん。		・強くなって成長していく人
41	みんな、ライオンって強いイメージかな。強いイメージある？　○○君。		・ある
42	谷君は。		・何か大きなものに立ち向かう

290　第2部　授業の風景 ― 授業で勝負できる教師を増やしたい ―

43	松岡君。	・ここにいる人を守る力をもった人
44	その力って？	・医学の知識を持った人
45	大田君。	・自信に満ちた姿
46	今、いろいろあげてもらいました。ライオンって、怖い存在なんだけど、その力で守ることもできる。どう？　ちなみさんは。	・大変なことがあっても向かっていける
47	ちなみ、どう、なれる？	・自分が？
48	そう。	・できません
49	生徒Aさん。	※強い人間になる。
50	生徒Aさんは強い？	※そうでもない。
51	〈発問4〉柴田医師は、こういう生き方をしてきました。今度は自分自身のこと。みんなは、後15年ぐらいたつと、30歳になります。柴田医師の生き方を見てきましたが、これからの自分へ、どんな生き方をするのか、自分に向けてメッセージを書いてください。	（プリント記入） （生徒のつぶやき）これ、いつ返ってくるの？ （生徒のつぶやき）卒業式？ （生徒のつぶやき）同窓会？ ▼何を書いたか紹介がほしい。 ※（生徒Aのワーク）「柴田さんのように強く生きようと思っていると、じんましんが出ると思うからやめた方がいい。それよりみんなに、大丈夫なところは、上手に甘えられる人間であった方がいい。だから場所を考えて甘える！」
52	時間がきています。この話はさだまさしさんが歌にしています。ちょっと見てみましょう。 （風に立つライオン映像）	（映像を視聴する）
53	今日はね、柴田医師の物語について、考えてきました。終わります。	・起立、礼。 ▼「柴田医師の生き方は、どうでしたか。自分の今を捨てた柴田医師。安泰を捨てて困難が待ち受けているかもしれない理想へ飛び込んだ。みんなも何かに飛び込む決断が必要なときがやってくる」という終わり方もある。

　さて、この授業の終末に、生徒は自分に向けてどんなメッセージを書いたのでしょう。紹介をします。

　　・今日は、私は14歳のまだ未熟な○○○○です。質問してもいいですか？　あなたは何をやっていますか？　それは楽しいですか？　自分の好きなことに熱中し

ていますか？ 生きがいを感じていますか？ 今の私にはたくさん夢があります。やりたいことをやってください。何よりも生きがいを感じてください。泣きたいときは空に向かって泣いてください。その後、必ず笑顔になることがあるから！ だから好きな事をやってください。

・将来の自分がどんな仕事をしているか分からないけれど、自分のやりたいことですか？ 今の自分は医療関係の仕事について、人の命を救ったり、病気を助けることに少しでも関わりたいと思っています。今思っている職業になっていても、いなくても、自分が生きがいを感じて仕事をしていくことがいいと思います。自分にどんな辛いことがあってもそれを乗り越えていけたらいいと思います。

・自分の思うように程々に頑張ってください。周りの意見を聴くのもいいですが、自分の人生なので、自分の意見をきちんともって、それを実現できるだけの行動力も身につけてください。最低限、今よりもスピードアップしている子になってください。

・元気ですか？ いろいろな困難があったと思うけど、風に向かって、ライオンのように強くたくましく人生を生きていってくださいね。友達、家族、恋人（いるのかな？）を大切に。

・何があっても、自分の意志を貫き通して、夢に向かって頑張れ。人生を左右することがあるかもしれないけれど、今を楽しんで悔いのない人生に。戦争や争いはすることがないように。

・柴田医師じゃなくて、むしろその恋人みたいに、本当は離れたくない人にでも、背中を押してあげられるような人間になれたらいいかな…と。

・辛いことがたくさんあるけど、それを乗り切って強く、勇気のある人になれるようにがんばれ、何か大きな壁があって辛くても、自分のためになることがたくさんあるから、人のためにも自分の人生に後悔が残らないようにするといい。

・将来の自分は強い人になっているでしょうか？ 今の自分はまだまだ弱くて、何をやってもうまくいきません。それでも、未来では、今日やった授業にでてきた柴田さんのように、自分の夢を実現できるようにしてください。ファイト。

・未来はどんなに見ようとしても見えない。でも過去は見える。その過去を見よ

うとするのではなく、未来だけをみつめている。小さな幸せはいくらでも落ちている。真っ直ぐに見て、耳を澄ませて、感じよ。

・がんばってますか？ ちゃんと夢を叶えてくれていますか？ 私は今、夢が実現できるようにがんばって勉強していますよ。もうすぐテストがあるんです。すごく大変です。でもここでいい点とったら、将来の自分は少し楽かな。是非風の中で立つライオンのように、強い〇〇〇子になってください。以上。

・きっと、あなたはニートになっているかも。しかし、あなたにもできることがあると思います。そして、それは少しだけ、未来に残ります。世界からしたらちっぽけな存在ですが、あなたが生きていて、それを知っている人がいて、細々とだけど、あなたは未来へ受け継がれていきます。それは人にとって、もっとも大切で尊いことだと思います。そしてそれが、あなたが、すべての人がこの世に生きている理由だと思います。

・お元気でしょうか？ 相変わらずテンションが高すぎる人間（宇宙人）でいますか？ まあ、少しは成長したことだと思いますが…。この授業覚えていますか？風に立つライオン。この主人公、柴田医師のような生き方はできないかもしれませんが、管理栄養士としてきちんと頑張って、めげないで。Fight してください。さよ〜なら〜。

[君は風に立つライオンになりえるか？]

白岩先生がこの資料を選んだ理由があると思います。先生方、白岩先生がこの資料の何に感動し、何を伝えたかったのか、直接尋ねてみてください。

今回、白岩先生は、最後に風に立つライオンの映像を見せています。教室は静まり、生徒は真剣なまなざしで、その映像を見ていました。生徒は何を思いめぐらせたのでしょうか。非常に余韻のあった終わり方でした。

この授業を参観し思ったことがあります。自分は、「風に向かって立つライオ

中学校の授業風景　*293*

ンでありえるのか」です。白岩先生はどうですか？

27.　シカさんの手紙（1年道徳）

　1年2組の小松詩歩先生による道徳の授業（初任卒業授業）を見ました。とにかく生徒の目が輝いていたのが印象的な授業でした。資料は、野口英世の母が息子英世に書いた手紙、「シカさんの手紙」です。

授業の中心に据えた生徒A

　Aは外泊で何度か指導を受ける生徒です。Aは、小学校の頃に両親と他市から転校してきました。外泊先はそのつながりのある生徒のところです。携帯を持参したり、スカートが短かかったりした時もありました。その都度、学年主任・担任は親を呼んで話し合いをもってきました。

　この授業があったこの日にも喫煙が発覚し指導しています。母親は、日本語はできるものの堪能ではありません。母親はAにすでに乗り越えられている感があります。母親は何でも許せざるを得ない状況にあるようです。父は県外の実家に帰っていることもあり、不在がちです。そんな彼女は、将来に危うさがあります。担任はもちろん、いろいろな先生が関わることが重要になってきます。

そんな生徒Aにぶつける資料

　そんなAについて、小松先生は

　　　とりわけAが気になる。Aは夜中に出歩いたり、リストカットをしたりする傾向にあります。Aは家に居づらい、親が心配してくれないという話をよくしています。しかし、実際は両親ともAのことを大変心配している。Aはそのことに気づいていない

と記録しています。このAに本時の資料をぶつけます。資料名はは「シカさん

の手紙」、

　研究医として海外で活躍する野口英世に宛てた母シカの手紙である。シカは貧しい生い立ちで学校に通っておらず字を書けない。どうしても息子に手紙を書きたいという一念で、年老いてから必死に字を覚え、やっとの思いで書き上げた手紙（たどたどしい文字の手紙）

〈原文〉

　おまイの。しせ（出世）にわ。みなたまけ（驚ろき）ました。わたくしもよろこんでをりまする。
　なかた（中田）のかんのんさまに。さまにねん（毎年）。よこもり（夜篭り）を。いたしました。
　べん京なほでも（勉強いくらしても）。きりかない。
　いぼし。ほわ（烏帽子＝近所の地名には）こまりおりますか。
　おまいか。きたならば。もしわけ（申し訳）かてきましょ。
　はるになるト。みなほかいド（北海道）に。いてしまいます。わたしも。こころほそくありまする。
　ドか（どうか）はやく。きてくだされ。
　かねを。もろた。コトたれにこきかせません。それをきかせるトみなのれて（飲まれて）。しまいます。
　はやくきてくたされ。はやくきてくたされはやくきてくたされ。はやくきてくたされ。いしよ（一生）のたのみて。ありまする。
　にし（西）さむいてわ。おかみ（拝み）。ひかしさむいてわおかみ。しております。きた（北）さむいてはおかみおります。
　みなみ（南）たむいてわおかんておりまする。
　ついたち（一日）にわしおたち（塩絶ち）をしております。ゐ少さま（栄昌様＝修験道の僧侶の名前）に。ついたちにわおかんてもろておりまする。なにおわすれても。これわすれません。
　さしん（写真）おみるト。いただ

手紙の文字

いてお**り**ます。はやくきてくた**され**。いつくる**ト**おせて（教えて）くた**され**。

これのへんちちまちて（返事を待って）を**り**ます。ねてもねむれません

【出典：www.noguchihideyo.or.jp/abouT/exhi05.hTml 公益財団法人野口英世記念会 HP より】

が今日扱う資料です。

A には、この資料を通して、この手紙で必死に伝えようとした母の思いに触れさせ、家族の思いや愛情の深さに気付かせます。そして、それは A 自身の家族も同じであると実感させることをねらいます。

以下、授業記録です。（◎よかったところ　▼改善点）

No.	教師	生徒の発言等	
1	始めます。	（起立、気をつけ）	
2	ほら、気をつけ。（できていない生徒へ） ◎よく見ている	（礼） （お願いします）	
3	机に筆記用具だけにして。		
4	いつも、賛成反対は付箋紙を使うけど、今日は 3 つのコップ、奮発しました。◎一つの授業にかける思いは立派である	（つぶしちゃった） （笑い）	
5	名前の書いてあるマグネットも用意しました。では、黒板に注目してください。		
6	（板書：シカさんの手紙原文の拡大）	（読み始める）	
7	これ、何だと思う？　汚いけど？ ▼汚いという言い方は？ ◎生徒を惹きつけることができている。	（分からない）（天皇からの手紙）（昔の字）	
8	これはある人の手紙です。読みにくいので先生が打ち直しました。（誰が書いたのかな？　と言いながら配布）	（みつを）（みつを知らんの？）	
9	これこれ関係ない話、しないの。 ▼生徒は相田みつをの字じゃないかと予想をしていた。		
10	それでは一分間あげます。黙読してください。	（黙読）	
11	内容読み取れた？　分からんよね。カタカナ、ひらがな混じっているし、○多くない。▼分からんよねという決めつけの言葉はよくない。		
	誰が書いた手紙なんだろう？ ◎一生懸命引き付けようとしている。ただし、この言葉		

12	を投げかけなくても生徒は誰の手紙だろうと思っているかもしれない。	
13	ある有名人のお母さんです。	（先生のお母さん）
14	千円札…	洋：（野口英世）
15	お母さんの名前シカと言います。（板書）	
16	どんなことが書いてあったのかと言うと…今のものを訳したものをあげます。	
17	（現代語訳範読）	
18	初めにみんなに読んでもらった不思議な手紙、訳すとこんなことが書いてありました。	
19	〈基本発問〉シカさんは何を伝えたかったのかな？	
20	30秒あげます。まず、自分で考えて。	
21	はい、Aさん。	A：早く帰ってきてほしい。
22		洋：Aさんと同じです
23	何でそう思った？◎深めていっている。よい	洋：4回も出てくる（手紙の中に）
24	隣。	谷：最初に、出世を喜び、驚いているということを伝えたかった
25	他には、はい隣の寛。	寛：野口英世さんの故郷が危ないと伝えたい
26	どんな風に？	寛：あんまりお金がなく困っている
27	隣の岡君。	岡：帰ってくる日を聞いている
28	いつ帰って来るのかってね。	
29	今、シカさんの手紙を読み取ってもらいました。シカさん、すごく字が汚いよね。それは、年老いて字を書こうとするまで学校へ行ったことがないし、字を知らないから近くの人に教えてもらって一生懸命書いた手紙です。	
30	じゃあ、野口さん何をしていたか知ってる？	富田：黄熱病の研究
31	母シカとはほとんど会っていない。	
32	字を知らないにもかかわらず手紙を書いた。▼どんな思いからだろうと問いたい	
33	洋は気付いてくれたけど、早く帰ってこいを4回、最後と合わせて5回。	
34	では聞きます。この手紙読んで帰って来たと思う？　もしみんなだったら帰る？　▼英世は帰って来たんだろうか？	

中学校の授業風景　297

35	帰る人は赤のコップ。帰らない人は青のコップ。迷っている人は緑のコップね。5、4、3、2、1、ゼロ、はい置いてください。	
36	決めた？　迷っている人いいよ。迷うことも大事な意見だからね。◎その通りです。迷っている生徒も自身がもてますね	
37	帰る？　帰らない？少数派から聞いていくね。富田君	富田：自分の知識だけどその頃黄熱病というのは相当流行っていて何百万、じゃなくて何万と苦しんでいる人がいるのに、母の感情だけで研究を放り投げていくのはいけない▼母の感情って何？　と問いたい。
38	帰る派の人から富田君の意見どう？　伊藤君。◎反対の意見にぶつけている。よい。	伊藤：…
39	どうかな？	伊藤：一回ぐらい里帰りしたっていいでしょ
40	この意見どう？咲は？	咲：一回ぐらいの間に、何人か死んでいるので、一人と何千人を比べたら、何千人の命を優先した方がいい
41	なるほど、一人より何千人の方を大事にいたいんだね。これについて。どう？	
42	赤いコップ（帰る）の人どうですか？　Aさん。◎意図的指名OK	A：大事な人…母親は大事な人だからお母さんを優先したい▼抽出生徒だから、どういう風に大事なのか切り返して問いたい。
43	迷う派（緑）どうぞ。荒川。	荒川：帰らなかったら母がさみしいし、帰ったら何人も命を落とすし…。帰りたいけど、命を落とすからどうしよう▼研究者としての使命感と、母親の気持に答えたいという迷いだよねと、この迷いで、みんないい？（ここで違うという生徒がでてくるといい）
44	いいよ、いいよ。迷うって大事。帰りたいけど、帰れない。◎はっきりしていない意見も大切にしている。	
45	帰らない派のルナさんどうする？◎コーディネートして深めていこうとしている。よい。	ルナ：帰ったら病気に苦しんでいる人を見捨ててしまうことになるので、早く研究して助けてあげたい。命を優先したい▼これ、お母さん分かってくれるかな？　とみんなに投げかけたい
46	それに対してどうですかね。今研究が大事。帰る派の皆さん、研究が大事なのになぜ帰ると思いますか？　和君。	和：研究というか、この手紙からめちゃ帰って来てほしいという思いが伝わっているから、やっぱり帰る

47	今、和君から、母がめちゃ帰って来てほしいと、あったけど、どう？　ナミさん。	ナミ：もともと字が書けないのに、一生懸命字を書いてくれたのだから、帰って来てほしいという気持ちが伝わってきたから帰る
48	一生懸命書いてあるからね。両方（赤と青）あげている華さんどう？ ▼母は、会いたいから帰ってこいと言っているのか、研究に行っている場所が場所なので、危険だから母親心で帰ってこいと言っているんだろうかどっちだろう。母は大事な研究をしていたことは知っていたのだろうか？　何か裏付ける資料があるとよい。時代背景はどうだろうか？　結局は母の心配していた通りになったのではないか？	華：私は、最初に母がすごく帰って来てほしそうだったから、帰ったほうがいいと思ったけど、途中から大事な研究を捨ててまで、母のところへ行くよりも、たくさんの人のために研究に励んでくれた方がいいと思って…でも、帰るのが遅くてその間に命を落としてしまったら悲しい
49	研究を途中にやめて帰ったら、シカさんはどう思うだろう？　○○。	○○：うれしいと思う
50	何で？	○○：息子が帰ってきたから
51	華さんは？	華：帰って来ないのも悲しいし、それをやめても悲しい。
52	佳緒は？	佳緒：研究より自分を優先してくれたからうれしい
53	シカさんの手紙の中に「拝んでおります」が一杯できていない？	（うん）
54	何を拝んでいると思う？　菊雄君。	菊雄：英世が無事で帰って来てくれるように
55	亜紀は？	亜紀：海外の仕事が無事できますように
56	真奈は？	真奈：英世さんの安全とか、英世さんがやりたいことをやれるように▼母親の息子への気持ちが出てきているので、ここで、親ってこうやって子どものことを思うものなの？　みんなどう？　と、ねらいの価値を扱いたい。そして、じゃあみんなのお母さんはみんなのことどう思っているのかな？　それを終えた後で、母親からの手紙を渡したらどうだろう。
57	千佳さん？	千佳：早く帰って来てほしい

58	さっき、みんなに意見を出してもらいました。（板書を示しながら）この３つに共通しているのは何？　▼No. 58 のこの発問の意味が生徒はつかめないのでは？　ここで本時のキーワード「家族の思い」等ねらいに関する発言を引き出したい。ここに本時の授業が収斂される。この段階をどうするかが課題。（本校の課題でもある） 　ある一つの思いに共通して成り立っていると思うけどどう？　▼誘導的、この部分はいらない。	
59	富田君。	富田：母親が好き
60	他には？　陽菜。	陽菜：同じで、母のこと…
61	子が母を思う気持、その他には、勝は？	勝：黄熱病を救いたい気持ち。世界の人々を思う気持ち
62	研究をやめたら、みんな悲しいと思う？なんで？　○○.	○○：…
63	誰か助けられる人いる？　岡君。	岡：野口さんが出世した時に嬉しかったから
64	ということは、お母さんは野口さんが仕事をしている姿は大好き。それがあるから研究ができる。子が母を思う気持ちに共通しているんじゃないかな。帰ってきてほしいけど、母が子を思う気持ち。	
65	皆さんにもかけがえのない人いるよね。実はお預かりしているものがあるんです。	（嫌だ…）
66	（親からの手紙を一人ひとり渡す） ◎いい取り組み。配慮もされていた	（手紙を読む） （涙ぐむ子）（照れる子）（何度も読み返す）
67	今、おうちのお父さんお母さん、かけがえのない人から手紙をもらいました。手紙って普段言えないことも言えます。お返事を書いてください。また、こっそり回収します。◎保護者もきっと喜ぶにちがいない	
68	英世さん、帰ったか帰らないか、気にならない？　正解不正解じゃないよ。実は、この手紙を受け取って２日後に帰ってきました。そして、この写真を１枚とって帰りました。（写真提示）	
69	シカさんの思いが英世さんに届いたの？　▼誘導的か	（届いた）
70	一生懸命伝えたいという気持ちは伝わるんだよね。これからお手紙を書いて、もちろんですが、おうちの人に自分の言葉で伝えられるといいなと先生は思います。	
71	終わります。	（起立、礼、ありがとうございました）

生徒Ａの授業の様子

生徒Ａは「母の手紙を見て帰る」立場をとっています。その理由を「大事な人…母親は大事な人だからお母さんを優先したい」と発言しています。この発言が建前であろうと本音だろうとあまり関係はありません。Ａがこのように発言したことが重要であり、そのまま受け止めればよいと思います。

［手紙を読む生徒Ａ］

授業中のＡは非常に集中していました。生徒Ａは、本来こういう生徒であると信じたいと思います。このような発言をあらゆる教育活動の中で引き出していけば、彼女の心の中により善くなりたいという気持ちが大きくなっていくことでしょう。

保護者からの手紙

小松先生のこの授業にかける思いは強いものでした。随所に工夫をしようとしていることが分かるからです。赤・青・緑のコップもそうです。板書の構造化にもチャレンジしていました。

保護者から生徒への手紙では、生徒に分からないように一人ひとりの親に封をして依頼しています。もらった生徒の反応が面白かったです。はにかむ生徒もい

［立場を示す紙コップ］

れば、「嫌だ」と言いながらうれしそうに開ける生徒もいました。中には、涙ぐむ生徒、泣き出す生徒もいました。

さて、Ａはどうかというと、Ａには小松先生からの手紙がありました。母親

が書けないからです。この気配りが大切です。いい先生になっていくことでしょう。実は、Aには母親からの手紙もありました。姉の代筆でした。他の生徒もそうですが、Aにとって印象に残る授業になったと思います。

28. ジョイス（2年道徳）

　本日は道徳の教科化に向けて忙しい中、文部科学省教科調査官に、道徳の授業の在り方の指導に来ていただきました。調査官は何かの研究会に出向くことはあるのですが、一学校の現職教育、しかも初任者の卒業授業に来ていただくのは全国でも稀なことです。本当に来ていただきよかったです。
　初任研卒業授業にふさわしい授業でした。みんなも刺激を受けたのではないでしょうか。資料は、「ジョイス」（あかつき出版3年）です。
　資料は、

　大リーグ、タイガースのガララーガ投手は、9回2死までパーフェクト投球。27人目の打者を一塁ゴロに打ち取り、誰の目にもアウトと映ったが、審判のジョイスはセーフと判定（誤審）し「完全試合」をつぶしてしまう。自分の過ちを認め、ガララーガに謝罪するも、新聞等の報道はまるで犯罪者扱い。そんなジョイスは翌日の同カード

302　第2部　授業の風景 ― 授業で勝負できる教師を増やしたい ―

のゲームに、ブーイングの嵐が吹き荒れる中、球審として立つ。自分の仕事に責任を果たそうとするジョイス。怒りに流されず、ジョイスを許したガララーガ。二人の生き方が周りの人に感銘を与え、ブーイングは拍手に変わっていく。

という内容です。この資料を通して、真実を追究する人間のもつ強さに共感させ、その真理に基づいて生きることの大切さに気づかせます。

授業の中心に据えた生徒B

赤間裕一郎先生は、

自分の過ちを認めることができず、他人に責任を転嫁する子、『他の子もやっているのだから』などと言い、素直に謝れない生徒がクラスに数人見られる。自分では悪いことをしたと分かっているのに、過ちを認めることが恥ずかしいと捉えているようである。とりわけ、男子生徒Bが気になる。掃除の時間に、自分が原因で相手に被害を与えたことに対して、なかなか認めようとしなかった。このBに対し、真実を追究する人間のもつ強さに共感させたい

としています。その時に起きた出来事を詳しく記します。

掃除をまじめにやっていなかったBに、ある生徒が雑巾を投げた。Bはそれを投げ返した。投げ返した雑巾が関係のない生徒Cにあたり、投げられたCが「なんで自分にあてたんだ」と、口げんかになった。赤間先生は、最初に投げた生徒に謝るように指導。その後にBに対して、Cに謝るように指導するものの、「僕は投げられた、僕は悪くない」と主張。それに対してCは、僕は関係ないだろうと、また言い争いになる。Bに対して、Cに謝るべきだと指導しても納得できないようである。

赤間先生は、そんなふるまいから孤立気味のBを心配しています。赤間先生は、今回の授業でとりわけBには、ジョイスの行動に共感してほし、と願いをかけています。さて、そのBに今日の授業は響いたのでしょうか？
　以下、授業記録です。（◎よかったところ　▼改善点　※生徒の見取り）

No.	教師	生徒の発言等
1	始めます。	（起立、気をつけ、礼）
2	〈方向付け〉最初に2限目に話をしたよね。野球で完全試合がどれくらい難しいか、27人しかいない。完全試合まで9回2アウト、後一人で完全試合。◎野球をあまり知らない生徒のために、事前に完全試合の意味を知らせてある、よい。	（コの字型の座席でスタート） （普通じゃない）
3	では、映像を見てください。このピッチャーがガララーガ。では、いきます。◎2010年6月2日のメジャーの試合のビデオは効果的であった、特にリプレイのスロー再生は、状況をつかませるためによかった。	（君島：アウトだ） ◎野球部の君島君はすかさず反応。
4	セーフ、たぶん君たちの目から見てもセーフ。野球部野中君。	野中：今のはアウト
5	審判はセーフと言っていましたよ。同じような経験は？ 東山君。▼同じような経験とは何を求めているのか？ おそらく類似した他の例のことをきいたと思うが、野球のことと捉えて無いと答えたのかもしれない。また、ここで同じような経験をきく必要はない。	東山：無いです
6	橋川君は？ ないですか？	橋川：無いです
7	俊君は？	俊：無いです
8	スローモーション、誰の目で見てもアウト。あなたがガララーガだったら？ 藤君。	藤：腹が立つ
9	その後の行動は？	藤：文句を言う
10	バスケのシュートで、審判が間違えたら？	藤：先生、何点差？
11	1点差。	藤：何秒？
12	残り、3秒。	
13	文句を言う人？ ▼この問いかけも必要がない。	（…）
14	実生活でも、文句があって言いにいける人いますか？▼この問いかけも必要がない。	（…）
15	一つ聞きたいけど、あの審判悪い奴？ 山本君。▼奴という表現は不適切	山本：悪い奴じゃない
16	どうして？	山本：あんなに速い…緊張するな…審判だから
17		君島：（生徒会長だろ）

304 第2部 授業の風景 ― 授業で勝負できる教師を増やしたい ―

18		山本：(演説もめちゃ緊張した)
19	今日は誤審をしてしまった。審判のことをやっていこうと思います。審判は（写真を貼る）ジョイスといいます。	(太っている)
20	〈前半範読〉◎声の大きさよし。	
21	〈基本発問〉誤審はあきらかだった。審判のロッカールームに行く。リプレイを見る。自分のあきらかな誤審と知る。… （板書：ビデオを見た時の衝撃）ジョイスの心の中にはどんな衝撃が走ったのかな？	
22	では、阿智君。	阿智：やってしまった
23	何を？	阿智：誤審
24	野川さん。	野川：自分の誤審のせいで、大勢の人を驚かせてしまった
25	お〜っ、なるほど驚かせてしまって、どういう衝撃だった？	野川：…
26		野川：えっと…
27	周りの人を驚かせてしまったんだね。	
28	他にこうじゃないかというのありますか？ おっ、植田君、手をあげようとしたか。	植田：なぜ、自分はその時、監督の抗議を受け入れなかったのかな
29	なんで？ ◎発言した内容について、理由をきちっと聞いている。	植田：もう一度、審議すればよかった
30	それは、後悔という意味かな。	植田：うん
31	B君。	B：えっと、…誤審をしてしまって、俺の審判人生は終わりだ
32	何と思った？ ▼この問いに生徒は困ったのではないか。ちょっとみんなに聞きたいけど「審判」の人生、終わったのかな？と、広げてもよい。	B：完全にセーフのところをアウトにしてしまった
33	絶望ですね。	
34	で、この後ジョイスはある行動に出ます。	
35	（板書 謝罪に行く）⇒なぜ？	
36	君たちに考えてほしい。謝罪に行く必要がありましたか、審判の言う事絶対、黙っていれば時が忘れさせてくれるんじゃない？ どう思いますか？ 石山君。◎生徒を揺り動かそう	石山：公正に審判したかったから、自分が誤ったことを知って、罪悪感があったからではないでしょうか◎い

		い意見が出てきた。さあ、広げられるか。
37	罪悪感、公正などでてきました。丸山君、謝る必要ありますか。	丸山：無いです
38	なぜ？	丸山：審判は、この勝ち負けを決めるもの。謝る必要はなかった
39	謝る必要なかったということをどう思いますか？ ◎論点が出てきたいいぞ、これをどう話し合いにもっていくかがポイント。	
40	先生はバスケット素人、バスケの審判で、ピッと吹いて、しまったファウルじゃない、やべぇということがある。▼赤間先生らしいと言えるが、やはりこの例はいらない。	
41	畑さん。	畑：謝らなければならないと思って
42	何で？	畑：自分が間違っていたから
43	畑さんは自分が間違っていたとき全部謝りますか？ ▼この問いは、生徒に厳しい。時と場合によるだろう。	畑：分からない▼この問いに対しては分からないと答えるしかないだろう。
44	自分が間違っていたから、公正、罪悪感、いろいろ出てきました。どうでしょう、藤君は？ 謝る？	藤：謝る。
45	なぜ？	藤：ジョイスさん自身が申し訳ないことをしたと思っているから
46	資料を読むとガラーラガは、すごい奴ですよね。自分だったらできないな。ジョイスは絶望や後悔を胸に謝りに行った。ところがジョイス、次の日、今後は球審しなきゃいけない。でも、マスコミから非難殺到、アメリカ国民全部を敵に回して、それなりの審判をしなくちゃいけない。	
47	この後の資料ではジョイスは、夜眠れなかった。この夜、ジョイスはどんなこと考えていた？ 林原さん。	林原：また、同じことしちゃうんじゃないか
48	心配？ そのような気持ちじゃないかなと思う人？ 黒元君。	黒元：死にたい（笑い）

306 第2部 授業の風景 ― 授業で勝負できる教師を増やしたい ―

49	俺、分かる気しますよ。だってさ、全国民を敵に回したんだよ。黒元君が言ったように人生終わる。◎死にたいという生徒の発言に笑いがおきたところを、死にたいという意見を肯定的に受け止めてあげている。さらに黒元君の意見とつなげている。腕をあげたな。	
50	黒元君の発言で同じこと思った人？	（数人）▼死にたい理由もいろいろあるので、挙手した生徒に理由を聞いてもよい。
51	礒部君。	礒部：次の試合に出てもブーイングされると、出ないと逃げたと思われるから
52	うん、この状況、挟まれています。どっちにしろ挟まれています。苦しいですね。苦しいです。	
53	〈後半範読〉	
54	〈中心発問〉出ないと、逃げる、出てもブーイング、ジョイスは出る覚悟をしました。このジョイスを君達自身どう思いますか？	
55	（板書：球審の仕事を務める）	
56	この後、ワークシートを配ります。	
57	考えてほしいのはジョイス、ジョイスの生き方と自分の生き方を比べて考えてほしい。◎自分事として自分との関わりで考えさせようとしている。	
58	（ワークシート配布）	（プリント記入）
59	はい、ペンを置きましょう。ストップ・ザ・ペン。いろんな人に聞いていきます。友達の意見を聞いて、ああいう考えをするんだという意見があればメモしましょう。	
60	村君。	村：かっこいいと思います
61	何で？	村：逃げなかったから
62	ジョイス、セーフと言って一世一代の記録を途絶えさせてしまった。	
63	沢木君。	沢木：強いと思う◎キーワードが出てきた。
64	何で？	沢木：ブーイングとか批判がくることが分かっているのに強い

65	強いって何？ 謝って泣いている。報道陣の前で震えているんだよ。◎いい揺り動かし方。	沢木：ミスを認めたから強い
66	ありがとう。原君は？	原：しょうがないと思います（笑う）▼思いがけない意見だったのでは？ 赤間先生、この意見にとまどったか。または、机間めぐりの中からこの意見を拾おうとした意図的指名だったのか？
67	どうして？	原：誰でも間違えることはあるから、しょうがないと思います※どんな生徒か？ 普段の様子が知りたい。原君自身がこういうジャッジをしたときに。罪悪感はないのか聞いてみたい。
68	こういう状況（ジョイスの状況）になっても、すぐに来れる？	原：来れる
69	学校中、敵に回しても？	原：来れる（すげぇ）▼このつぶやきを拾えないか。
70	島谷君はどう？	島谷：球審に出て正しかったと思う。なぜなら、世間から逃げていると思われるよりも自分から逃げてるみたいで、それは良くないことだから前向きに考えて、また自分の責任と審判としての責任について、夜考えて決めたのだから、ブーイングは承知の上で、しっかり審判を務めればよいと思ったから
71	植田君は？	植田：そんなことはやんない方がいい
72	どういう意味？	植田：ガララーガが許していても、世間や観客はよく思ってなくて。ジョイスが出ることを不快に思っている人もいるかもしれないから、出ないほうがいい
73	植田君の意見を聞いてどう思いますか？ 牧野さん。	牧野：いいと思うけど、どっちにしろ、どっちでもよかったと思います
74	迷った上に出た？ 牧野さんの意見はどうでしたか？	牧野：心の強い人だと思います。自分が受け入れるにしても、とても勇気がいるから
75	勇気ね。礒部君はどうですか？	磯川：とても度胸があると思いました
76	何でかな？	磯川：自分だったら試合に出ても大量のブーイングを受けるし、出なくても逃げたという扱いを受ける。でもそれが分かっていながら出たから

77	加藤さん。	加藤：すごいなと思います。芯の強い人だと思います。自分だったら、全米にブーイングされ取り返しのつかない状況から抜け出したいと思うし、嫌なことはとことん回避したいと自分は思うし、自ら向かっていくジョイスの精神力がすごい◎強さより具体的な精神力という言葉が出てきた。
78	みんなならジョイスのようにできますか？ できるという人、手を挙げて。	（原のみ一人挙手）
79	できない人？	（ほとんど挙手）
80	B君、なぜできない？	B：その状況で、その場にいづらい
82	野川さんは？	野川：えっと、逃げた方がブーイングを受けるのが少ない※物事に対して消極的な生徒か？
83	時間だけは流れちゃいます。丸山君。	丸山：そんな試合に出ても火に油を注ぐのはバカ※No.38で「審判は、この勝ち負けを決めるもの。謝る必要はなかった」と発言している。謝らないし、試合には出ない。こういう生徒に他の意見をぶつけたい。
84	山本君。	山本：ジョイスはバカ。あんな状況で出ようとしているから▼何がバカなんだろう？ この授業の後、給食中に赤間先生と山本君はこのバカの意味について、会話している。山本君は「愚直」の意味で使ったとのこと。
85	島川君、野球部、どう？	島川：多分だけど、そんなことは分かっていたと思う。家族もいて、しつこく報道陣に聞かれるといけないので、出たほうがいい◎家族の立場まで考える意見が出てきた。多面的（さまざまな立場）な意見が出てきた。
86	時間がないので…、その後日談があります。ジョイス、2010年大リーグ、現役選手が選ぶNo.1審判に輝きました。	（おーっ）
87	話はまとまらなかったんですが、完全試合、今まで27人しかしていない、それをあと一人というところで、彼の人生を狂わせていながら逃げない。翌日も球審の仕事に行った。それらのことがNo.1審判になるきっかけになった、そういうことを心において今日の授業は終わろうと思います。	▼ジョイスの強さはでてきたが、誠実さがガラルーガや人々の心を打ったことまでは深まらなかった。No.85の後に何かが必要だろう。どうしたらいいか考えてほしい。
88	終わります。	（起立、礼）

人っていいな

　赤間先生はいい資料を探し出してきました。自分はこの資料を読んだだけで胸が熱くなりました。
　さて、何がこうも感動させるのでしょう？　素直に認め謝りにいくジョイスもそうだが、ガララーガの人柄も心をうちます。また、監督の粋な計らいもいい。メンバー表交換の場面も感動的です。

［この資料に胸が熱くなったので］

　これを読んで人っていいなと思います。
赤間先生は、この資料で誰を追う事にするかを随分迷ったようです。自分も迷います。そんな時はやはりねらいに照らし合わせることが重要です。
　ジョイスを追えば、誠実、真実の追究。ガララーガを追えば寛容、思いやりが考えられます。赤間先生はジョイスに焦点をあてて、真実を追及する人間の強さに共感させたいと考えました。それでいいと思います。

もう一歩

　赤間先生の反省に「一問一答になってしまった」というのがありました。しかし、授業記録を読むと随所でそれを深めようとしているのが分かります。もう少し、じっくり考える時間を設定すれば、もっと生徒同士が関われる予感がする授業であったと思います。もう一歩のところまできています。

自分との関わりで捉える

　赤間先生に、授業後に生徒が記述したプリントを見せてもらいました。そこにこんな意見がのっていました。島川君です。「この試合の前日にガララーガに会って、この試合を出ないとガララーガに申し訳ない」と述べています。家族のこと

を発言したあの島川君です。島川君はプリントには、家族のことをまったく書いていません。その前の発言者の意見を聞いて、何かを感じて家族の思いまで考えたのでしょう。

　ここに授業の醍醐味があります。調査官の先生が自分との関わりで捉えると言っておられましたが、まさしく島川君は自分との関わりで捉えていました。この意見をさらに追求していくと、そのことが、もっと明確にでてきたかもしれません。

　その他、山口さんは、「ジョイスは自分の仕事に誇りと自信をもっていたんだと感じた」と記し、そして、「自分には誇りもないし、自信もないからうらやましいと思った」と書いています。これも自分を見つめていいます。

　また、渡辺さんの記述には、「ジョイスより生きている年がとても短いから、正直よく分かりません。でもこれから生きていくうえで、ジョイスのように、自分の過ちを認め、そこから行動にうつして、戦っていけるような生き方をしたいと思いました」とあります。これもそうです。

　みんな考えていました。ここまでたどり着いたので、ぜひこれらの意見を拾いだし、みんなに、「おお、みんなの仲間は、こう考えているぞ、どうだ？」と投げかけられる授業を目指してください。そのため、もう1時間使ってもいいでしょう。

29. ハチドリのひとしずく（1年道徳）

　初任者研修が本校でありました。授業者は秀充先生。道徳の授業（1年4組）を公開します。資料は東京書籍の道徳に掲載されている「ハチドリのひとしずく」です。右が資料です。

　という内容です。秀充先生は、この資

> ハチドリのひとしずく
>
> 　森が燃えていました。森の動物たちは、われ先にと逃げていきました。
>
> 　でも、クリキンディという名のハチドリだけは、行ったり来たり。
>
> 　くちばしで水のしずくを一滴ずつ運んでは、火の上に落としていきます。
>
> 　動物たちがそれを見て、「そんなことをしていったい何になるんだ。」と言って笑います。
>
> 　クリキンディはこう、答えました。「私は、私にできることをしているだけ。」

料を通して、「自らの限界を超える行動に触れ、その思いを考えることを通して、感動する心を深める」（D-3感動・畏敬の念）ことをねらいます。

以下、授業記録です。（◎よかったところ▼改善点）

No.	教師	生徒の発言等
1	見渡してください。お客さんがたくさん見えます。 ▼緊張を解くために言ったことだろうが、これはなくてもいい。	（笑い）
2	今日はある動物の話です。	（猫）（犬）
3	これを見てください（ハチドリの画像） ◎インパクトがあり、よかった。	旭：（ハチドリ）
4	そう、ハチドリ。	旭：（ヨッシャー）
5	ハチドリの大きさ知ってる？	（10センチ）
6		手で表現しながら（これぐらい）
7	では、ビデオを視てみましょう。	（かわいい）
8	超スローね。これアゲハチョウ（大きさの比較のために）。大体ちょうど同じくらいですね。 ◎この映像はきれいだった。生徒はこの映像にくぎ付けだった。	（アゲハチョウ） （ハチドリが食べるんじゃないの）
9		（ミツの順番待ち）
10	優しいな。 ◎ほめられたこの生徒は嬉しいだろうな。	（先生、ベロみたいなものが出ている）
11	そう、よく分かったね。	
12	というものでございます。こんなところでテレビの役割は終わりです。	（笑い）
13	重さはどれくらいだと思う？	（10g）
14		（1000g）
15	（1円玉を2枚取り出して）これくらいの重さです。 ◎1円玉で重さを表現したアイデアは good。	（軽い）
16	こんなハチドリなんですが、今日はこいつが主人公。 ▼「こいつ」という言い方は不適切。	

312　第2部　授業の風景―授業で勝負できる教師を増やしたい―

17	板書：ハチドリのひとしずく 2g。		
18	今、視たように、何を食べてる？		（ミツ）（水）
19	板書：ミツを吸う。		
20	蝶々と一緒、ひとしずくってどれくらい。		（000.3g）
21			（涙ぐらい）
22	とにかく少ないよね。		
23	では、さっそく資料を読んでもらいます。		
24	（資料配布）先生が読むんだったら…		（静かになる）
25	（範読）		
26	発問1「資料を読んでどう思った？」	黒木：ハチドリは優しいなと思った	
27	何で？	黒木：森の動物たちは逃げて行ったけど逃げなかった	
28	それは優しい？	黒木：うん	
29		ミキ：勇敢だと思いました	
30	勇敢ってどういう意味が分かる？	ミキ：…	
31	誰か分かる？　誰か助けてあげて。	（勇気があって…）	
32	ミキさん、今、言った意味分かる。	ミキ：（何となくでもいい）	
33	いいよ。		
34	言い換えてみようか？	中村：普通の人ならできないけど勇気を出してすることができる	
35	なるほどね。他には？	真也：できるか分からないけど、やれるだけやって、みんなのためになろうとしている	
36	他の人どう？　このあたり、全員起立。感想を。	山田：すごいな	
37		坂：他の動物と違って行動ができたから、心がきれい	
38		冨田：自分が今できることを、みんなのためにやろうとしているからすごい	
39		田中：他の動物は臆病だと思った	
40	何で？	田中：ハチドリを手伝わないから	
41	どうして？	田中：あんな小さな鳥さんが、がんばっているのに。身体の大きな動物は何もしないから	
42	他の動物は臆病？		
43	臆病じゃないと言う人起立。どう？	山崎：（17人起立）普通なら逃げる	

中学校の授業風景　*313*

44		山本：みんながパニックになっている時に、冷静に考えるのは難しいんじゃないかな
45		亮祐：人みたいに、水をバケツに汲んで消すことができないから逃げるかもしれない
46		竜生：空も飛べないのに、火も消せない。だから逃げたって臆病じゃない
47		早川：僕自身が動物なら、真っ先に命を助けようとするし、もしハチドリのようにできるのならそのようにする。だから臆病ではない
48	命って言ったよね。	尚可：火事の避難訓練の時にも、自分の命を大切にすると言われる。命を大切にするのは臆病じゃない
49		古市：他の動物たちが協力すれば、火を消せると思う。足が遅かったり。動きが遅い動物だと、火が多く回ったときは、仕方ない。だから臆病じゃない
50	どうして？	古市：森が燃えて、みんなのために水で消して、命を落としてはいけないから
51		遥人：そうしたことをして、何になると書いてあるので、臆病じゃない
52		中村：遥人君と一緒で、怖がっているんじゃなくて、面倒なのではない
53	（プリント配布） ▼ここまでの意見を整理したい。	
54	発問2「逃げる動物たちは、ハチドリを見てどう思ったと思う？	
55	（机間巡り）（意見をチェックしながら）	
56	どう思った？	古市：こんなに燃えている森の火事を消したって、いずれ住めなくなるし、そんなことをしても無駄
57	同じ意見は？	（多数挙手）
58		加藤：一滴で消えるわけない
59		横山：自分の命が大切じゃないの？
60		坂：今の横山さんに付け足しで、一歩間違えると死んでしまうぞ
61		愛美：それで、消えたら苦労しない
62	久野さん、どう思う？	久野：一滴の水では意味がない。でも火を消そうとしているのはすごい
63	こんな小さな鳥が落とす一滴、相手は山火事。どう、すごいなと思わない？ ▼誘導的ではないか。	（思う人、多数挙手）

64	このハチドリの授業をしようとした時、ハチドリを見たくて、一人で動物園に行きました。一人で、周りは家族、カップル。		（一人で？）
65	そう、ふらふらしながら。象、キリン、くじゃく。飼育員も満員で忙しそう。結局見つからず、その後、東山動物園に電話した。		（先生、不審者みたい）（お金の無駄）
66	そして、もしかしたらいるかもしれないと、飼育員は3つの動物園を教えてくれた。多摩動物園に電話したら、数年前まで飼っていたと教えてくれました。そこで、一滴を落とすかどうか聞いた。回答は、そんな記録はないが、ハチドリは水を落とさない。でも、ここでは落とす。		
67	アンデス山脈に言い伝えがある。南米の先住民に古くからこの話が伝わっている。		（何山脈？）
68	アンデス山脈		
69	発問3「本来自分にはできない行いをしてまで、火事を消そうとしたハチドリをどう思いますか」		（プリント記入）
70	（机間巡り）		
71	ちょっと聞こうと思う。		萌：ほんの少ししか水を吸えないのに、消そうとしている。だからすごいと思う
72	名前があります。クリキンディ。この一滴にどんな願いがある（一滴の拡大図を板書示）。		（火事が消えますように）
73			（みんなが助かりますように）
74	すごいよね。では誰か？	ミキ：すごいと一緒なんだろうけど、それに付け足しで、火が消えないことが分かっているのに勇敢でかっこいい	
75	今さ、萌さんとミキさんに聞いたんだけど、みんなはどう思う？ 火は消えるかな？		（ずっと、やり続ければ消える）
76		（消えない）	
77		（ずっと、燃えていれば燃えつくす）	
78		真也：自分ならできない。だが、必死なクリキンディはかっこいい	
79		（クリキンディってどういう意味？）	
80	これ、クリキンディってどんな意味だと思う？		（勇敢な鳥）
81			（希望の鳥）
82			（かっこいい鳥）

83		（先生、知ってる？）
84	調べました。先住民の言葉でクリキンディは金の鳥という意味です。	
85	真也君的には、希望の鳥と言ったよね。何で希望の鳥？	真也：周りの人を変えるのはクリキンディだけから▼「周りの人を変えるとは、どういうこと？」と問い返し、深めたい。
86	そういう意味で希望の鳥と言ってくれたんだね。じゃあ、どうしようかな？ 今日、何日か…中村さん。	中村：付け足しで、私が動物たちだったら、ハチドリを見て協力しようと思い、みんなで協力すればハチドリのしずくは、いずれ大きくなると思う▼ここも取り上げたい。
87	意見、言っていない人起立。	しほ：自分のことよりも、みんなを大切にしているから、すごいと思う
88	T君、今、意見聞いてなかったでしょ。	T：…
89	黒板写していたでしょう。後で当てるからね。	T：…
90		旭：本当ならできないことをしようとしている。その勇気はすごいな
91		一樹：すごいなと思う
92		かほ：思いやりがある。でも、ちょっとやり過ぎじゃないかな
93		松山：ハチドリはやれないことまでやって、火を消そうとしたのはすごい
94		井村：協力…、水一滴では、火は消えないけど、みんなのためにやろうとしたからすごい
95		飯味：命知らずだと思う
96		○○：バカだな
97		○○：自分の命を大切にしていない
98		長屋：自分のプライドを捨ててまで、みんなを助けようとしたのはすごいことと思う
99	プライドって何？	長屋：それ
100		（それって何だよ？）
101		T：がんばりやなんだ
102	どんなところが？	T：全体的にめちゃくちゃがんばりやなんだ
103	（チャイム）	
104		ミキ：逃げる動物たちのためにやって、水が蒸発しちゃうけど。やろうとしているところが勇敢だと思った

| 105 | やり過ぎ、先生もそう思う。でも、勇敢、すごい、かっこいい、希望になる。これって、すごくないですか。みんなもやれるといいね。じゃあ授業終わります。 | （先生はやれるの？） |

生徒の思考の流れを大切に

導入の方向付けは、よかったです。生徒はハチドリの画像にくぎ付けでした。

残念だったのは、今回、生徒の思考の流れを秀充先生が切ってしまったことです。東山動物園の話を挟んだNo.64〜68です。これがなければ、もっといい授業になったことでしょう。以下に、授業記録より生徒の思考の流れを抜粋します。

［生徒はハチドリの行動をどう思うのだろう］

発問1 ハチドリに対して（生徒の感想より）
・優しい
・勇敢
・勇気がある
・みんなのために
・すごい
・心がきれい

発問1 動物たちに対して（生徒の感想より）
・臆病
　（理由→）手伝わない・何もしない
・臆病じゃない
　（理由→）パニックだから・どうせ火は消せないから・生命優先・面倒なだけ

発問2 動物たちはハチドリを見て、どう思った？

中学校の授業風景　*317*

・こんなことしても無駄

・一滴では消えない

・自分の生命を大切に

・それで消えたら苦労しない

・（一滴では）意味がないけど、火を消しているのはすごい

・・・・・・・・・・・・東山動物園の話・・・・・・・・・・

発問3 こんなハチドリを（君たちは）どう思う？

・勇敢でかっこいい

・希望の鳥

　（理由→）周りの人を変えるのはクリキンディだけ

　（理由→）協力…ハチドリのしずくはいずれ大きくなる

・勇気はすごい

・思いやりがあるが、ちょっとやり過ぎ

・命知らず

・バカだな

・自分の命を大切に

　今日の授業のヤマ場は、一滴に込められた思いです。思考の流れの中で、クリキンディという名前を出すなら、クリキンディとは金の鳥の意味で、なぜそのように呼ばれているのかを考えさせてもよかったと思います（№80〜84）。

東山動物園から多摩動物園へ

　秀充先生はハチドリについて、資料のような生態があるか疑問に思い、東山動物園に足を運んでいます。

　東山動物園には、ハチドリはいませんでしたが、そこの飼育員の方から、いるかもしれない多摩動物園を紹介しても

多摩動物公園　吉原さんからのFAX

　相談員の吉原です。ハチドリの生態について調べましたが、ご相談された「ハチドリのひとしずく」に語られる行動にたどり着けませんでした。おそらくこれは、例え話でしょうか。

　身近な動物園で実物のハチドリに接することができるとよいのですが、現状では原産地からの入手と長期飼育が困難で、国内の動物園では現在見ることができない模様です。ただし、インターネットでは、超高速カメラでホバリングや人の手から採餌するハチドリの興味深い画像や解説が見聞できます。

　ハチドリは、鳥類のなかではもっとも小さい種類で、体重が2g程しかないものもいます。このハチドリが、蜂のように活動的に飛び跳ねるためには、高栄養の花蜜が必要で花を何度も訪れます。

　蜜をいただくお返しにハチドリは花粉を花々に媒介し、花と共生しています。

　ハチドリの蜜水は、体の小さなハチドリの命を支えるかけがえのない一滴です。これを自己の生存のために使わず、身近で燃え盛る山火事に注ぐわけですから、なんともばかげた行為に見えるかもしれません。

　しかし山火事を環境破壊とみなせば、山火事によりすべてが破壊されれば、花もなくなってしまうわけですから、花と共生するハチドリは滅ぶことになります。

　環境破壊は、自分たちの生存に関わる重大問題です。一個体の力は微力であっても、今こそ力を出し合い協力し、この環境破壊という難題を食い止めないと人類の未来は無いことを「ハチドリのひとしずく」は教えてくれたように思います。

318　第2部　授業の風景 ― 授業で勝負できる教師を増やしたい ―

らっています。それを聞き、秀光先生はすぐに電話を入れています。そこでもハチドリはいませんでした（日本の動物園にはいない）しかし、その動物園から、後日ハチドリの生態を FAX で教えてもらっています。

　この秀充先生の行動には、なんとかよい授業をしたいという願いが込められています。1時間の授業のためにこれだけ準備をして授業に臨む。この経験はきっと、秀充先生を大きく成長させると思います。

　秀充先生にとって、この授業は忘れられないものになったことでしょう。秀光先生は授業後に、今日の授業は50点と自己評価しました。今後精進し、残りの50点アップを目指してください。

30.　ウサギとカメ（特別支援道徳）

　哲也（仮名）が校長室に「ちょっといいですか」とやってきました。家のプリンターが壊れたので、ここでキャラクターのカードを印刷してほしいとのこと。「勉強と関係ないし、これを学校で印刷したら、お母さんに怒られちゃうな」と言ったら、「やっぱだめかなぁ」ととても小さな声で言います。「では、打ち出した紙の裏に勉強をしておいで、それならお母さんも許してくれるかも」と言ったところ、哲也は泣きだしてしまいました。「勉強が嫌なの」と聞くと首を横に振ります。涙のわけは、いいアイデアに感動したとのこと。そんな純粋な気持ちの哲也がいる横井先生（新任教員）の学級で道徳の授業があります。哲也はどんな意見を言うのか、授業を楽しみに参観しました。資料はウサギとカメ。

　　　ウサギに歩みの鈍さをからかわれたカメが、山までの競走を挑む。翌日、競争がスタート。ウサギはどんどん先に行き、余裕で居眠り。その間、コツコツ歩いたカメが、先にゴールし、みんなから祝福される。

という。みんながよく知っている話です。以下、授業記録です。

中学校の授業風景　*319*

教師　※は相羽先生・生徒名は全て仮名

No.	教師	生徒の発言等
1	ウサギとカメというお話をやります。（資料配布）	浩太：（他の先生が来るなんて）
2	聞いてない？	（聞いてない）
3	※この話知っている人？	浩太：（筆箱投げる）
4	投げないで。	
5	（範読）	
6	（ワークシート配布）思ったことを何でも書いてください。	哲也：（シャープの芯をバラバラと落とす）
7		浩太：（哲也にちゃちゃを入れる）
8	よし、もうタイムアップ。佳昭。	佳昭：えーっ！
9	はい、立って。	佳昭：最後にカメが勝った
10	星斗は？	星斗：ウサギに負けて…
11	もう一回。	星斗：ウサギさん寝ている、カメさん勝った
12	浩太は？	浩太：カメは強い
13	では確認します。カメは「勝った」であってますか？	（うなずく）
14	何で勝った？	浩太：ウサギが寝ていた
15	ウサギは足の速いのを自慢した。でも競争に負けました。ウサギさんにカメさん何と言った？	佳昭：すごいね
16	すごいねと言ったの？　実際、やってみないと分からない。	
17	このウサギさんのこと何と思いますか？ウサギが寝て、カメが勝った。好きとか嫌いでもいい。	星斗：（好き、好き、好き）
18		浩太：（むかつく）
19	理由は？	浩太：…
20		星斗：（新婚旅行）
21	星斗、好きなの、ウサギ？	星斗：ウサギ好き
22		礼久：※相羽先生と会話
23	ウサギさんをどう思う？　はい、書いて。	（プリント記入）
24	（机間巡り）	
25	ウサギっていい奴だと思う？　佳昭君。	佳昭：遅い

320 第2部 授業の風景 ― 授業で勝負できる教師を増やしたい ―

26	遅い？ 速いって書いてあるじゃん。	
27	これ友達だと思うな。このウサギ友達だとしたらウサギのことどう思う？	
28	よし、みんな書けたね。	
29	佳昭君から。	佳昭：なんで？
30		浩太：（いいこと書いてあったんだろう？）
31	はい、佳昭。	佳昭：速い
32	雄樹は？	雄樹：ウサギは足が速いことを自慢気にしていた
33	哲ちゃん。	哲也：しまった
34	しまったね。	浩太：（いつも、あてられると言う）
35		哲也：違う（下を向いてしまう）
36	佳昭君。	佳昭：（書いてないから）
37	浩太は？	浩太：カメが遅いと思ったから、休みをとって、勝てると思って、だからウサギが嫌い
38	なんで嫌い？	浩太：こんなに遅いのに負ける。カメに負けるんだったら…。
39	カメに負けたから？	浩太：遅いけど勝ったカメが好き
40	雄樹は？	雄樹：油断しすぎた
41	勝てると思って油断した。だからウサギが嫌い？	雄樹：…
42		浩太：（佳昭君はどう思ったんだろうな？）
43	私は言ったけど、じゃあ、みんながカメだとして、ウサギさんのことを好きだとか嫌いだとかどう思う？	
44	※自分がカメさんね。	
45	みんなカメになってね。哲ちゃん。	
46	私がウサギだとして…	哲也：でかい
47		（笑い）
48	ウサギ、いい奴だと思う？ 雄樹は？	雄樹：悪い奴
49	悪い奴ね。	雄樹：やっぱり、悪い奴ではなく普通な奴
50	なんでいい奴じゃないと思ったの？	雄樹：自慢気にしていたから

中学校の授業風景　*321*

51	浩太はいい奴とは思わなかった？	浩太：最初はかっこいいと思ったけど、カメに負けたから
52	勝負が大事？	浩太：…
53	哲也君は？	哲也：…
54		浩太：（でかいから）
55	哲也君は？	哲也：初めから嫌い
56	何で？	哲也：…
57	そんな声で話していると怒られるよ。	
58	みんないい奴じゃないと…で、どうしようかな…うん、ぱっと話を読んで、どう思ったかと言うと、雄樹と同じ。嫌だなと思う。ウサギが油断していて負けた。	（違う）
59	じゃあ、何？	佳昭：ウサギは眠かった。だから負けた
60	でもさ、まあいいや。何、哲ちゃん？	哲也：わざと眠った
61	なぜ？	雄樹：やっぱり油断したんじゃない
62	偶然？　わざと昼寝していたの。	雄樹：なぜ？
63	目あいてるの。カメを先にゴールさせて、後からウサギがゴールしたの。	哲也：（本当？）
64		佳昭：眠かったんだって
65	眠い話は置いといて、わざと負けたとして、ウサギのことどう思う？　わざと寝たとしたら？	雄樹：（そっちの方向性で、考えればいいの？）
66	うん。何を思ってもいいから。	浩太：（何も思わなくていいよ）
67	わざと寝たのは何故？　3のところなんで、書いて。	（プリント記入）
68	佳昭、寝ないで！	佳昭：（反応なし）
69		浩太：（佳昭、起きろよ）
70	※何を書いても正解よ。	（みんなに聞こえる声で、いろいろ意見を言う）
71	（机間巡り）	
72	ぼそぼそ意見言うのやめて、みんながそう思っちゃうじゃないの。言わないで。	浩太：（プリント隠す）
73	では、見せて。わざと隠さないで、どうせ見るに決まっとる。	
74	※（机間巡りしながら）なるほど、面白いね。	

322　第2部　授業の風景 ― 授業で勝負できる教師を増やしたい ―

75	じゃあ、ここで一回聞くね。雄樹。	雄樹：俺？
76	そうだよ。	雄樹：ウサギとカメは仲が、良かったから
77	だから？	雄樹：…
78	佳昭は？	佳昭：遅いからカメに一回ぐらいは勝ってほしかった
79	勝ってほしかったね。浩太は？	浩太：いつもウサギが優勝しているから、たまには優勝してほしい
80	ちょっと、みんな違う。哲ちゃん。	哲也：カメさんの速さを見たことがなかったから、一度見てみたかった
81	どういうこと？　カメが…	哲也：…
82		浩太：（じゃあ、カメが嫌いになっちゃったんだな）
83	誰か…礼久は？	礼久：…
84	我こそはという人は…？	浩太：（佳昭）※浩太が佳昭を指名
85		佳昭：（雄樹）※佳昭が雄樹を指名
86	何番目に言いたい。	浩太：（2番め）
87		星斗：（3番め）
88	じゃあ、哲ちゃん。	哲也：カメが勝った時、どんな顔をしていたか見たかった
89	何で見たかったの？	哲也：ウサギ…うれしい顔を見たかった
90	いつもカメは勝てないから。	（カメはうらやましいと…）
91	雄樹は？	雄樹：カメに勝った時のうれしさを教えたかった
92		浩太：（ぱくろうかな）
93	最後は浩太だからね。	浩太：（えっなんで？）
94	3年生だから。佳昭は？	佳昭：カメがゆっくり歩いて…
95	（プリントの記入と）違うこと言ってる。	佳昭：恥ずかしいから言えない
96	言って。	佳昭：違うこと言う
97	いいよ、言わんで。はい、浩太。	浩太：いつもウサギが優勝していて、カメは悲しい顔してたから、たまにはカメのうれしい顔を見たかった

98	哲ちゃんと一緒かな？	（そう、そうそういう顔が見たかった）	
99		浩太：（佳昭のが聞きたい）	
100	はい、佳昭。	佳昭：カメのうれしい顔が見たかった	
101	ウサギとカメは仲が良い。浩太どう？	浩太：いや	
102	何で仲が悪いの？	浩太：はぁ〜？	
103	友達？	浩太：友達じゃない	
104	何で？	浩太：カメは海、ウサギは陸だから	
105	ウミガメじゃない。		
106	友達じゃない人のうれしい顔みたい？	浩太：別に	
107	うれしい顔、見たい？ 哲ちゃんも？	哲也：でかさが違う。（顔の高さが違うから顔を見られないの意）	
108	浩太。	浩太：俺は、カメとカメが会話していて、ウサギはウサギと会話していて、通じていたのかと思う	
109	もし、ウサギがわざと寝たとしたら、勝たせてあげたかった。カメさん優しいなって。	浩太：（カメじゃない）	
110	そう、ウサギさん、優しいなって。友達だとしたらいい話だなって。違った話になると思いませんか？ いろいろな考え方があると思うけど、わざと寝てたとしたら、みんなは、カメさんに勝たしてあげ、勝った顔が見たいと思ったんだよね。最初は自慢気にしていたけれど、もしって考えると違う話になってくるけどと思いました。答えは分からないけど、こういう見方もできると思います。		
111	全部含めて感想を書いてください		
112	（チャイム）		

では、授業記録順に生徒の発言の意味を考えていきます。

連想ゲーム…星斗（仮名）は、思い浮かんだことをすぐに言葉にします。星斗はNo.17で「好き、好き、好き」と、発言しています。ウサギが好きなことが分かります。星斗は、No.20では「新婚旅行」と発言。このように、星斗は突発的に脈略のないと思われる言葉を繰り返します。しかし星斗の頭の中で、その言葉は連想ゲームのように繋がっています。星斗は授業にとても集中していました。

324 第2部 授業の風景 ― 授業で勝負できる教師を増やしたい ―

反対の言葉の意味…佳昭（仮名）は、横井先生に指名され、プリントに書いてあることと反対の言葉を発言しています（No. 25 〜 26）。先生を自分にひきつけるためでしょうか。これは何か意味があるのだと思います。けっして先生をからかっているのではありません。普段の学校生活でもよくあることなのかな？

いいこと書いてあったんだろう…横井先生は、書かせた後、No. 29「佳昭君から」と最初に指名しています。No. 30で浩太（仮名）は、「いいこと書いてあったんだろう」と発言。少しやっかみが入っているかもしれません。もしそうだとしたら、自分もが認めてほしいのでしょう。特別支援では特にほめ方が重要になってきます。浩太は教師がいい意見を求めているということが分かっています。

佳昭の意見が気になる浩太…浩太は、No. 42「佳昭君はどう思っただろうな」No. 99「佳昭のが聞きたい」と佳昭の意見が気になっています。ふざけが入っているかもしれません。浩太にとって佳昭は気になる存在です。普段の二人はどんな関係なのでしょう。

私（横井先生）がウサギだとして…No. 46「私がウサギだとして…」に対して、哲也は「でかい」と一言。哲也は、普段から横井先生は大きいと思っているのでしょう。哲也は小柄だから。

雄樹の発言はどうして変わったのか？…雄樹（仮名）はウサギのことを、No. 48で「悪い奴」と発言して、No. 49で「やっぱり、悪い奴ではなく普通な奴」と言い換えています。この言い換え、特に「やっぱり」にどんな思いが含まれているのでしょう。ぜひここは、「悪い奴ではなく、何故普通な奴なの？」と問い直したい。

確認…No. 65「そっちの方向性で考えればいいの？」と雄樹。雄樹は暗にNo. 64の「眠かった」という意見は、もう考えなくていいんだねと確認をしています。

この発言よかったよ…No. 91の雄樹の発言に、浩太は、No. 92「ぱくろうかな」と反応しています。「ぱくる」は、いい言葉ではありませんが盗むの意。「この発言

もらっちゃおうかな」です。言い換えれば「雄樹の発言は、よかったよ」の意思表示です。

礼久は何を考えていたのだろう…中学校サポーターの相羽先生にほぼつきっきりで関わっていただきました。ありがとうございます。礼久（仮名）は、この話知ってるのかな？ プリントも白紙でした。「今日の授業どうだった？」と問えば、きっと「先生、横井先生ね〜」と話し出したかもしれません。

横井先生の反応が面白い…浩太がカメとウサギが友達じゃないという理由をNo.104「カメは海、ウサギは陸だから」と発言しました。海の生き物、陸の生き物という観点での発言に対して、横井先生は困ったのかな？ No.105「ウミガメじゃない」と発言しています。ウミガメじゃなくて陸ガメだから競走できるということだと思います。

このあたりから、ちょっと方向が違ってきています。哲也は、No.107「でかさが違う」と体型の大きさを問題に。さらに、No.108では、カメとウサギが会話できるかという浩太の視点も登場しました。生徒の関心が主題とずれてきました。さて、どうするかなと思って見ていたが、

そのまま終末へ。もう少し、この後どうなっていくのか聞いていたかったです。

特別支援の道徳は難しい

特別支援の道徳はなぜ難しいのか？ 参観した高梨先生に聞いてみました。

・一人ひとりのレベルが違うこと

326 第2部 授業の風景 ― 授業で勝負できる教師を増やしたい ―

・資料選択とその取り上げ方
・何をどこまで求めていいか分からない
・ねらいへのもっていき方
・発問の仕方
・考える機会をどう作るか
・意見をどう取り上げていけばよいか
・方向性が見えなくなる
・どのように締めくくればよいか　（以上高梨先生）

生徒の記述より

このお話の感想を書きなさい

　浩太：カメは強いなっと思いました

　哲也：ねなきゃよかった

　星斗：うさぎねてる。カメさん勝った

　佳昭：カメはゆっくり歩いていた。最後はカメが勝った

　雄樹：カメが勝った

　礼久：（反応が見受けられない）

ウサギさんをどう思う？

　浩太：カメはおそいから休みをとっても勝てる思ったから休みを…

　哲也：しまった

　星斗：好き

　佳昭：速い

　雄樹：ウサギは速いからといってじまんげにしている

　礼久：（反応が見受けられない）

いい奴だとしてウサギのことどう思う

　浩太：いつもウサギはゆうしょうしてるから、カメにはたまにゆうしょう、カ
　　　　メを優しくさせていると思ったです

　哲也：どれぐらいの速さかたしかめたかった。がまん。カメが勝ったときどん
　　　　な顔だったか

　星斗：うさぎ起きてる　つかれた

佳昭：おそいから一度くらいカメに勝ってほしかったから。優勝賞品がカメ専用だったから
雄樹：ウサギとカメは、なかがよかった。カメに勝ったときのうれしさをわけたかった
礼久：（反応が見受けられない）

授業後の感想

浩太：ウサギはかわいいなと思いました
哲也：この話はふかいなと思った
星斗：うさぎに負けたらねちゃった
佳昭：いつもの数学の授業はこわいけど道徳は優しい
雄樹：じまんをしてはいけないと思った
礼久：（反応が見受けられない）

授業改善のポイント

① 視覚に訴えるピクチャーカードが必要。紙芝居でもよい
② そのピクチャーカードを使って、あらすじを確認したい。礼久は、その絵にきっと反応することだろう
③ 書かせる活動が全部で4回。通常学級なら、多い。特別支援で4回書かせることが多いのか、適切なのか検討したい
④ 板書に色チョークを使い強調してもよい
⑤ 誘導的な発言は避けたい。例えばNo.27「これ友達だと思うな」
⑥ 特別支援なので、本時のねらいをきちっと押さえたい（ある程度押し付け的でもよい）。例えば、「友達を思って何かしてあげるってすごいね。こんな友達がいるといいね。やっぱり友達は大切だよね。みんなはウサギみたいに友達にしてあげられるかな？ 先生は、みんなはできると思っています」など

最後に、「みんないい奴じゃないと…で、どうしようかな…うん、ぱっと話を読んで、どう思ったかと言うと、雄樹と同じ。嫌だなと思う。ウサギが油断していて負けた」（No.58）。新任教師らしい迷いが見えた授業でした。

生徒から、「カメのうれしい顔をみたい」という発言がでてきました。この発

328 第2部 授業の風景 ― 授業で勝負できる教師を増やしたい ―

言いいですね。横井先生、特別支援で多くのことを学んでください。教育の原点がここにあります。

31. 授業での生徒Mのこと「ウサギとカメ」（2年道徳）

本日、2年担任のK先生（仮名）による道徳の授業を見ました。今日の資料は「ウサギとカメ」です。K先生は、この資料を通して、「友情」について考えさせます。以下、授業記録です。

（▼改善点）

No.	教師	生徒の発言等
1	・始めます。	・起立、礼、お願いします
2	・まずこれ（ウサギとカメの童謡）を聴いて。	
3	・聴いたことある人？	（挙手）
4	・2番、聴いたことある人？ おっ、ダニー。	ダニー：（挙手） 今、聴いたじゃん
5	・タイトル知ってる？	（ウサギとカメ）
6		（もしもしカメよ）
7	・みんな知っててくれてうれしい。	荒田：（けん玉で）
8	・歌いながらけん玉をやった。	
9	（資料配布）	
10	・ちょっと読んでみて （板書：ウサギとカメ）	
11	・最後まで読むと分かる。どんな話？	（いい話）
12		（数学）
13	・えっ、ウサギとカメが競争しました。ウサギは時速何キロ、カメは時速何キロ、何分後、どれだけ離れているでしょう的なやつ？	（笑い）
14	・では、こんな（3枚の画像を次々に見せて）ウサギとカメはいかが？	（強そう）（大爆笑）
15	・読んでもらって、どういう話？ これ。	・カメが勝った話
16		荒田：ウサギが負けた話（笑い）
17	・なるほど、感じたままね。賢治。	賢治：ウサギがしくじった

18	・歌にもあったよね。どうしてしくじった？	・寝過ごした
19	・そう寝過ごした。M、これどういう話？	M：競争やる話
20	・やるようにふっかけたのは？	M：カメ。（エーッ）
21	・おっ、カメ。ウサギに勝つ自信はあった？	M：勝つと思った（うそー）
22	・こういう話だった？　加瀬。	加瀬：やってみないと分からない
23	・そう、結果的に。	加瀬：ウサギがしくじった（笑い）
24	・みんなはこの話を保育園や幼稚園から何度も聞いてきた。ダニーは 100 万回ダウンロードして見てきた。	（笑い）
25	・これ何を伝えたかった？　孝三	孝三：寝ちゃいかん（笑い）
26	・そう、勝負の時、寝ちゃいかん。そうだよね。野球やっていて寝ちゃうと危ない。	（笑い）
27	・この話、何を伝えたかったのかな？　ハッチョ。	八矢：こつこつ続けた者が最後は勝つ
28	・みんなも、そういう話と、大人に刷り込まれてきたでしょ。	（油断大敵）
29	・そう油断しちゃいけない。ちょっと、この話、視点を変えてみよう。実はウサギは寝ていない。	M：じゃあ何していたんですか？
30	・どう？	M：死んだふり
31	・レース中に死んだふり、M、どういう話にしたいの？	（笑い）
32	・実はウサギは寝ていない。	○○：勝たせてあげた
33	・そうか、他にはどう？　何で寝ていない？	戸島：…
34	・正解ないからね。恵三	恵三：実はカメは遅いからどっかに遊びに行っていた
35	・おっ、新しい説。水河は？	水河：寝ていたんじゃなくて、休憩していた
36	・またまた新しい。寝ていたら勝負負けるよ。	水河：しょうがない（笑い）
37	・島。	島：…
38	・M	M：カメに死んでほしかった
39		（むっ？）（おかしい）（意味が分からん）

330　第2部　授業の風景―授業で勝負できる教師を増やしたい―

40	・何でカメを勝たせたの？	荒田：自信をつけさせるため
41	・戸島はどう思った？	戸島：勝った時の気持ちを味わわせる
42	・なるほどね。	
43	・ということは今までカメは勝ったことが？	（ない）
44	・じゃあ、ウサギはいい奴ですか？　どこらへん？	（全部いい奴）
45	・いい奴？	M：悪い奴
46	・どこが？	M：すべて
47	・M君、うん、いい奴だとしよう。自信をつけさせるため、勝った時の気持ちを味わわせると言ってくれたように、いい奴だとしよう。でも、これ上から目線じゃない。	
48	・ダニーどう？	ダニー：上から目線
49	・いい奴？	ダニー：あんまり、普通…やっぱりいい奴
50	・ウサギいい奴って言っていたけど、泰造は?	泰造：悪い奴
51		○○：いい奴
52		○○：いい奴
53	・泰造はどうして、悪い奴？	泰造：やっぱりいい奴
54	・君たち、カメの気持ちになって考えてほしい。自信をつけさせるため、勝った時の気持ちを味わわせるというウサギのことをカメが知ったらどう？　甲斐。	甲斐：嫌だ
55	・津村。	津村：本気でやってほしかった
56	・M。	M：嫌だ
57	・井打。	井打：腹が立つ
58	・まみ子。	まみ子：嫌だ
59	・でも、ウサギの気持ちは？　自信をつけさせるため、勝った時の気持ちを味わわせたい。ウサギの優しさの部分もある。それを知ったカメは嫌な気持ち、腹が立つ。こういうこと実際の生活の中にないかな？　えっ、こっちは本気なのに手を抜いたわけ。友達関係の中で、こういうことをされたらどうか、プリントの裏に感想を書いてください。	
60	・では聞きます。恵子。	恵子：勝っても嬉しくない
61	・どうして？	恵子：本気じゃないから
62	・寛也。	寛也：きれる
63	・何できれるの？	寛也：下に見られている
64	・土肥。	土肥：本気でやってほしい。そんな友情はくだらない

65	・島。	島：…
66	・乃依。	乃依：わざと負けたことを知りたくなかった。次は本気で勝負してほしい
67	・深琴。	深琴：大きなお世話。そんなことをしてほしくない
68	・じゃあ、荒田。	荒田：最初に勝負しようと言ったのは、ウサギ。なら、もっと真剣に勝負してほしい
69	・森川。	森川：普通の勝負に負けるより悔しい
70	・遥人。	遥人：ちゃんと勝負してほしかった。▼ウサギには優しい気持ちは全くなかったの？ 優しい気持ちはあるけど、やり方がダメ。ではどうしたらいい？と問いたい
71	・もちろん、ウサギの気持ちは分からんわけじゃないけど、今後の生活の中で、友達としてどうしていくのがいいのかを考えてほしい。	

猛スピードで走るカメ

ユーモア満載の授業でした。笑いが多く生徒はリラックスしていました。一説には「笑うだけで免疫力が上がる」とも言われています。「こんなカメだったら怖い」の画像（筋肉質で猛スピードで走るカメ）は、生徒は大喜びでした。真剣に考えるところは考えるというように、雰囲気のメリハリもありました。また、テンポのよい授業でした。

童謡「もしもしカメよカメさんよ」

導入で、「ウサギとカメ」の童謡を聴かせたのは良かったと思います。生徒はこの歌に大喜びでした。この導入で生徒を引き付けました。

さて、この歌、1番は知っています。でも、2番は…？ 以下が、全部の歌詞です。

もしもし　カメよカメさんよ　世界のうちでお前ほど、歩みののろい者はない
どうしてそんなにのろいのか
なんと　おっしゃるウサギさん　そんならお前と駆け比べ　向こうのお山のふもとまで
どちらが先に駆けつくか
どんなにカメが急いでも　どうせ晩までかかるだろ　ここらでちょっと一眠り
グーグーグーグー　グーグーグー
これは寝過ぎた　しくじった　ピョンピョンピョンピョン　ピョンピョンピョン
あんまり遅いウサギさん　さっきの自慢はどうしたの

生徒Mが変われるチャンスに

　生徒Mは、素直でありません。受けねらいと思われる発言が多い生徒です。他の教科ではどのような様子なのか、理科担当のS先生（仮名）に聞いてみました。授業中に発言は一度もないそうです。ノートもとらないとのこと。それと比べて、どうでしょう。生徒Mのこの道徳の授業における発言は多かったです。

　道徳の授業は教科学力には関係のない時間です。発言内容はともかく、生徒Mにとって、唯一自分の意見を述べることのできる時間です。それは、授業記録を見れば分かりますが、ひとえにK先生が粘り強く生徒Mの意見を取り上げているからです。

　生徒Mの発言は、特徴的です。一般的には、生徒がこう考えるだろうという発言と反対です。例えば、№38「カメに死んでほしかった」という発言に対しては、それまでは、Mの意見に耳を傾け、許容していたが、さすがにここでは、「M言い過ぎだぞ」という反応を周りの生徒が示しています。№39の「（むっ？）（おかしい）（意味が分からん）」がそうです。

　生徒Mの№38のような発言が、友人との距離を遠くしています。生徒Mはこの時間、他の生徒の発言をどのように感じたのでしょう。

　人はそう簡単には変われません。しかし、どの生徒もより善くなりたいと願っていることは間違いありません。生徒Mもそうです。変われるチャンスは誰にもあります。もちろん生徒M自身の努力も必要ですが、ウサギがカメの特長を認めてあげるとよかったように、生徒Mの特長を周りの生徒が認めたら、生徒

Mも変わってくるかもしれません。

　もし、友達によって変わることができたとしたら素晴らしいと思います。その
きっかけが、道徳の授業だとしたら、もっとうれしいと思います。

問い直したい

　生徒の発言内容は、学年が上がるほど長くなるはずです。しかし、どうも違う
ようです。今日の授業でも、No. 50「悪い奴」No. 54「嫌だ」というように、短い
単語で生徒は発言しています。そこで、教師には「その理由は」というように、
問い直しをしてほしいと思います。

　また、泰造（仮名）は意見が変わっています（No. 50「悪い奴」からNo. 53「やっ
ぱりいい奴」）。そこでも、意見が変わった理由を問いたいと思います。このよう
な中から授業は深まっていきます。

教師の発言

　No. 47でK先生は「でも、これ上から目線じゃない」と発言しています。授業
後にK先生が「この自分の言葉に生徒は引きずられた。このあたりから授業が進
めにくくなった」と言っていましたが、自分もそう思います。ダニー君は、すぐ
次のNo. 48で、「上から目線」と発言しています。この言葉を生徒から出したいで
す。K先生が、「教師がキーワードを言うことによって、そういう考えもあるが
そういうことかになってしまう」と言っていましたが、その通りです。

価値の自覚

　K先生は「えっ、こっちは本気なのに手を抜いたわけ。友達関係の中で、こう
いうことをされたらどうか」について、プリントの裏に感想を書かせています。
　道徳の授業で、価値の自覚の発問は難しいです。しかし、そこに授業の成否
もかかっています。例えば、今日の資料では「君たちの考える友達（友情）とは
何？」という問い方もあります。

最後に…生徒の記述を読みました。

Aは「自分もサッカーをやっているけど、わざと負けてくれたらめちゃ悔しい。ウサギに善の心があったなら、全力で勝って、その後、アドバイスをしてあげるとよい」

Bは「自分がウサギだったら、弱い相手にも勝って自信を打ち砕いてやりたい。でも、わざと負けたウサギは、少し優しい気もあったのだろう」

Cは「勝っても嬉しくないけど、自分のために負けて自信をつけさせてくれたのはありがたい」

Dは「ウサギがそうした理由が分からない」

Eは「自分がいいことだと思うと、相手のことを深く考えずにやってしまう」

Fは「私がカメだったら、本気で戦ってくれなかったことは、すごく嫌になります。でも自分がウサギの立場で、良かれと思ってやったことが、相手に何でそんなことしたのと怒られると、すごく傷つきます。日常生活でこういうことはあると思います。だから、私がカメの立場なら、理由も聞かずに怒るのはやめようと思いました。きちんと相手（ウサギ）の考えを聞いて、もっと相手を理解することが大切だと思いました。本当の友情は互いの考えを理解し合える関係だと思いました」と、書いています。

できれば、これらを取り上げて授業が展開できれば、さらによい授業になったと思います。

32.「人を助けることは、大切だと分かった」

ある学校の道徳の研究に関わった時のことです。中学1年「生命尊重」。資料は「飛行機事故で川に投げ出された乗客に対して救助ヘリから命綱が投げられるが、主人公は命綱を何度も他の人に譲り、自分は沈んでしまう」という（ポトマック川の）実話です。

バケツに氷を入れて、その冷たさを体感させるとこから授業が始まりました。教室に入るとまわりと違った雰囲気の女子生徒 A と目が合いました。そこで生徒 A を通して授業を見ることにしました。その時の記録です。

生徒 A の様子
- ペンで手遊びし筆箱に落書き
- 指をとんとんし、落ち着かない様子
- 爪をきれいに伸ばしている
- 心ここにあらず
- 発言で笑いが起きても笑わず
- 挙手、発言一度もせず

発問に対する反応：ワークシートの記入から
- 最初の「主人公はどのような気持ちから命綱を譲ったのか」の問いに対しては「自分は」と書いては消すを繰り返したのち、「やさしい気持ち」と記入。

- 友人の発言は聞いていない様子。

- 次の「沈んでいく主人公はどのような気持ちだったのか」の問いについては、教師が皆に問う前に、「他の人が助かってよかった」と記入。

- 最後の感想に「人を助けることが大切だとわかった」と記入。

　観察から生徒 A について、将来に対する危さを感じました。生徒 A は、教師の「どのような気持ちからウィリアムズさんは命綱をゆずったのか」の問いに対して、ワークシートへ「自分は」と書いては消すを繰り返し、やっと「やさしい気持ち」と書いています。

　次の「沈んでいく主人公はどのような気持ちだったのか」の問いについては、教師がまだ発問していないのに、すでに、「他の人が助かってよかった」と書いています。

　さらに、まだ授業が始まって間もないのに、最後の感想に、「人を助けることが大切だとわかった」と記入しています。生徒 A は、本当に分かったのでしょうか。生徒 A は挙手と発言は一度もありませんでした。だから、本当のところ

は分かりませんが、生徒 A は教師が求めているであろう答えを用意しただけのように見えました。

　もしかすると、授業者は回収したワークシートを読んで、「生徒 A は、本時のねらいは達成した」と思い込んでしまうかもしれません。ワークシートにはそのような危険性があります。そのことを十分に分かった上で活用することが大切です。

　さて、道徳の授業は、生徒対生徒の構図でなければならないと思います。教師は、生徒に寄り添い、発言をコーディネートします。よく、道徳の授業の座席はコの字型がいいと言います。それは、意見は先生に向かって言うのではなく、学級のみんなに向けて言うという考えからです。道徳の授業の改善を図るとき、まず、机の向きだけでも変えてみたらどうでしょう。

おわりに —2つの成人式：教師は微力—

　これまでに多くの卒業生を送りだした。それぞれ一人の人間として、個性を
もった素晴らしい子ども達であった。今も鮮明に残っている生徒二人の手紙を紹
介する。いずれも中学校を卒業してから5年後、成人式を迎える生徒である。そ
の一つは、筆者がもらった手紙。もう一つは筆者が送った悲しい手紙である。

卒業生からの手紙

　　最近寒くなってきましたが、お元気ですか。今年もあっという間に過ぎて、も
　うすぐ成人式ですね。なんだか、早いような遅いような…中1の頃は、すごく悩
　んでいた。私ももう大学2年生です。今思うとなぜ、あの頃はあんなにネガティ
　ブに悩んでいたのか？ すごく不思議ですが、あの頃の自分がいなかったら、やは
　り、今の自分になっていなかったと思います。
　　最近、思うのは中学の悩んだ時期が、私が、心理を勉強する原点になっている
　んだということです。あの時、先生が、「君にとって自我のめざめの時期」という
　ことをおっしゃったのを私はすごく覚えています。その時はよくわからなかった
　のですが、今思うと理解・納得ができます。
　　今、私は自分のことが好きです。自分のことがいやになることはあるけれど、
　もう嫌いにはならないと思います。それを成人式の前に伝えたくって、お手紙を
　書きました。
　　そのように素直に思えるようになったのは、いろいろな人のおかげです。本当
　の意味で、人に甘えることができるようになりました。あの頃は、肩に力が入り
　すぎていたんだと思います。そして、肩に力の入りすぎの私を見ている人も辛かっ
　たのだろうと思います。
　　先生はどんな毎日をお過ごしですか。私は今、大切な人や大切なことがたくさ
　んあります。そういうものを守れる強さをもちたいと思っています。大人になるっ
　てそういうことかなと漠然と考えています。年を重ねるごとに一つずつ賢く一なっ
　ていったらいいです。
　　突然の手紙で驚かれたと思いますが、成人式で、お会いできるのを楽しみにし
　ています。その時までお元気で…。（原文のまま）

卒業生への手紙

先生は、「君を送る言葉を読む」という現実を受け入れることが、未だにできません。

家にこんな形で帰ってくるなんて許せません。君は、先生「どうしたの」と今にも起きてきそうな目でした。…辛いです。

今、君の写真の前に立ち、悪い夢の中にいるような気がします。

晃稔…、先生と、約束したじゃないか。

卒業式の前、三年生を送る会。先生は言った「俺より先に死ぬなよ」そして、「成人式で会おう」と…そう約束したじゃないか。

晃稔…、絶対に約束を破ることのない晃稔が、なぜ先生との約束を破る…。

サッカー部で必死にボールを追いかけている姿、職員室に、クラスをまとめるために相談に来ている姿、生徒会長としてキャンペーンを訴える姿…思い出すのは、晃稔が人のために何かやっている姿ばかり。

自分の命はどうしたんだ。人のことばかりで、自分の命はいいのか…。先生は、先生として何も教えることはなかった。でも、言い続けてきたのは、命の大切さ。

晃稔…、合唱コンクールを覚えていますか。唄ったのは「みんな一つの生命だから」先生はうまく歌うことより、詩の意味がわかってほしかった。「本当に大切な大切なたった一つの命なんだぞ」とわかってほしかった。一生懸命唄ったよな。

深い悲しみの中で、他にも思い出します。

北海道大学合格…、「そうか合格したか、おめでとう」と握手をしたのもついこの前。まだ、そのときの力強く握り返してきた感触が、この手に残っています。

中学校の卒業生代表で答辞を読む姿。答辞の言葉は、印象的でした。

一部紹介します。

「来るべき二十一世紀。その幕開けの年に、僕立ちは二十歳になります。これからの二十一世紀に向けて、僕たちは、どのような生き方を選び、どう生きぬいていけばよいのでしょう。僕たちの手で未来を開くことを誓って、卒業の言葉とします」。

答辞を読んでいる、晃稔の表情まで、覚えています。

晃稔…、卒業式で約束した二十歳になったじゃないか。今年は成人式…、成人式には晃稔と一緒に参加しようと思います。

自分のことより人のことを大切する晃稔…。少しはにかみながら話す特徴のある君と、もう話すことができないと思うと胸がはりさけそうです。

こんな形で二度と会えなくなるなんて信じることができません。

おわりに―2つの成人式：教師は微力―　　*339*

しかし、君が生きた証しとして、晃稔の明るさと優しさ、そして力強さをここにいる若い青年たちが引き継いでくれることでしょう。ここにいるみなさん晃稔の分も生きてください。そのことを切に願い弔辞とさせていただきます。

教師は微力

部屋に3年生の女子生徒二人がやってきた。「どうした？」と言うと、「ちょっと来た」とのこと。しばらく、テレビドラマの話などをしていたら、一人の生徒が、「○○ちゃん、進路で悩んでるんだって」と言う。

そこで話を聞くと、進路のことで母親と意見がくいちがっているということが分かってきた。本人は、私立も受けたいのに、どうも母親が難色を示しているようである。

その後、2回ほど、校長室に来た。その時も「周りの友達の進路は決まりだしたのに、自分はまだなんだ」と、悩みは増すばかりの様子である。

それから、しばらく来なかったが、3週間ほどたった時に、今度は一人でやってきた。そして、「公立しか受けないんだ。弟が小さいから、受からなかった時はその面倒を見る」とはっきり言ったのである。何かふっきるために決意表明をしに来たようにも受け取れた。きっと、その決断には、人に言えない葛藤があったことだろう。

こういう生徒を前にして、私達教師は、微力である。先に手紙で紹介した二人の生徒には微力になれたかどうかさえもあやしい。

しかし、微力の中、一人ひとりの生徒に、人間として心を磨き、どのように生きていくかを考えさせることはできる。

そのために、本書で「教師として何を大切にしたらよいのか」「授業で勝負できるようにするにはどうあるべきなのか」を述べてきた。

教師として大切にすることを一言で言い表すならば、子ども理解である。そして、授業で勝負できるようにするために必要なのは、その子ども理解をもとにした日常の授業実践と改善である。

本書の「学校の風景・授業の風景」からは、まだまだ道半ばではあるが、よりよい教師になろうともがいている姿が見えてくる。その様子をこの「学校の風景・授業の風景」から、とりわけ経験の浅い教師に感じ取っていただきたい。そして、子どもと教師が学び合う教育を目指していただければうれしい。

著　者

謝　　辞

　教頭・校長として勤務した小中学校は、経験の浅い教員層が増加、中堅層が減少という教員構成でした。そこで「教員として大切なこと」を訴える必要性を感じて発行した「教員向け通信」を再構成したものが本書です。柱は子ども理解と授業改善。できる限り日常的な学校の様子や授業実践を取り上げてきました。

　通信完成段階で、取り上げた先生とは話し合いをもってきました。中には涙ぐむ先生もいました。配付前には「削除してほしい箇所はない？」と聞いてあります。しかし、「このままで」と言う先生ばかりでした。よって、ここに描かれている学校の風景・授業の風景は、ありのままの姿になっています。

　残念ながら、タイミングで掲載できなかった先生（2016年度加木屋中）もいました。その先生方を感謝の気持ちをこめ紹介します。

　校務主任の横山治先生は、生徒指導のエキスパート。今年転勤してきて2か月で1年分の仕事をしました。経験の浅い教員が多い中、早川克朗先生、坂口栄子先生、犬塚敦子先生、三塩房子先生は「学校の要」として活躍してもらいました。その存在は大きかったです。

　学年主任として、小島悠揮先生、磯部和彦先生、大石達郎先生には学年をリードしてもらいました。その中で、主任経験が長く進路指導主事も兼ねた小島先生の学年経営・進路指導はよき手本でした。また、磯部先生は、難しい生徒の対応で力を発揮しました。

　学校祭では特別活動主任の神野貴大先生、生徒指導では主事で若きリーダー田中大亮先生が、学校全体をまとめてくれました。副主任の松岡翔太朗先生、山本篤司先生、長谷川香緒里先生には、釜石交流（ラグビー World Cup 誘致応援）に取り組んでもらいました。その中の松岡先生は、目立たぬところで学年を支えていたのが印象的でした。

　講師の竹内和磨先生にはソフトテニス部全国大会、井上亜模瑠先生には剣道部県大会の指導をしてもらいました。中でも3年生を担任した奥田晃平先生の学級経営はよかったです。転勤してきたばかりの矢崎克彦先生、鶴見宗平先生には、

これから本校を担ってもらいます。原基之先生、伊藤智代先生は新任として研修中、今後に期待しています。

　日常の自分をありのままにさらけ出すことは、勇気のいることです。本書に取り上げせさせていただいた教員の皆さん、勤務した学校の教職員の皆さん、ありがとうございました。おかげで、自分自身「教員とは何なのか」を見つめ直すことができました。

2016年11月

前田　治

■著者紹介

前田　治 （まえだ　おさむ）

1957年1月13日愛知県東海市生まれ

愛知大学法経学部法学科政治学専攻卒、岐阜大学大学院（教育学研究科カリキュラム開発専攻）修了、日本道徳教育学会・日本道徳教育方法学会・社会科の初志をつらぬく会所属、東海市立平洲小勤務／生徒指導主任、横須賀中勤務／ソフトテニス部顧問／生徒指導主事、平洲中勤務／進路指導主事・学年主任、青少年センター主幹兼社会教育主事／和太鼓嚶鳴座等創設、愛知県総合教育センター研究指導主事／研修・社会科研究・道徳講師担当、半田市立宮池小学校教頭・校長／不登校対策協議会部長、東海市立加木屋中学校長／いじめ・不登校対策協議会長、東海市校長会長、愛知教育研究会道徳研究部理事／尾教研理事副部長／知教研部長、文科省指定東海市研究発表大会・高校・大学公民フォーラム・日本道徳教育方法学会・県道徳教育講座・日本道徳教育学会・全小道中部地区大会・全中道香川大会・中央教育研究所教育シンポジウム等、提案指導助言、他県内の研究会講師

著書

『道徳の授業における教師の悩みに関する研究』（大学教育出版2015）

学校の風景そして授業の風景
― 子どもと教師の学び合い ―

2017年3月10日　初版第1刷発行

■著　　　者───前田　治
■発 行 者───佐藤　守
■発 行 所───株式会社 大学教育出版
　　　　　　　〒700-0953　岡山市南区西市 855-4
　　　　　　　電話 (086) 244-1268　FAX (086) 246-0294
■印刷製本───モリモト印刷 ㈱

©Osamu Maeda 2017, Printed in Japan
検印省略　落丁・乱丁本はお取り替えいたします。
本書のコピー・スキャン・デジタル化等の無断複製は著作権法上での例外を除き禁じられています。本書を代行業者等の第三者に依頼してスキャンやデジタル化することは、たとえ個人や家庭内での利用でも著作権法違反です。

ISBN978-4-86429-439-3